21世纪高等院校公共课精品教材

Retrieval and Utilization of
Information Resources

信息资源
检索与利用

（第四版）

王宏波 来 玲 主 编
李爱民 赵霞琦 副主编

东北财经大学出版社
Dongbei University of Finance & Economics Press

大连

图书在版编目（CIP）数据

信息资源检索与利用 / 王宏波，来玲主编. —4版. —大连：东北财经大学出版社，2019.9

（21世纪高等院校公共课精品教材）

ISBN 978-7-5654-3652-9

Ⅰ.信⋯ Ⅱ.①王⋯ ②来⋯ Ⅲ.信息检索-高等学校-教材 Ⅳ.G254.9

中国版本图书馆CIP数据核字（2019）第169258号

东北财经大学出版社出版

（大连市黑石礁尖山街217号 邮政编码 116025）

网　址：http：//www.dufep.cn

读者信箱：dufep@dufe.edu.cn

大连一合印刷有限公司印刷　　　东北财经大学出版社发行

幅面尺寸：185mm×260mm　　字数：307千字　　印张：13.5

2019年9月第4版　　　　　2019年9月第12次印刷

责任编辑：孙平　王斌　　责任校对：孙晓梅　周晗　行者

封面设计：冀贵收　　　　版式设计：钟福建

定价：30.00元

编写委员会

主　任　李秀娟　庞恩旭　吴凤玉

委　员（按姓氏笔画排列）：

王宏波　来　玲　吴凤玉

李爱民　赵霞琦　何　芸

张海游　黄立新

第四版前言

信息素质已成为衡量人才素质的重要标准。信息素质的培养离不开信息基本知识和理论素养的培养、信息意识的培养以及信息能力的培养。其中，信息能力包括信息获取、加工处理、组织管理、分析评价、思维创新与交流能力等。信息意识对信息能力的培养具有直接作用。信息源、信息载体、信息获取方式的变化与发展对教师的教学和学术水平提出了更高的要求。

按照教育部颁发的《文献检索课程教学基本要求》，编者结合多年的教学实践经验修订完成了这本《信息资源检索与利用》。本书2007年首次出版，至今已经整整12年，深受广大师生好评，几度修订重印，目前是第四版。编者始终坚持从实践教学中总结经验，从学生视角出发，结合当今信息时代特征，将信息素质教育与专业课学习和科学研究深度结合，以实例为证，除了向学生讲授与信息检索相关的基本理论知识外，更加侧重信息的获取、筛选、综合利用能力的讲解，包括中外文各类数据库资源的深层次信息的综合运用。

本书是针对文理科兼有的专业特色和高校图书馆信息收藏的实际情况，专为高等学校的学生编写的教材。

"信息资源检索与利用"是一门实践性很强的课程，随着信息时代的飞速发展，信息的传播方式、检索及利用方式也发生了日新月异的变化，本次修订的内容主要包括：在第一篇基础篇中，适当增加了图例说明，使内容更加生动、直观；在第二篇资源篇中，在原有章节基础上将原有的第四章删除并改为纸质资源的检索与获取，修改并更新了第五章、第六章中全部中、外文电子资源的检索方法和页面截图，增加了全新内容——第七章特种文献信息资源检索与利用以及第八章学术信息整合及发现平台的介绍，修改了第九章引文分析评价数据库的数据及检索方法、检索案例等内容，以大量实例丰富了第十章网络搜索引擎的讲述；第三篇为实践篇，主要更新了原第九章文献信息的学术分析方法、原第十章学术论文开题及写作格式以及原第十一章个人文献管理软件的具体使用。

本书的编写力求思路明确、结构清晰、内容新颖、实用性强。本书由王宏波、来玲担任主编，李爱民、赵霞琦担任副主编。各章节的编写工作具体分工为：绪论由来玲编写；第一、二、三章由吴凤玉、王宏波编写；第四、五、六、七、八、九、十章由王宏波编写；第十一、十二、十三章由王宏波、李爱民、赵霞琦编写。全书的大纲编写、策划、修改、统稿、校对工作由来玲完成。本次修订由来玲统筹完成。

我们在编写过程中参考了许多相关教材、论文和网站内容，这里向所有参考文献的作者表示诚挚的谢意！囿于编者的学识、水平，书中难免有不足和欠妥之处，恳请同行、专家和广大读者不吝赐教。

编 者

2019年8月

目　录

第一篇　基础篇

绪　论 ·· 1
　｜　思考题 ··· 3
第一章　基础理论知识 ··· 4
　　第一节　信息基本知识 ·· 4
　　第二节　文献概述 ··· 6
　　第三节　信息检索基础 ·· 10
　　本章小结 ·· 14
　　思考题 ··· 14
第二章　文献信息检索方法 ·· 15
　　第一节　文献信息检索方法概述 ····························· 15
　　第二节　计算机信息检索技术 ································· 16
　　第三节　文献信息检索途径 ···································· 21
　　第四节　文献信息检索步骤 ···································· 22
　　第五节　检索效果的评价及优化 ····························· 24
　　本章小结 ·· 25
　　思考题 ··· 25
第三章　参考工具书 ··· 26
　　第一节　参考工具书的含义、特征 ·························· 26
　　第二节　参考工具书类型、简介 ····························· 27
　　本章小结 ·· 42
　　思考题 ··· 42

第二篇　资源篇

第四章　纸质资源的检索与获取 ···································· 43
　　第一节　纸质资源的检索 ······································· 43
　　第二节　纸质资源的获取 ······································· 53
　　本章小结 ·· 55
　　思考题 ··· 56

第五章　中文电子资源的检索与利用 ⋯⋯⋯⋯⋯⋯⋯⋯⋯⋯⋯⋯⋯⋯⋯ 57

　　第一节　中文数据库概述 ⋯⋯⋯⋯⋯⋯⋯⋯⋯⋯⋯⋯⋯⋯⋯⋯⋯⋯⋯ 57

　　第二节　中文电子图书的检索与获取 ⋯⋯⋯⋯⋯⋯⋯⋯⋯⋯⋯⋯⋯⋯ 58

　　第三节　中文电子期刊全文数据库 ⋯⋯⋯⋯⋯⋯⋯⋯⋯⋯⋯⋯⋯⋯⋯ 70

　　第四节　各类专业信息数据库 ⋯⋯⋯⋯⋯⋯⋯⋯⋯⋯⋯⋯⋯⋯⋯⋯⋯ 76

　　第五节　中文二次文献数据库 ⋯⋯⋯⋯⋯⋯⋯⋯⋯⋯⋯⋯⋯⋯⋯⋯⋯ 79

　　第六节　多媒体数据库及课程学习类数据库 ⋯⋯⋯⋯⋯⋯⋯⋯⋯⋯⋯ 82

　　本章小结 ⋯⋯⋯⋯⋯⋯⋯⋯⋯⋯⋯⋯⋯⋯⋯⋯⋯⋯⋯⋯⋯⋯⋯⋯⋯ 84

　　思考题 ⋯⋯⋯⋯⋯⋯⋯⋯⋯⋯⋯⋯⋯⋯⋯⋯⋯⋯⋯⋯⋯⋯⋯⋯⋯⋯ 84

第六章　外文数据库的检索与利用 ⋯⋯⋯⋯⋯⋯⋯⋯⋯⋯⋯⋯⋯⋯⋯⋯ 86

　　第一节　外文数据库概述 ⋯⋯⋯⋯⋯⋯⋯⋯⋯⋯⋯⋯⋯⋯⋯⋯⋯⋯⋯ 86

　　第二节　几种常用英文参考数据库 ⋯⋯⋯⋯⋯⋯⋯⋯⋯⋯⋯⋯⋯⋯⋯ 89

　　第三节　外文电子书的检索与获取 ⋯⋯⋯⋯⋯⋯⋯⋯⋯⋯⋯⋯⋯⋯⋯ 90

　　第四节　外文电子期刊的检索与获取 ⋯⋯⋯⋯⋯⋯⋯⋯⋯⋯⋯⋯⋯⋯ 92

　　第五节　外文各类专业信息的检索与获取 ⋯⋯⋯⋯⋯⋯⋯⋯⋯⋯⋯⋯ 104

　　第六节　外文多媒体及学习类数据库的检索与获取 ⋯⋯⋯⋯⋯⋯⋯⋯ 107

　　本章小结 ⋯⋯⋯⋯⋯⋯⋯⋯⋯⋯⋯⋯⋯⋯⋯⋯⋯⋯⋯⋯⋯⋯⋯⋯⋯ 109

　　思考题 ⋯⋯⋯⋯⋯⋯⋯⋯⋯⋯⋯⋯⋯⋯⋯⋯⋯⋯⋯⋯⋯⋯⋯⋯⋯⋯ 109

第七章　特种文献信息资源检索与利用 ⋯⋯⋯⋯⋯⋯⋯⋯⋯⋯⋯⋯⋯⋯ 110

　　第一节　会议文献信息的检索 ⋯⋯⋯⋯⋯⋯⋯⋯⋯⋯⋯⋯⋯⋯⋯⋯⋯ 110

　　第二节　专利文献信息的检索 ⋯⋯⋯⋯⋯⋯⋯⋯⋯⋯⋯⋯⋯⋯⋯⋯⋯ 112

　　第三节　标准文献信息的检索 ⋯⋯⋯⋯⋯⋯⋯⋯⋯⋯⋯⋯⋯⋯⋯⋯⋯ 114

　　第四节　学位论文信息的检索 ⋯⋯⋯⋯⋯⋯⋯⋯⋯⋯⋯⋯⋯⋯⋯⋯⋯ 116

　　第五节　科技报告信息的检索 ⋯⋯⋯⋯⋯⋯⋯⋯⋯⋯⋯⋯⋯⋯⋯⋯⋯ 118

　　本章小结 ⋯⋯⋯⋯⋯⋯⋯⋯⋯⋯⋯⋯⋯⋯⋯⋯⋯⋯⋯⋯⋯⋯⋯⋯⋯ 120

　　思考题 ⋯⋯⋯⋯⋯⋯⋯⋯⋯⋯⋯⋯⋯⋯⋯⋯⋯⋯⋯⋯⋯⋯⋯⋯⋯⋯ 120

第八章　学术信息整合及发现平台 ⋯⋯⋯⋯⋯⋯⋯⋯⋯⋯⋯⋯⋯⋯⋯⋯ 121

　　第一节　超星百链及发现系统 ⋯⋯⋯⋯⋯⋯⋯⋯⋯⋯⋯⋯⋯⋯⋯⋯⋯ 121

　　第二节　EDS/FIND+文献发现系统 ⋯⋯⋯⋯⋯⋯⋯⋯⋯⋯⋯⋯⋯⋯⋯ 124

　　第三节　百度学术发现系统 ⋯⋯⋯⋯⋯⋯⋯⋯⋯⋯⋯⋯⋯⋯⋯⋯⋯⋯ 125

　　第四节　国家科技图书文献中心 ⋯⋯⋯⋯⋯⋯⋯⋯⋯⋯⋯⋯⋯⋯⋯⋯ 128

　　本章小结 ⋯⋯⋯⋯⋯⋯⋯⋯⋯⋯⋯⋯⋯⋯⋯⋯⋯⋯⋯⋯⋯⋯⋯⋯⋯ 129

　　思考题 ⋯⋯⋯⋯⋯⋯⋯⋯⋯⋯⋯⋯⋯⋯⋯⋯⋯⋯⋯⋯⋯⋯⋯⋯⋯⋯ 129

第九章　外文引文分析评价数据库 ⋯⋯⋯⋯⋯⋯⋯⋯⋯⋯⋯⋯⋯⋯⋯⋯ 130

　　第一节　检索类数据库概述 ⋯⋯⋯⋯⋯⋯⋯⋯⋯⋯⋯⋯⋯⋯⋯⋯⋯⋯ 130

　　第二节　引文索引概述 ⋯⋯⋯⋯⋯⋯⋯⋯⋯⋯⋯⋯⋯⋯⋯⋯⋯⋯⋯⋯ 133

　　第三节　SCI的使用方法及实例 ⋯⋯⋯⋯⋯⋯⋯⋯⋯⋯⋯⋯⋯⋯⋯⋯ 137

本章小结 …………………………………………………………………… 149

思考题 ……………………………………………………………………… 150

第十章　网络搜索引擎 ……………………………………………………… 151

第一节　网络搜索引擎概述 ………………………………………………… 151

第二节　搜索引擎的使用方法和技巧 ……………………………………… 157

本章小结 …………………………………………………………………… 167

思考题 ……………………………………………………………………… 167

第三篇　实践篇

第十一章　信息资源综合利用 ……………………………………………… 168

第一节　文献信息分析与价值评价 ………………………………………… 168

第二节　文献信息的学术分析应用 ………………………………………… 172

第三节　信息咨询与信息服务 ……………………………………………… 175

本章小结 …………………………………………………………………… 177

思考题 ……………………………………………………………………… 177

第十二章　学术论文开题与写作 …………………………………………… 178

第一节　论文的选题和开题 ………………………………………………… 178

第二节　学位论文写作 ……………………………………………………… 186

第三节　文献综述与写作 …………………………………………………… 191

本章小结 …………………………………………………………………… 193

思考题 ……………………………………………………………………… 193

第十三章　学术资料积累与个人文献管理软件 …………………………… 194

第一节　开放存取资源 ……………………………………………………… 194

第二节　个人学术信息资料的积累 ………………………………………… 196

第三节　个人文献管理软件 ………………………………………………… 198

本章小结 …………………………………………………………………… 201

思考题 ……………………………………………………………………… 202

主要参考文献和网站 ………………………………………………………… 203

第一篇　基础篇

绪　论

一、信息素养教育与高校图书馆的教育职能的发挥

21世纪是一个集知识型、学习型、创新型于一体的知识经济时代，需要具有敏锐信息意识、良好信息道德、熟练运用信息能力的高信息素养的人才。大学生信息素养的培育已成为世界各国高等教育界乃至社会各界所关注的一个重要课题。高校的图书馆作为学校文献情报中心，肩负着教育和情报信息服务的双重职能，发挥着潜移默化的、其他部门无法替代的作用。在当今的信息化社会，信息素养已成为每个社会成员的基本能力，国民的信息素养和信息技术的运用水平与国家竞争力密切相关。因此，信息素养教育已被世界各国所关注。

信息素养教育是整个素质教育体系中的一个组成部分，是根据社会信息环境，培养和提高个人的信息意识、信息能力，完善信息心理素质，发展个人的信息潜能的一种教育活动。信息素养教育主要包括信息意识教育、信息知识教育、信息能力教育及信息伦理道德教育等四个方面。拥有信息素养不仅能使学习者更好地掌握学习内容，拓展研究范围，而且能使学习者对自己的学习进行自我指导和自我控制，也就是终身学习所强调的"自我导向学习"。

信息素养教育是提升高校素质教育水平的内在要求。信息素养教育是发展终身教育的核心要素，是造就创新型人才的重要途径。知识创新基础的建立有赖于认识技能、批判性思维、解决问题能力和创新精神的紧密结合，这正是信息素养教育的出发点和归宿。在这种授人以渔的教育中，大学生可以为自己的终身教育奠定基础。不管是在学校还是走入社会，他们都会成为学习的主体，能主动去获取各种知识和信息，并进行知识的突破，使学习不再受时空的限制，从而能很好地实现终身教育的目的。

现代高校图书馆既是学校教学、科研的重要组成部分，也是信息集散地和信息资源中心。在对学生进行信息素养教育的过程中，高校图书馆是主要承担者，积极履行高校图书馆的教育职能，能最大限度地发挥知识导航作用。

（一）信息素养教育内容

一般来说，信息素养包括文化素养、信息意识、信息技能三个层面，但作为一种综合能力，信息素养主要表现为以下8个方面的能力：

（1）运用信息工具：能熟练使用各种信息工具，特别是网络传播工具；

（2）获取信息：能根据自己的学习目标有效地搜集各种学习资料与信息，能熟练地运用阅读、访问、讨论、参观、实验、检索等获取信息的方法；

（3）处理信息：能对搜集的信息进行归纳、分类、存储记忆、鉴别、遴选、分析综合、抽象概括和表达等；

（4）生成信息：在信息搜集的基础上，能准确地概述、综合、改造和表达所需要的信息，使之简洁明了、通俗流畅并且富有个性特色；

（5）创造信息：在多种信息交互作用的基础上，迸发创造性思维的火花，产生新信息的生长点，从而创造新信息，达到搜集信息的终极目的；

（6）发挥信息的效益：善于运用接收到的信息解决问题，让信息发挥最大的社会和经济效益；

（7）信息协作：使信息和信息工具作为跨越时空的"零距离"交往和合作中介，使之成为延伸自己能力的高效手段，同外界建立多种和谐的合作关系；

（8）信息免疫：浩瀚的信息资源往往良莠不齐，需要有正确的人生观、价值观以及甄别能力，自控、自律和自我调节能力能自觉地抵御和消除垃圾信息及有害信息的干扰和侵蚀。

因此，高校图书馆主要围绕这几方面来进行相应的、系统的信息素养教育。

信息素养教育主要是为培养大学生在学习中利用信息的意识和能力所进行的一系列教育活动，满足学习型社会"终身学习"和"开放学习"的需要。其主要教育内容包括信息意识教育、信息道德与信息法规教育、信息能力教育等。其中，信息意识教育主要培养人们对信息的敏感度，或捕捉、分析、判断和吸收信息的自觉程度；信息道德与信息法规教育要求人们防止信息垃圾与信息污染，不制作、不传播、不使用不良信息，不借助网络进行人身攻击，不侵犯他人的知识产权、商业秘密、隐私权，不利用信息技术进行违法犯罪活动等；信息能力教育由信息认知能力、信息获取能力、信息处理能力和信息利用能力教育组成。信息素养教育的最终目标是通过信息的获取、检索、表达、交流等技能方面的教育，使学生掌握创新性思维方法，发挥信息综合利用能力。

（二）依托高校图书馆对大学生进行信息素养教育的优势

高校图书馆是大学生搜集、获取有关信息资源的主要场所之一。随着计算机技术和网络技术的发展，各个高校图书馆都积极地进行图书馆管理系统的自动化以及网络化建设，这使图书馆成为学校信息高速公路的一个重要节点，通过网络能够方便地获得大量的国内外研究资料。

图书馆是文献信息的存储与传递中心，高校图书馆具有良好的信息环境、丰富的信息文献资源，为培养大学生信息素养提供了坚实的保障。各高校图书馆都在利用自身的资源优势开展各种形式的信息资源培训、讲座、信息检索课程等信息素养教育工作。

二、信息素养教育对信息检索与利用课程教学的新要求

21世纪的高等学校既是人才的培养基地，又是知识的生产基地，同时也是高新技术扩散、辐射的基地。信息素养教育要注重对学生信息素养和能力的培养，所传授知识和技能应与信息社会的发展相适应。信息检索与利用是实施信息素养教育的重要课程，是一门实践性较强的方法课。美国哈佛大学校长普希说："一个人是否具有创造力，是一流人才和二流人才的分水岭。"今后的信息检索与利用课程教学一定是将信息素养教育贯穿全部教学过程的，以提高信息意识为中心，注重培养学生的信息检索能力、信息吸收能力和信息整合能力，突出学生的信息实践能力和知识创新能力，充分发挥学生的主体性和积极性，实现信息素养教育的最终目标。

思考题

结合自身体会谈谈高校图书馆在信息素养教育中的作用。

第一章

基础理论知识

| 第一节 | 信息基本知识

信息与信息资源作为和物质、能量并列的人类社会发展的三大支柱之一，是人类社会生存和发展的基础。信息可以说是当代社会使用最频繁的词汇之一，它普遍存在于自然界、人类社会以及人类思维活动中。信息的内涵丰富、形式多样，具有物质和能量资源所不具备的独特性和专门功能。

一、信息的概念、特征和类型

（一）信息的概念

目前，关于信息的概念很多，在此列举几个比较有代表性的定义，以对信息形成全面的认识，进一步明确信息的特性和功能。

美国数学家哈特莱于 1928 年在《贝尔系统电话杂志》上发表题为"信息传输"的论文，指出"信息是选择的方式和自由度"，从通信领域的角度将信息理解为选择通信符号的方式，并用选择的自由度来计量这种信息的大小。

美国数学家、信息论的创始人申农于 1948 年在《贝尔系统电话杂志》上发表题为"通信的数学理论"的论文，提出"信息就是用来减少随机不确定性的东西"这一思想。

控制论的创始人维纳于 1950 年在《控制论和社会》一书中指出"信息就是我们在适应外部世界，并把这种适应反作用于外部世界的过程中，同外部世界进行交换的内容的名称"，这是一种广义的信息交换过程，泛指人与人、机器与机器、人与机器、机器与自然物、人与自然物之间的信息传递与交换。

意大利学者朗高在《信息论：新的趋势与未决问题》一书的序言中指出"信息是反映事物的形式、关系和差别的东西，它包含在事物的差异之中，而不在事物本身"。

1988 年，钟义信在《信息科学原理》一书中考查了 30 多种信息定义后，界定信息为"事物运动的状态和（状态改变的）方式"。信息不同于消息，消息只是信息的外壳，信息则是消息的内核。以一分钟的消息为例，有的消息包括的信息量很大，有的则很小。

美国学者布克兰德认为信息系统是围绕记录、文本、数据等事物而运行的，因此信息可以定义为事物或记录。

加拿大学者、心理学家桑盖特认为，心理学家在定义什么是信息方面与其他人同样感到困难，但他们至少能说明信息不是什么：信息不是知识，信息是存在于我们意识之外的东西，而知识存在于我们的大脑之中。

从哲学的角度，我们可以将信息定义为："信息是事物存在的方式和运动状态的表现形式。"这里的"事物"泛指存在于人类社会、思维活动和自然界中的一切可能的对象。"存在方式"指事物的内部结构和外部联系。"运动"泛指一切意义上的变化。"运动状态"指事物在时间和空间上变化所展示的特征和规律。①

（二）信息的特征

（1）普遍性。世界上任何运动着的事物无时无刻不在生成信息，只要有事物存在、事物运动，就存在信息。

（2）客观性。信息是现实中各种事物运动状态与方式的客观反映，由于事物及其状态、特征和变化是不以人的意志为转移的客观存在，所以反映这种客观存在的信息也具有客观性。

（3）依附性。信息的记录、存储以及交流和共享必须依附于物质载体，以某种载体形式表现出来，如大脑、语言文字、声音图像、磁带光盘等，没有载体就没有信息。

（4）传递性。信息在运动中产生，在传递中发挥价值。信息传递可跨越时空，信息的获取和利用必须借助于信息的传递。

（5）共享性。信息能够通过时空进行传递，因此能够被人类所共享。与实物不同，同一信息可以同时被两个以上的多个用户使用，并不因为信息的多人多次重复使用而丢失其内容。

（6）时效性。信息从生成到被接受的过程中，其效用与传递时间和传递速度有一定的关系。信息是一种衰老较快的资源，因此获得的信息必须及时加以利用，以避免失去信息应有的价值。

此外，信息还有可转化性、抽象性、动态性等特征。②

（三）信息的类型

根据不同的信息分类标准，可以将信息分为不同的类型：

根据生成领域，可以划分为自然信息、社会信息和思维信息。

根据主体的认识层次，可以划分为语法信息、语义信息和语用信息。

根据载体形式，可以划分为感官载体信息、语言载体信息、文字载体信息、电磁波载体信息、缩微载体信息、光波载体信息、声像载体信息和电子计算机载体信息等。③

根据内容，可以划分为经济信息、科技信息、政治信息、文化信息、政策法规信息和娱乐信息等。

根据流通渠道，可以划分为正式信息和非正式信息等。

① 孟连生. 科技文献信息溯源 [M]. 北京：高等教育出版社，2006.
② 朱静芳. 现代信息检索实用教程 [M]. 北京：清华大学出版社，2008.
③ 柯平. 信息素养与信息检索概论 [M]. 天津：南开大学出版社，2005.

二、信息、知识、情报与信息链

"信息"和"情报",英语都是"information"。英语的information是一个连续体的概念,"信息链"(如图1-1所示)由"事实(facts)→数据(data)→信息(information)→知识(knowledge)→情报、智能(intelligence)"五个链环构成。简单地说,"事实"是人类思想和社会活动的客观映射,"数据"是事实的数字化、编码化、序列化、结构化,"信息"是数据在信息媒介上的映射,"知识"是对信息的加工、吸收、提取、评价的结果,"情报、智能"则是运用知识的能力。

事实 → 数据 → 信息 → 知识 → 情报、智能

图1-1 信息链

"事实""数据""信息""知识""情报、智能"五个链环组成"信息链"(information chain)。在"信息链"中,"信息"的下游是面向物理属性的,上游是面向认知属性的。作为中心链环的"信息"既有物理属性也有认知属性,因此成为"信息链"的代表称谓。知识与情报、智能不是一般的信息,而是体现人的认知因素并在运用中能改变人的行为的特殊信息。

英国科学哲学家卡尔·波普尔(K.Popper)从哲学高度阐述了信息的属性,提出"三个世界"理论。波普尔认为,信息有"三个世界":第一世界是物理领域,第二世界是主观现实领域,第三世界是客观知识领域。以"三个世界"理论来研究信息、知识、情报,它们之间存在以下关系:

(1)并列关系,即事实-数据-信息-知识-情报。

(2)转化关系。数据不会自动变成信息,信息也不会自动变成知识,数据、信息、知识同样也不会自动变成情报。实现从数据到情报的关键要素是人,是人通过信息组织与管理、知识组织与管理来实现信息、知识、情报的相互转化。知识本身也是一种信息,情报本身也是一种信息,相互之间可以转化。

(3)包含关系。信息存在于全部的"三个世界"中,知识存在于主观世界和客观的概念世界,但不存在于客观物理世界中,因此知识包含于信息之中。情报也存在于主观世界和客观的概念世界中,是活化了的知识信息,包含于知识、信息之中。信息范围最大,知识是信息的一部分,情报是知识的一部分。

(4)层次关系。从数据提升到信息,主要是对数据之间建立相关性,使其有序化和结构化。从信息提升到知识,主要根据信息的相关性、有序性,进行比较、分析、综合和概括,从中发现问题的本质。从数据、信息、知识提升到情报,主要是采取各种有效的手段和方法激活它们。

|第二节| 文献概述

一、文献的概念

国际标准化组织《文献情报术语》国际标准(ISO/DIS 5217)对文献的解释是:"在

存储、检索、利用或传递记录信息的过程中，可作为一个单元处理的，在载体内、载体上或依附载体而存有信息或数据的载体。"中华人民共和国国家标准《文献著录总则》（GB/T 3792.1-1983）对文献的定义为："文献是记录知识的一切载体。"①

文献有三个基本要素：一是文献必定含有知识信息；二是必须有负载知识信息的物质载体；三是记录方式，即记录知识信息所必需的符号和技术。

二、文献的级别

按照文献的加工程度，文献可以分为四个级别。了解不同级别文献的含义，有助于我们正确地选择和利用信息。

（一）零次文献②

零次文献是指非正式出版物或非正式渠道交流的最原始的文献，如手稿、个人通信、原始记录、经验交流、演讲，甚至包括口头言论。零次文献的价值表现在其内容上，它还能弥补一般公开文献从文献的形成到出版传播之间周期长的弊端，其新颖程度为诸多学者所关注。

（二）一次文献

一次文献是指依据作者本人的研究或研制成果创作的文献，如图书、期刊论文、科技报告、会议论文、学位论文及专利说明书等。一次文献在形式上多种多样，在内容上具有原创性和新颖性，是最基本的信息源，也是文献信息检索的主要对象。

（三）二次文献

二次文献是指按一定的方法对一次文献进行整理加工，使之有序化而形成的文献，如目录、索引、文摘等。二次文献在内容上不具有原创性，只是对一次文献的整理加工，提供一次文献的外部特征和内容特征，对一次文献起报道和揭示的作用，便于人们对一次文献的检索和查考，因此又被称为"检索性文献"。二次文献的主要功能是使（一次）文献的线索集中、系统而有序，便于人们迅速了解有关领域的情况，从而极大地减少人们查找一次文献的时间，提高文献使用的效率。

（四）三次文献

三次文献一般是围绕某个专题或出于特定目的，根据二次文献提供的线索，选用大量一次文献的内容，经过筛选、分析、综合和浓缩等深度加工而形成的文献，如各种述评、进展报告、动态综述、字词典、手册、年鉴、百科全书等。三次文献具有综合性、参考性等特点，便于人们了解事实数据和一些比较成熟的知识，因此又被称为"参考性文献"。

综上所述，从零次文献、一次文献、二次文献到三次文献，是一个由分散到集中、由无序而有序、对知识信息进行不同层次的加工过程。它们所包含的信息的质和量是不同的，对于改善人们的知识结构所起的作用也是不同的。科学合理地利用好二次和三次文献，对一次文献的形成和再生成、对提高文献信息资源的利用效率具有重要意义。

三、文献的类型

按照不同的标准，文献可以划分为不同的类型：

---

① 彭奇志. 信息检索与利用教程［M］. 北京：中国轻工业出版社，2007.
② 钟华英，刘达武. 信息检索与利用［M］. 北京：电子工业出版社，2010.

（一）按照文献的载体划分

1.印刷型（print form）文献

印刷型文献即纸质文献，主要以纸为载体，记录方式为印刷技术，如油印、铅印、胶印、复印及激光排印而成的文献。到目前为止，印刷型文献仍受人们欢迎，图书情报机构也将之作为重点收藏的文献类型。虽然这种类型的文献非常吻合读者的阅读习惯，但是，它也存在着携带不便，占用空间大，易被虫蛀、鼠咬、水蚀等缺点。

2.缩微型（micro form）文献

缩微型文献是以感光材料，如胶卷、胶片为载体，以缩微摄影为技术手段对印刷型文献进行缩微而产生的文献形式。其优点是体积小、容量大、成本低，便于携带、复制和存储。其缺点是读者必须借助阅读机方可阅读。

3.视听型（audio-visual form）文献

视听型文献又称声像型文献，是一种以磁性材料和感光材料为载体，借助特殊装置，用电磁或光电转换技术将声音、图像直接记录在载体上所产生的文献形式，例如唱片、录音（像）带、幻灯片等。其优点是形象生动、直观性强、易于接受。其缺点是必须借助一定的设备。

4.电子型（electronic form）文献

电子型文献前身称机读型（machine-readable form）文献，它通过计算机对电子格式的信息进行存取和处理，即采用高技术手段，将信息存储在磁盘、磁带或光盘等一些媒体中，形成多种类型的电子出版物，如电子图书、电子期刊、电子报纸以及存贮能力极大的各类CD-ROM数据库等。电子出版物的问世极大地提高了信息的传播速度，加速了社会信息化的进程。与其他类型文献相比，电子出版物的优点是信息容量大，出版周期短，更新速度快，便于检索和复制，具有共享性和交互功能。其不足之处是阅读时需要一定的设备，并存在长期保存等问题。

（二）按照文献的出版形式划分

1.图书（book）

图书是系统地论述某一个专题的比较成熟、定型、具有总结性的文献。其优点是内容系统、全面，理论性强，成熟可靠，是系统掌握各种知识的重要信息源。其缺点是编辑出版周期较长，知识新颖度不够。

2.连续出版物（serials）

（1）期刊（periodical）。

期刊也叫杂志（journal），是采用统一名称，定期或不定期地汇集多个著述者论文的连续出版物，每期版式大致相同，有连续的年、卷、期号。期刊的多数文章能够反映最新的研究成果，内容新颖，出版周期短，报道速度快，信息量大，影响广泛。它是科学研究的主要信息源。

（2）报纸（newspapers）。

报纸是每期版式基本相同的、以报道新闻及评论为主的一种定期、连续发行的出版物，是大众传播的重要载体。其特点是出版周期短（多数报纸每日出版一次或数次，也有每周出版几次或每周出版一次），信息传递及时。

3.科技报告（scientific and technical report）

科技报告是指各级政府和科研生产部门对某项研究项目进行调查、分析、研究所提出的总结性报告或进展情况的报告。它的特点是各篇单独成册，有各自的机构名称和连续编号，不定期出版。其内容专深、详尽、新颖，出版周期短，报道速度快，能反映一个国家或某一学科领域的科研水平。

4.会议录（proceeding）

会议录指的是在各种会议上宣读或提交讨论、交流的论文、报告、会议纪要等文献。其特点是针对性强，通常反映了相关学科领域的最新水平或最新研究成果、趋势，是了解国内外科研领域新发现、新动向的重要信息来源。

5.标准文献（standard document）

标准文献是经过权威当局批准的标准化工作成果，是由标准及其他具有标准性质的规定组成的一种特定形式的文献体系，主要是对工业产品和工程建设的质量、规格及检验方法等作出的技术规定。标准文献具有一定的法律效力，是人们从事生产和建设的共同依据，对于提高生产水平、产品质量，推广应用成果，促进科技发展等具有重要意义。

6.专利文献（patent document）

专利文献指专利申请人向本国或国外的专利主管部门提出申请保护某项发明时所呈交的书面申请文件，经审查批准后，公开出版或授权后所形成的文献，包括专利说明书、专利公报、专利分类表，以及专利从申请到结束全过程中的文件和资料，但主要指专利说明书。专利文献具有新颖性、独创性、实用性、详尽性等特点，反映了某项科学研究所达到的最新成就，是技术信息的重要来源。

7.学位论文（dissertation）

学位论文指高等院校、科研单位的研究生为申请硕士、博士等学位而提交的学术论文。学位论文是对某一特定问题的研究总结，对问题的论述系统、详细，具有一定的新颖性与独创性，对科学研究具有一定的参考价值。学位论文一般不公开发表，仅由学位授予单位和国家指定单位收藏。目前可以通过中国知网（CNKI）与万方数据资源数据系统中的学位论文数据库来获取。

8.政府出版物（government publication）

政府出版物指政府部门及其专门研究机构发布或出版的文献，分为行政性和科技性两大类。行政性文件包括国会记录、政府报告、政府法令、规章制度、调查统计资料等；科技性文件包括科研报告、技术改革、科技政策、科技资料、调查报告等文献。政府出版物具有权威性，可以从中了解国家关于科技、经济发展的政策及有关研究状况，具有较大的参考价值。

9.技术档案（technical archive）

技术档案是指在生产建设活动中形成的对具体事物对象的真实记录材料，包括任务书、协议书、技术指标、审批文件、研究计划、实施方案、技术措施、调查材料、实验记录等。它反映了科技活动的全过程，对科研生产具有较高的使用价值，一般由参与该技术活动的单位收藏，不公开出版发行。

10.产品资料（product literature）

产品资料包括产品样本、产品标准、产品说明书、产品目录等，是对产品的原理、性能、构造、规格、用途、操作规程和使用方法的具体说明。产品资料的特点是技术成熟、数据可靠、形象直观，有助于了解有关领域的生产动态和发展趋势，对于技术革新、产品研制、设计等具有较高的参考价值。

|第三节|　信息检索基础

一、信息检索

信息检索（information retrieval）全称为"信息存储与检索"（information storage and retrieval），广义上是指将杂乱无序的信息按一定的方式组织和存储起来，并根据信息用户的需要查找出相关信息的过程和技术。

信息的存储主要是指对一定范围内的信息进行筛选、加工、描述其特征，使之有序化，形成信息集合，即建立检索工具或数据库；信息的检索是指采用一定的方法与技术从检索工具或检索系统中查找出所需信息，是存储的逆过程。可以说，存储是检索的前提和基础，检索是存储的目的。

计算机信息检索是在传统的手工信息检索基础上发展起来的，指对大量的文献信息资料或数据进行加工整理，按一定格式存储在光盘、磁盘、磁带等机读载体上，建成机读数据库，并开发相应的检索和管理软件，建立计算机检索系统，用户利用计算机对检索系统进行检索的信息检索方式。简单地说，就是使用特定的检索指令、检索词和检索策略，从检索系统或数据库中检索出有用信息的过程。如用户对检索专题内容经过一定分析后，明确检索范围，确定相关主题概念，用检索语言（主题词、分类号等）来表示主题概念，形成检索标识及检索策略，完成检索过程。

根据检索手段的不同，可以将信息检索分为手工检索和计算机检索两种。根据检索对象的不同，将信息检索分为文献检索、事实检索、数据检索和多媒体检索四种。

二、检索语言

检索语言（retrieval language）是用来描述文献内容特征、外表特征和表达信息提问的一种人工语言，即在信息存储时，信息的内容特征（如分类、主题）和外表特征（如题名、著者等）按照一定的语言来描述，检索信息时的提问也按照一定的语言来加以表达，这种在信息存储和检索过程中共同使用、共同遵循的语言就是检索语言。它是人与检索工具或检索系统之间对话的基础。

根据描述信息的特征，检索语言可分为描述信息内容特征的语言和描述信息外表特征的语言。描述信息内容特征的语言包括主题语言、分类语言和代码语言。描述信息外表特征的语言包括题名、责任者、编号、机构名称和引文等。检索时可将题名、责任者、编号、机构名称和引文作为检索标识进行检索。检索语言的具体内容如图1-2所示。

检索语言由词汇和语法组成。词汇是检索语言的主体，是指类表、词表中的全部标识，一个标识（分类号或检索词）就是它的一个语词，词汇的集中表现形式是分类表、主题词表等。语法则是分类标引和主题标引的规则系统，它们规定词汇的使用方法，是文献标引必须遵循的规范。

```
                                        ┌ 分类语言
                                        │           ┌ 单元词语言
                           ┌ 描述文献内容  │           │ 标题词语言
                           │ 特征的语言   ┤ 主题语言  ┤ 叙词语言
                           │            │           └ 关键词语言
                           │            └ 代码语言
                  检索语言 ┤                ┌ 题名
                           │                │ 责任者
                           │ 描述文献外表     │ 编号
                           └ 特征的语言  ────┤ 机构名称
                                            │ 引文
                                            └ ⁝
```

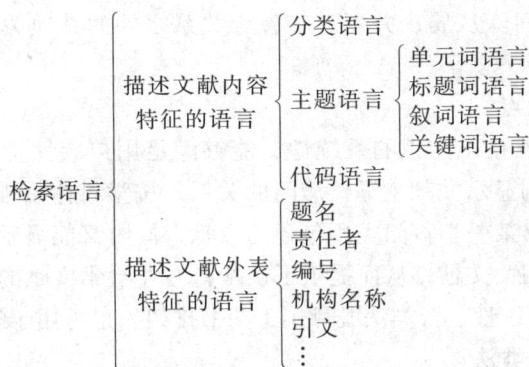

图 1-2　检索语言

三、分类语言

（一）分类语言的含义

分类语言一般称为分类法。所谓分类，是指按事物性质进行区分和类聚，并按逻辑顺序将其排列，用以区别事物、认识事物的一种方法。以文献为对象的分类，即为文献分类。文献分类是指根据文献内容的学科属性和其他特征，将各种类型的文献分门别类地、系统地组织和揭示的方法。文献分类是历史最为悠久、最常用的文献检索语言；按其结构原理分为体系分类法、组配分类法和体系–组配分类法。

我国目前的分类法是建立在学科分类体系上的，属于体系分类法。国内外重要的体系分类法有"中国图书馆分类法""中国科学院图书馆图书分类法""中国人民大学图书馆图书分类法""美国国会图书馆分类法""杜威十进分类法"等。

（二）分类语言的特征

1.按学科知识领域集中文献

分类法是根据文献内容的学科性质，遵循逻辑分类规则建立的。换句话说，就是将全部文献按其学科知识领域分为几个主要大类，将内容性质上彼此相同的文献集中在一起，并将它们按由一般到具体的逻辑顺序加以排列，从而组成一个有层次、有等级的类目系统。

2.依据分类标记符号编排

分类标记符号一般称为分类号，是表达各级类目的相对位置及相互关系的代号。分类标记系统通常以阿拉伯数字、拉丁字母或两者的结合为基本符号，包括单纯号码和混合号码两种。采用单纯号码的如我国的"中国科学院图书馆图书分类法""中国人民大学图书馆图书分类法"、美国的"杜威十进分类法"等；采用混合号码的分类法有我国的"中国图书馆分类法"、美国的"国会图书馆分类法"。标记符号的编排一般采用顺序标记制、层累标记制、顺序–层累标记制等基本类型。

3.按等级结构、逻辑关系显示类目之间的关系

分类法中的众多类目是根据类目之间的内在联系组织起来的，类目之间的关系主要有从属关系、并列关系、交替关系、相关关系。从属关系是指一个类与其直接区分出来的子类之间的关系，也称隶属关系或等级关系；并列关系通常指类目体系中同位类之间构成的关系；交替关系是指表达相同主题概念的正式使用类目与非正式使用的交替类目之间的关系；相关关系指类目之间除从属、并列、交替等关系之外的其他关系，通常以类目参照的方式加以揭示。

（三）分类语言的优点

分类语言的突出优点在于知识的系统性，能够满足用户族性检索的需要。

分类语言用等级结构显示文献主题概念间的关系，按学科体系排列类目，直接体现知识分类的要求；既能揭示出某一学科门类所包含的文献，同时又能显示各个学科门类之间的逻辑关系，反映一系列的相关文献，从而提供了从学科专业检索文献的途径，满足族性检索的需要，所以具有较强的系统性。分类法既可用于图书排架，也可用于组织分类目录体系。

（四）中国图书馆分类法

中国图书馆分类法简称中图法，是我国当代具有代表性的图书分类法，按照学科之间的内在联系，从总到分，从一般到具体逐级展开，从而构成一个纲目分明的体系。中图法广泛使用于图书馆和情报部门的文献信息组织活动，被推荐为我国标准图书分类法。

中图法由基本部类、基本大类、简表、主表、辅助表几部分组成。

基本部类：是对人类全部知识领域及其文献所作的最概括的区分，是整个分类法展开的基础。中图法的五大基本部类为：马克思主义、列宁主义、毛泽东思想、邓小平理论；哲学、宗教；社会科学；自然科学；综合性图书。

基本大类：是分类表中的第一级类目，是分类体系展开的起点。基本大类通常是在基本部类的基础上，根据学科知识领域的情况确定的。基本大类的设置与文献数量、学科发展密切相关，体现各知识门类之间的联系。中图法设有22个基本大类。

简表：也称基本目类表，是在基本大类下展开的二级类目表，起着承上启下的作用。通过简表可以了解整个类目的概况。

主表：也称详表，是分类法的正文，在简表的基础上由逐级扩展列出的子目组成，包括类号、类目和注释，并通过齐行、缩行和不同字体等方式显示其等级或并列关系。

辅助表：也称复分表，是将主表按同一标准对类目划分产生的一系列相同子目抽出，单独编列，配以特定的号码，供主表有关部门类目细分时共同使用的表。

北京图书馆出版社出版的《中国图书馆分类法》（第五版）基本类目见表1-1。

《中国图书馆分类法（第五版）》类目展示示例：

F 经济　　　一级类目

　F 2 经济管理　　二级类目

　　F 26 产业经济　　　三级类目

　　　F 264 产业结构与分类　　　四级类目

　　　　F 264.1 三次产业　　　　五级类目

四、主题语言

（一）主题语言的含义

主题语言也称主题法，是一种描述语言，是以自然语言为基础来描述文献内容的方法。它是以代表文献内容特征和科学概念的词语作为标引和检索的标识，并将这些标识按照概念（主题词）的字顺排列的一种检索语言。由于主题语言直观、灵活，因此特别适用于计算机检索系统。

表1-1 　　　　　　　　《中国图书馆分类法》（第五版）基本类目

基本部类	基本大类
马克思主义、列宁主义、 毛泽东思想、邓小平理论	A 马克思主义、列宁主义、 毛泽东思想、邓小平理论
哲学	B 哲学、宗教
社会科学	C 社会科学总论 D 政治、法律 E 军事 F 经济 G 文化、科学、教育、体育 H 语言、文字 I 文学 J 艺术 K 历史、地理
自然科学	N 自然科学总论 O 数理科学和化学 P 天文学、地球科学 Q 生物科学 R 医药、卫生 S 农业科学 T 工业技术 U 交通运输 V 航空、航天 X 环境科学、安全科学
综合性图书	Z 综合性图书

（二）主题语言的特征

1. 直观性强

主题语言源于自然语言，用户在检索时，只要根据课题对象采用平时的常用词汇即可，符合大家的表达习惯，便于接受和使用。

2. 专指性强

主题语言在自然语言的基础上对一些可能产生歧义的词汇加以规范，具有表达概念的唯一性，即同一概念不允许有多种表达方式，避免了语义的模糊性。

3. 组配灵活

主题语言可以根据用户的需要，采用不同的词语相互组配，通过组配表达新的或更复杂的概念，从而缩小检索范围，具有很强的灵活性。

（三）主题语言的类型

1. 标题词

标题词是指从自然语言中选取并经过规范化处理，表示事物概念的词、词组或短语。

标题词是主题语言系统中最早的一种类型，它通过主标题词和副标题词固定组配来构成检索标识，只能选用"定型"标题词进行标引和检索。其特点是结构稳定，形式直观，含义明确，易于选用，但专指度和灵活性较差，检索效率不高，目前已较少使用。

2.元词

元词又称单元词，是指能够用以描述信息所论及主题的最小、最基本的词汇单位。经过规范化的能表达信息主题的元词集合构成元词语言。元词法是通过若干单元词的组配来表达复杂的主题概念的方法。其特点是通过最基本的词汇可以表达大量专指概念和新概念，组配灵活，但由于其强调标识的单元性，难以表达事物的复合概念，组配单元词时也容易产生偏差，所以已被叙词语言代替。

3.叙词

叙词是指以概念为基础、经过规范化和优选处理的、具有组配功能并能显示词间语义关系的动态性的词或词组。一般来讲，选用的叙词具有概念性、描述性、组配性。经过规范化处理后，还具有语义的关联性、动态性、直观性。叙词法综合了多种信息检索语言的原理和方法，语词组配准确，参照系统完善，具有较强的概念表达能力，检索效果好，适用于计算机和手工检索系统，是性能较好、使用最为广泛的检索语言。CA、EI等著名检索工具都采用了叙词法进行编排，我国目前使用的主题语言基本为叙词语言，如"汉语主题词表"等。

4.关键词

关键词是指出现在文献标题、文摘、正文中，对表征文献主题内容具有实质意义的语词。关键词法就是将描述主题内容的关键词抽出，按字顺排列提供检索，一般不加或加以少量规范化处理，所以是一种准主题语言。关键词法的优点是不受词表控制，快捷简便，适用于计算机检索系统；缺点是由于关键词未经过规范化处理，会影响文献信息的查全率与查准率。

本章小结

本章从信息和信息检索的概念和理论入手，主要介绍了信息的基本知识以及信息与知识、情报等相关概念的关系，分析了学术界的不同观点；阐述了国际上及中国对文献概念的界定以及文献按照不同标准划分的多种类型；另外导入了信息检索的概念与相关知识、检索语言的类型及特征，为后面学习和实践信息的全面检索打下理论基础。

思考题

1.简述信息的概念和特征。

2.对你平时接触的各种文献进行分类。

3.到学校图书馆借阅不同的图书，了解它们是如何分类的。

第二章

文献信息检索方法

第一节 文献信息检索方法概述

文献信息存储，就是文献标引人员对搜集到的文献内容进行主题分析，即把文献包含的信息内容分解成若干能代表文献主题的概念，并用词表、分类表等规范化的检索语言对文献主题进行标引，同时把入选文献中的其他特征标识（如标题、著者、文摘、原文出处等）按构建数据库结构的索引结构一起输入到计算机文献检索系统进行存储，编制成一系列索引文档数据库和文献信息数据库，这便是文献信息的存储过程。

文献信息存储一般包括：搜集原始文献并进行筛选；对所选出的文献进行主题分析；将主题转化为主题词或分类号（即标引）；分析著录文献的内容特征和外部特征，并按照一定的排检方法，编制成检索工具（索引文档数据库和文献信息数据库）。文献信息存储是进行检索的前提和基础。

所谓信息检索，是指检索者对检索课题进行主题分析，明确检索范围，形成能代表情报需求的若干主题概念，把这些主题概念转换成信息检索语言，形成检索提问式，然后到检索工具（索引文档数据库和文献信息数据库）与存储标识进行匹配。凡是匹配成功的，相应信息款目即为检索结果。在检索过程中，可以根据检索结果不断调整检索策略直至满足情报需求。

文献信息检索方法很多，应根据课题需要、检索要求、设备条件，采取相应的检索方法。这里所说的检索方法，不是指选择某一检索工具或系统而采取的具体检索方法，而是指查找文献信息的一般方法。在实践中，常用的检索方法可以归纳为以下几种：

一、工具法

工具法也称常用法，即以主题、分类、书名、著者等为检索标识，通过检索工具（如索引、文摘等）查找文献资料的方法。使用这种方法，先要明确检索目的和检索范围，并且需要熟悉各种检索工具的内容、性质、用途与排检方法，熟悉各种检索途径，这样才能从不同的角度有效地检索需要的文献。它可以分为顺查法、逆查法、抽查法三种。

（一）顺查法

顺查法是根据检索课题的起始年代由远及近逐年查找的一种检索方法。例如，已知某课题的起始年代，现在需要了解其发展的全过程，就可以用顺查法从最初的年代开始，逐渐向近期查找。这种方法的优点是查找的文献全面、系统，适用于对专题文献的普查；缺点是劳动量大，费时费力。

（二）逆查法

逆查法与顺查法相反，是由近及远逆时间顺序查找文献的方法。它多用于了解一些新课题、新观点、新理论或新学科发展的现状、动态，重点放在查找近期文献上，求新不求全，能满足需要即可。这种方法省时，可以保证文献的新颖性，但查得的文献不够全面、系统。

（三）抽查法

抽查法是根据学科发展的特点，抽出该学科发展较快、发表文献较多的年代，进行这段时间的查找。使用这种方法，可用较少的检索时间获得较多的文献。但是，只有在熟悉该学科发展特点和发展阶段的情况下，才能使用这种方法。

二、追溯法

这是以原始文献后所附的参考文献为线索，进行追溯检索的一种方法，也叫引文法。它可以借助原始文献所附的参考文献，不断地跟踪追溯，扩大检索线索和检索范围，像滚雪球似地获得有关文献。在没有检索工具或检索工具不全的情况下，采用这种方法仍然可以获得一批相关文献。它的缺点是所引用的参考文献有限，比较陈旧，也不齐全。

三、综合法

综合法又称循环法，实际上是上述两种方法的综合使用。综合法既要利用检索工具进行常规检索，又要利用文献后所附的参考文献进行追溯检索，分期分段地交替使用这两种方法，即先利用检索工具（系统）检索到一批文献，再以这些文献末尾的参考书目为线索进行查找，如此循环进行，直至满足要求为止。

综合法兼有工具法和追溯法的优点，可以查得较为全面而准确的文献，是实际中采用较多的方法。

|第二节| 计算机信息检索技术

计算机信息检索技术是用户信息需求与文献信息集合之间的匹配比较技术。由于信息检索提问是用户需求与信息集合之间匹配的依据，所以信息检索技术的实质是信息检索提问的构造技术。目前，常用的计算机信息检索技术主要有布尔逻辑检索、截词检索、位置检索、限制检索、加权检索。

一、布尔逻辑检索

布尔逻辑检索是指利用布尔逻辑运算符连接各个检索词，然后由计算机进行相应的逻辑运算，以找出所需信息的方法，是现代信息检索系统中最常用的一种技术。布尔逻辑运算符有三种，分别是逻辑"与"（"and"）、逻辑"或"（"or"）、逻辑"非"（"not"）。

（一）逻辑"与"

逻辑"与"用"and"或"*"表示，可用来表示其所连接的两个检索项的交叉部分，即交集部分。用and连接检索词A和检索词B的检索式为A and B（或A*B），表示系统检索出的记录中必须同时包含检索词A和检索词B。逻辑"与"适用于连接有限定关系或交叉关系的词，使检索范围缩小，增强检索的专指性，有助于提高文献的查准率。在使用搜索引擎时，我们可以用空格代替两个关键词间的逻辑"与"关系。例如，查找"冒险类电脑游戏"的检索式为"电脑游戏and冒险。"逻辑"与"的示意图如图2-1所示。

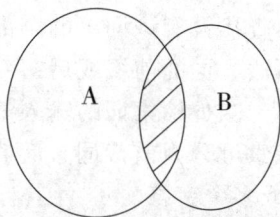

图2-1　A and B

（二）逻辑"或"

逻辑"或"用"or"或"+"表示，用于连接并列关系的检索词。用or连接检索词A和检索词B，则检索式为A or B（或A+B），表示系统检索出的记录只包含检索词A或检索词B即可，或同时包含A和B的信息。逻辑"或"通常用来组配同义词、近义词、相关词等，以扩大检索范围，避免漏检，提高查全率。例如，查找"肿瘤"的检索式为"癌症or瘤 or 肿瘤 or 新生物"。这一逻辑算符可以用来连接多个表示同义的检索词，能有效避免漏检。逻辑"或"的示意图如图2-2所示。

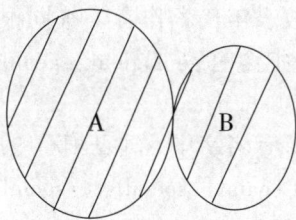

图2-2　A or B

（三）逻辑"非"

逻辑"非"用"not"或"-"号表示，用于连接排除关系的检索词，即排除不需要的和影响检索结果的概念。用not连接检索词A和检索词B，检索式为A not B（或A-B），表示检索结果必须包含有检索词A而不含检索词B，即将包含检索词B的信息集合排除掉。逻辑"非"和逻辑"与"的作用类似，可以缩小检索范围，提高检索的专指度和查准率。例如，查"动物的乙肝病毒（不要人类的）"的文献的检索式为"乙肝病毒 not 人类"。利用这个算符可以明确排除不需要的检索结果，精确检索。逻辑"非"的示意图如图2-3所示。

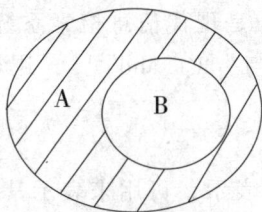

图 2-3　A not B

二、截词检索

截词检索是计算机检索系统中应用非常普遍的一种技术，亦称部分一致检索或模糊检索，是一种计算机被检索主题词字符串与文献被标引词字符串部分匹配的智能型检索技术。它是用给定的词干做检索词，查找含有该词干的全部检索词的记录。检索时，若遇到名词的单复数形式、词的不同拼写法、词的前缀或后缀变化，均可采用截词检索方法，可以起到扩大检索范围、提高查全率、减少检索词的输入量、节省检索时间等作用。

根据截词的位置不同，截词检索可分为前截词、后截词、中截词三种。常用的截词符号有"?""*""#"等，代表单个或多个字符。

（一）前截词

截去某个词的前部，是词的后方一致比较，也称后方一致检索，多见于复合词较多的文献检索，也可进行一个学科的不同应用领域的检索，但有此功能的系统不多。

例如，输入"*magnetic"，能够检索出含有 magnetic、electromagnetic、paramagnetic、thermo-magnetic 等词的记录。

输入"? computer"，能够检索出含有 minicomputer、microcomputers 等词的记录。

（二）后截词

截去某个词的后部，是词的前方一致比较，也称前方一致检索。后截词是最常用的一种截词方式，主要用在词的单复数、年代、作者、查同根词等情况。

例如，输入"geolog*"，将会把含有 geological、geologic、geologist、geologize、geology 等词的记录检索出来。

输入"王伟?"，将会把含有所有名字中含"王伟"的作者的记录检索出来。

输入"social*"，将会把含有 social、socialist、socialistic、sociality、socialization 等词的记录检索出来。

（三）中截词

截去某个词的中间部分，是词的两边一致比较，也称两边一致检索，又称"通用字符法"或"内嵌字符截断"，该方式能解决英美拼法不同单词的书写或有些词在某个元音位置上出现的单复数的不同拼写。

例如，输入"organi? ation"，可以检索出 organization、organisation。

输入"f?? t"，可以检索出 foot、feet。

输入"wom? n"，可以检索出 woman、women。

输入"社会科学? 发展"，可以检索出社会科学的发展、社会科学研究的发展。

三、位置检索

位置检索也称邻近检索，是在检索词之间使用位置算符（也称邻近算符），来规定算符两边的检索词出现在记录中的位置，从而获得不仅包含有指定检索词而且这些词在记录中的位置也符合特定要求的记录。这种方法能够提高检索的准确性。当检索的概念要用词组表达，或者要求两个词在记录中位置相邻或相连时，即可使用该方法。

不同的联机检索系统所使用的位置算符种类和功能有时不完全相同，常用的位置算符有以下8种：[①]

（1）（W）算符（WITH）：表示两个检索词紧挨着，词序不能颠倒，中间不得插入其他词、字母或代码，但允许有空格或标点符号，也可用（）表示。

例如，High（w）Strength 可以检索到：High Strength 或 High_Strength。

（2）（nW）算符（nWORD）：表示两个检索词中间可插入n个词，但它们之间的顺序不可颠倒。

例如，"Heat（1W）Combustion" 可以检索到：Heat of Combustion。

（3）（N）算符（NEAR）：表示两个检索词必须相连，中间不得插入其他词，但词序可以颠倒。

例如，"money（N）supply" 可以检索到：money supply 或 supply money。

（4）（nN）算符（nNEAR）：表示两个检索词中间可以插入n个词，且词序可以颠倒。

例如，"number（2N）theory" 可以检索到：numbertheory、theory of number 或 theory of the number。

（5）（F）算符（FIFLD）：表示两个检索词必须同时出现在同一个字段内，但两词的词序和中间插入的词数不限。

例如，"economic（F）geography" 可以检索到所有在同一字段中含有这两个词的结果。

（6）（S）算符（SUBFIELD）：表示两个检索词必须在同一个子字段中，但两词的词序和所在的字段不限。

例如，"high（W）strength（S）steel" 表示只要在同一句子中检索出含有 "high strength 和 steel" 形式的均为命中记录。

（7）（C）算符（CITATION）：表示两个检索词必须出现在同一记录中，但两词的词序和所在的字段不限。

（8）（L）算符（LINK）：表示两个检索词之间存在从属关系或限制关系，如果其中一个为一级主题词，另一个就为二级主题词。

四、限制检索

限制检索是通过限制检索范围，达到缩小检索范围、优化检索结果的方法。最常用的是字段限制检索。

字段限制检索是把检索词限定在某个（些）字段中，如果记录的相应字段中含有输入

---

① 钟华英，刘达武. 信息检索与利用［M］. 北京：电子工业出版社，2010.

的检索词则为命中记录，否则检索不到。不同数据库和不同文献记录中所包含的字段数目不尽相同，字段名称也有差别。通常数据库字段可分为表达文献内容特征的基本字段和表达文献外表特征的辅助字段两种。检索字段符用前缀方式分别表示为 TI=、AU=、JN=、DT=，检索词置于"="之后；用后缀方式分别表示为 /TI、/AU、/JN、/DT，检索词置于"/"之前。例如：

AU= Mark Twain（查作者为 Mark Twain 的文章）

PY=1998（只查 1998 年的文章）

personal computer /TI（表示只在题目字段中查找文献）

Chinese/LA（只查语种为中文的文献）

表 2-1 列举了一些数据库中的常见字段和代码。

表 2-1　　　　　　　　　　数据库中的常见字段和代码

基本字段			辅助字段		
字段名称	英文名称	缩写	字段名称	英文名称	缩写
题目	Title	TI	记录号	Document Number	DN
文摘	Abstract	AB	作者	Author	AU
叙词	Descriptor	DE	作者单位	Corporate Source	CS
标识词	Identifier	ID	期刊名称	Journal Name	JN
出版年份	Publication Year	PY			
出版国	Country	CO			
文献类型	Document Type	DT			
文献属性	Treatment Code	TC			
语种	Language	LA			
机构	Corporate Source	CS			
分类号	Classification Code	CC			

五、加权检索

加权检索是某些检索系统中提供的一种定量检索技术。加权检索同布尔逻辑检索、截词检索等一样，也是文献检索的一个基本检索手段；但它们的不同之处在于，加权检索的侧重点不在于是否检索到某篇文献，而是对检索出的文献与需求的相关度作评判。

在加权检索中，检索者根据检索词在需求中的重要程度给定一个权值，由系统先查找存在这些检索词的文献，并计算它们的权值总和。然后，检索者再给定一个阈值，只有当存在这些检索词的文献的权值之和大于或等于该阈值时，才算命中记录。加权技术有词加权技术和词频加权技术。前者是由用户在提问式中给定权值，需要人工干预；后者的权值由词在文献中出现的频率决定，由系统自动赋值，不需要人工干预。

例如，使用加权检索来检索文献"数据库原理与应用"。首先对检索课题进行分析，提取相关的检索词，并根据其重要程度赋予权值：数据库-4，原理-3，应用-3。其次设定阈值为7。最后检索出的文献记录有以下几种情况：

（1）同时含有这三个检索词，其权值之和为10>7；【命中记录】

（2）含有数据库和原理这两个检索词，其权值之和为7=7；【命中记录】

（3）含有数据库和应用这两个检索词，其权值之和为7=7；【命中记录】

（4）含有原理与应用这两个检索词，其权值之和为6<7；【未命中记录】

（5）只含有原理或应用的，其权值为3<7；【未命中记录】

在命中记录中，第一种情况的文献与需求相关度最高。

运用加权检索可以明确每个检索词在检索中的重要程度，因此它是缩小检索范围、提高查准率的有效方法。

|第三节| 文献信息检索途径

检索工具有多种索引，可以提供多种检索途径。一般来讲，检索途径可以分为以下5种：题名途径、著者途径、分类途径、主题途径、其他途径。

一、题名途径

题名途径即根据文献的名称（书名、刊名、篇名等）来查找文献的途径，它适用于某一文献名称的专指性检索。常用的检索工具有"书名目录""馆藏期刊目录"等。这类目录按图书、期刊的名称字母顺序编排和检索，一般用于查找图书和期刊。

二、著者途径

著者途径即根据已知文献著者姓名，或以研究机构团体为标识的检索途径。一般检索工具都有著者途径，有的还有团体著者（机构）索引，它们都按著者姓氏笔画顺序编排。

三、分类途径

这是按学科分类体系来检索文献的常用途径之一。在进行科学研究或教学工作中，需要搜集某一专业、某一课题的所有文献时，可用分类目录或分类索引检索。其优点是：分类法根据学科体系和知识门类的逻辑顺序进行概念划分，同一类的资料能集中于一处，不仅检索方便，而且搜集的资料比较全面系统。其缺点是：分类法往往具有滞后性，新学科、新理论、新技术不能得到及时反映，加之学科复杂，相互交叉，渗透严重，容易出现误检或漏检。

四、主题途径

主题途径是指通过文献资料的内容主题进行检索的途径。它依据的是主题索引或关键词索引，检索者只要根据课题项目确定检索词（主题词或关键词），便可以实施检索。

主题检索途径使用比较方便，适用性、专指性强，能集中搜集与课题有关而又分散在各个学科的文献，但不如分类法那样具有系统性和稳定性。主题途径检索文献的关键在于分析项目、提炼主题词。

五、其他途径

其他途径包括利用检索工具的专用索引来检索的途径。专用索引的种类很多，常见的有各种号码索引（如专利号、报告号、入藏号等）、专用符号代码索引（如分子式、结构式）、专用名词索引（如地名、机构名称、商品名称等）。

|第四节| 文献信息检索步骤

文献检索是科学研究的重要组成部分，是一项实践性和经验性很强的工作，是由诸多环节紧密相连形成的一个有规律的检索流程。要得到良好的检索效果，就必须按照一定的程序，使整个流程最优化。

文献检索步骤因检索课题和用户要求不同而有所不同，一般可分为以下几个步骤：

一、分析检索课题、明确检索需求

信息检索以满足用户情报需求为目的。分析检索课题的目的有两个：一是分析检索课题的主题要求，将检索课题分解为多个层次的主题概念，明确用户对查全、查准、查新方面的具体要求。二是明确检索课题所要求的各种范围或限定条件，包括要求的文献类型、语种、年代跨度等，以及对检索费用、检索时间等其他方面的要求。

二、选择检索工具或检索系统

通过对检索课题的分析，明确了课题的检索范围和要求后，就要以此来选择检索工具和检索系统。

选择恰当的检索工具和检索系统是成功实施检索的关键步骤。检索工具的选择是否恰当、相关程度如何，直接影响检索结果的好坏和检索效率的高低。要使检索工具选择得恰当、对口，必须事先熟悉检索工具。要熟悉各种检索工具（如目录、索引、文摘等）及其收录的文献类型、学科范围、专业性质、起讫年代、排检方法等，以便选择适合检索课题的检索工具，这样才能收到事半功倍的效果。

三、确定检索途径与检索方法

一般的检索工具都根据文献的内容特征和外部特征提供多种检索途径，如主题检索途径、分类检索途径、著者检索途径、题名检索途径以及其他检索途径（分子式检索途径、专利号检索途径、标准号检索途径等）。检索途径的选择要根据检索需求和目前所掌握的检索条件来确定，若检索要求泛指性强，所需文献范围较广，则适宜选择分类途径；若检索要求专指性强，所需文献比较专深，则适宜选择主题途径；若事先知道文献著者、题名、分子式、专利号等条件，则可利用著者途径、题名途径、分子式途径、专利号途径等进行检索。

应根据检索的目的、期望的文献数量以及有关主题在学科中的发展状况来选择适当的检索方法。若以查新为主要目的，则适宜选用逆查法；若要全面检索某个主题的相关资源，则适宜使用顺查法。要注意对这些方法的综合运用，以获得较好的检索结果。

四、选择合适的检索词

检索词是表达文献信息需求的基本元素，也是计算机检索系统中进行匹配的基本单元。在计算机检索系统中，检索词一般有如下两种形式：一种是受控词（规范词），是经过规范化处理的词或词组，取自于主题词表、叙词表、分类表等。其优点是检索效率高，容易选择宽度适当的概念，可避免一词多用（如西红柿、番茄）造成的误检或漏检，而且，由于标引人员已事先解决了自然语言中的同义、近义关系问题，检索相对容易；缺点是专指度差，不能及时反映新事物的发展，概念数量有限，结构复杂，不能适应数量众多、要求各异的信息用户，也不易为非专业人员掌握。另一种是非受控词（自由词），是未经规范化处理的自然语言词汇。其优点是选词的自由度大，词汇的专指性强，容易反映新概念，不需要熟悉词表；缺点是不能表达同义词、近义词、相关词等，不能提供概念的等级关系，不能检索宽泛概念。因此，在选择非受控词时，要注意尽可能全地罗列代表相同概念的同义词或近义词，以免造成漏检。

五、构造检索式

检索提问式是在计算机信息检索过程中用来表达用户检索提问的逻辑表达式，由检索词和各种连接组配符号按照特定检索系统的语法规则组配在一起。常用的连接组配符号包括布尔逻辑算符（"与""或""非"）、截词符、位置算符、字符前/后缀等。当前，许多网络检索系统已经帮助用户简化了检索式的构建过程，用户不再需要记住若干的连接组配符号，而是通过在下拉框中的选择来完成，如通过选择"前方一致""后方一致""中间一致"来完成后截词、前截词、两端截词，而不再需要用"*"号代表截词。从下拉框中选择检索词的字段限定在著者、标题、关键词、文摘、全文中，而不再需要记住每个字段的缩写字符，如用 AU 代表著者字段。

六、根据文献线索索取全文

应用检索工具实施检索后，获得的检索结果即为文献线索，对文献线索进行整理，分析其相关程度，根据需要，即可利用文献线索中提供的文献出处，索取原文。如果选用的是全文检索系统，可以直接获得文献原文；如果是文摘等二次文献检索系统，则需要根据系统提供的线索进一步确定文献的馆藏位置，通过到馆借阅、馆际互借或原文传递等方式索取原文。

七、评价检索结果，调整检索策略，改善检索结果

对检索结果进行评价，若检索结果不能满足用户的检索需求，则需要对检索策略进行调整，以改善检索结果。这个过程实质上是不断重复上述步骤的过程，直至检索结果满足用户需求为止。

|第五节| 检索效果的评价及优化

一、检索效果评价指标

检索效果是指文献信息检索系统检索的有效程度，反映检索系统的能力。检索效果的评价指标一般包括查全率、查准率、检索系统的文献收录范围、检索系统响应时间、检索费用和检索结果输出形式。其中，查全率和查准率是评价检索效果的两个主要衡量指标。

查全率（recall ratio）是指用户从检索系统中检出的相关文献信息量与该检索系统中的相关文献信息总量的比率，可以用下面的公式来计算：

$$查全率=\frac{用户检出的相关文献信息量}{检索系统中的相关文献信息总量}\times100\%$$

查准率（precision ratio）是指用户从检索系统中检出的相关文献信息的数量与检索出的文献信息总量的比率，可以用下面的公式来计算：

$$查准率=\frac{用户检出的相关文献信息量}{检出的文献信息总量}\times100\%$$

查全率与查准率之间存在互逆关系，通常查全率比较高时，查准率比较低，反之亦然。

二、优化检索效果的措施

对用户而言，文献信息检索系统的功能与查全率、查准率有着密不可分的关系。检索系统的功能是指检索系统在检索界面向用户所提供的浏览、基本检索、高级检索、检索语言及检索策略等功能。另外，用户的检索技术也是十分重要的因素。下面是几种提高和优化检索效果的措施：

（一）提高检索系统的质量

提高检索系统的质量是指检索系统所覆盖的学科和年代范围要广，文献信息具有高质量，检索工具要优质，收录的内容要全面，文字、图像（著录）要清晰，标引要准确，系统功能要完善等。

（二）提高用户的检索技能

用户的检索技术与检索策略是提高检索效率的关键。检索语言、检索技术、检索方法的正确、灵活使用，能够使用户更好地与检索系统协调、配合，从而大大提高检索效率。

（三）调整对查全率和查准率的要求

用户要根据不同检索课题的需要，适当调整对查全率和查准率的要求。如果要求查准率很高，那么就多用专指性的检索词或检索词多重限定，以提高查准率；如果要求查全率很高，就需要调整检索策略，多用一些泛指性的检索词或相关概念的检索词，以提高查全率。[1]

---

① 柯平. 信息素养与信息检索概论［M］. 天津：南开大学出版社，2005.

本章小结

本章主要介绍了文献信息检索的基本方法。文献信息检索的常用方法包括工具法、追溯法和综合法。计算机信息检索技术包括布尔逻辑检索、截词检索、位置检索、限制检索和加权检索。文献信息检索的途径包括题名途径、著者途径、分类途径、主题途径及其他途径。文献检索大体有七个步骤。检索效果的评价主要有查全率和查准率两个指标。

思考题

1. 简述常用的文献检索方法。
2. 通过网络或数据库检索，了解计算机信息检索的常用技术。
3. 文献检索途径有哪些？
4. 简述文献检索的主要步骤。

第三章

参考工具书

|第一节| 参考工具书的含义、特征

一、参考工具书的含义

参考工具书是专供翻检查阅的图书。它是广泛搜集某一范围的知识材料，按照一定的方法加以编排，供解决疑难问题或提供资料线索的一种图书。按参考工具书的性质和功用，可以将其分为两大类：一是专门提供文献出处和内容线索的检索性工具书，如书目、文摘、索引等；二是专供解答疑问，查找某一方面专题知识或有关信息用的参考性工具书，包括字典、词典、百科全书、年鉴、手册、名录、表谱、图录、资料汇编等，主要供查阅，阅读功能明显强于检索性工具书。

二、参考工具书的特征

参考工具书是帮助人们读书治学、工作生活的一种利器，素来享有"学海津梁""案头顾问""无声老师"等美称。随着现代社会科学文化的迅速发展，人们有限的阅读时间面临着爆炸性增长的文献量的挑战，有限的知识面面临着广博无边的知识群的挑战，有限的记忆量面临着汹涌而至的海量信息流的挑战。参考工具书能够帮助人们以较短的时间获得较多、较全、较新的知识信息，提高学习和工作的效率，使我们的学习和工作收到事半功倍的效果。

参考工具书具有信息密集、资料性强、便于检索、查考为主等基本特征，是人们学习与工作的必备工具。

（一）信息密集

一般说来，任何文献都具有一定的知识性，但参考工具书的知识密集度比普通图书高得多。参考工具书多数是在大量普通图书的基础上，经过整理、提炼和浓缩而成的信息密集型文献，能为人们提供丰富的知识信息。譬如，字典、词典系统地汇集了有关语言文字和词汇方面的知识信息，百科全书系统地汇集了人类各个知识领域的知识信息。

（二）资料性强

任何文献都具有一定的资料性，但参考工具书的资料精度比普通图书高得多。参考工具书是经过筛选和条理化的一种基本情报源，它是反映、揭示和检索一般情报源（原始文献）的工具和手段。相对于数量庞大的一次文献——普通图书而言，参考工具书多数是经过加工的二次或三次文献。譬如书目、文摘、索引对不断出现的大量文献逐一进行研究、鉴别、描述和标引，提供查找原始文献的线索，是专题咨询的重要工具，属于二次文献的范畴。字典、词典、百科全书、年鉴、手册、名录、表谱、图录、资料汇编等系统地汇集了各种知识和资料，是事实型咨询的重要工具，多数属于三次文献的范畴。各种工具书的编制都要求广采博收、论述精炼、出处详明，为人们提供尽可能准确的资料或资料线索。

（三）便于检索

参考工具书是按照特定的编制形式和排检方法编制的书籍，它具有很强的检索性。人们查考工具书与阅读普通图书不同，前者带有特定的查考目的和要求，后者一般是为了满足求知的欲望。参考工具书十分讲究科学的编排形式和高效率的检索方法，一般都为读者提供多种检索途径，简明易查。

（四）查考为主

普通图书的编撰目的一般是供人们系统阅读，以增长知识。参考工具书的编撰目的主要供读者临时查考释疑解难之用，而且这种查考往往持续时间较短，但多次使用。譬如，书目、文摘、索引常常用于查考书刊论文资料，字典、词典用于查考某一字词，百科全书用于查考某学科、某术语的知识。

参考工具书与普通图书并不存在不可逾越的鸿沟，有些参考工具书同时也是某方面的专门著作。例如，东汉许慎编撰的《说文解字》，既是供查考汉字形、音、义的工具书，又是研究汉字参考的专著。反之，普通图书有时也可供查考问题时参考，具有"工具"的作用。例如，我们称为"丛集汇要"的某些丛书、总集、汇编、综述、史志、学科史及要籍等，本来就是普通图书，只是由于内容广泛、材料丰富、参考价值较大，加之卷帙浩大，人们多作查考之用，也具有了工具书的性质。

|第二节| 参考工具书类型、简介

一、字典与词典

字典与词典是按字序法排列条目，专门解释字、词的形体、读音、意义及用法的工具书。现代词典按其收录内容、解释方法和用途，可分为语文词典、综合性词典和专科性词典。

（一）语文词典

1.《汉语大字典》

《汉语大字典》是一部以解释汉字的形、音、义为主要任务的大型语文工具书，由汉语大字典编辑委员会编纂，湖北、四川辞书出版社于1986—1990年出版。全套8卷，共收录单个汉字54 678个，是我国迄今为止收字最多的字典，按200个部首编排。各卷附检字表，末卷还附总检字表。该书对每个汉字的形、音、义均做了历史、全面的反映，是当今规模最大的巨型历史性汉字详解字典。

2.《汉语大词典》

《汉语大词典》是一部大型汉语语文辞典，由《汉语大词典》编辑委员会编纂，第1卷由上海辞书出版社1986年出版，以后各卷改由汉语大词典出版社出版。全书12卷（另有附录·索引1册），收词目37万余条，包括单字2.2万多个。该词典按200个部首编排，另有音序、笔画等检索途径，均列于附录中。该书的特色是古今兼收，源流并重；释文义项齐全，集历代书面和口语词汇之大成。汉语大词典出版社于1997年出版了《汉语大词典》（上、中、下）缩印三卷本。

3.《现代汉语词典》

《现代汉语词典》由中国社会科学院语言研究所词典编辑室编写，商务印书馆1978年出版，1983年第2版，1997年第3版。这是一部以记录普通话语汇为主的中型词典。所收词目，包括字、词、词组、成语、熟语等，共56 000多条。《现代汉语词典》在字和词的选择、定形、注音、释义、用法说明等方面，都较好地做到了规范性与科学性的统一，是我国第一部比较详尽记录和描写现代汉语的规范词典。

4.《韦氏三版新国际英语词典》

《韦氏三版新国际英语词典》（Webster's Third New International Dictionary of the English Language）是世界语言学界公认的最有权威的英语词典之一，我国通常称为《韦氏三版》。该词典原名为《美国英语词典》（An American Dictionary of the English Language），由美国词典编撰家诺亚·韦伯斯特编撰，1828年问世，1909年正式定名为《韦氏新国际英语词典》。《韦氏三版》是经过重新设计、编写和排版的全新词典，1961年出版，其重要特点是：①收词丰富，且经过严格筛选。全书共收词45万余条，起讫时间为1755—1960年，重视对现代的新词特别是科技词汇和经济词汇的收录。②注音详细，很多单词都给出了两个或几个发音变体，多者达几十个。③释义简明、准确。④例证多选自现代文献，如书刊、广告、讲演等，对现代作家、政界著名人物的语句引用很多。⑤修辞标识不再沿用二版的告诫性标识，而是采用substandard（尚标准）、nonstandard（非标准）等提示。

《韦氏三版》出版后每5年修订一次。1983年出版了《9 000词——韦氏三版补编》，选收1961年以来出现的新词新义（其中许多是俚语和非规范语），并增补了过去漏收的旧词。1986年又单独出版了《12 000词——韦氏三版补编》（12 000 Words, Supplement to Webster's Third New International Dictionary）。

5.《牛津英语大词典》

《牛津英语大词典》（The Oxford English Dictionary）简称OED，1858年由英国语言学会组织筹备编撰，到1933年全书12卷出齐，外加补编1卷。OED共收词414 825个，引文例证1 827 306条，收词丰富，解释详尽准确，考证、鉴别词语严格，对古今词处理得当，学术价值高，实用价值大，素有"词典之王"之称。1933—1944年，牛津大学出版社出版OED简编的1版、2版和3版，后经3次修订，1973年出版了新3版，1975—1977年修订重印。为补充1933年版所遗漏的词汇，1972—1986年，牛津大学出版社又出版了OED的4卷补编。

其他主要语文词典还有《中华大词典》（徐元诰、欧阳溥存等编）、《新华字典》、《新华词典》、《现代汉语新词新语新义词典》、《汉语成语辞海》、《现代汉语分类词典》以及《韦氏新世界美语词典》（Webster's New World Dictionary of American English）、《钱伯斯二十世纪英语词典》（Chambers Twentieth Century Dictionary）《科林斯英语词典》（Collins English Dictionary）等。

（二）综合性词典

综合性词典收录内容广泛，涉及自然科学、社会科学、工程技术等各个领域，便于查找最基本的知识和资料，特别是要查找的词目难以确定其所属学科时，查阅综合性词典一检即得。

1.《辞源》

《辞源》是我国近代以来出现的第一部规模较大的综合性语文辞书，编纂工作开始于清光绪三十四年，参与其事者有陆尔逵等几十人，至1915年由商务印书馆正式出版。1931年出版了《辞源》续编本。1939年修订，出版了正、续编合订本。1949年出版了《辞源》简编本，1950年又出版了修订本。这些一般被称为"旧《辞源》"。"旧《辞源》"不但收录了当时的一般语文词汇，而且广泛涉猎了近代自然科学、社会科学、应用技术以及社会文化等各方面的百科词汇，因此是当时一部"古今皆收"的综合性辞书。

《辞源》从1958年开始修订，到1979年，修订本的第1分册才由商务印书馆正式出版；到1983年，修订本的4个分册全部出齐。这个修订本一般被称为"新《辞源》"。"新《辞源》"与"旧《辞源》"最显著的区别是根据与《辞海》《现代汉语词典》分工的原则，删去了有关近现代自然科学、社会科学、应用技术等方面的词语，收词范围一般到鸦片战争（1840年）为止。这样，《辞源》（修订本）便成为一部主要供查检阅读古籍时产生的有关词语典故和古代文物典章制度等知识性疑难问题的大型辞书，即专门的古汉语词典。《辞源》（修订本）共收单字12 890个，词语84 134条。收词以古汉语中的一般词汇为主，兼收诸如人名、地名、书名、文物典章制度这类"百科"词汇。

2.《辞海》

《辞海》最早于1936年由中华书局出版，是我国自20世纪20年代初《辞源》问世以后出现的第二部大型综合性词典。1958年以前，这个版本的《辞海》曾多次重印，这些印本被称为"旧《辞海》"。从1958年开始对《辞海》进行修订，直到1979年修订工作才算完成，并于当年由上海辞书出版社出版。1980年，该社又出版了1卷缩印本。这就是今天通行的《辞海》，一般被称为"新《辞海》"。

《辞海》（1979年版）是一部兼有字典和百科性质的综合性辞书。全书共收录单字14 872个，选收词目91 706条。《辞海》不仅收录古今一般的语文词目，而且选收了一些成语典故、古今人名地名、古今名著、古今学术学派、团体组织、文物典章制度，以及120多个学科中常见的名词术语等。

我国从1984年开始对《辞海》（1979年版）进行全面修订，至1989年10月，上海辞书出版社推出了《辞海》（1989年版）。1999年9月，上海辞书出版社又推出了《辞海》（1999年版）。1999年版《辞海》收单字19 485个，词目12万余条，增加了反映当今社会科学、文化、技术方面的新词汇。2009年版《辞海》由夏征农、陈至立担任主编。总字数约2 200万字，比1999年第五版增加约10%；总条目近12.7万条，比第五版增加约8%。其中新增条目1万多条，词条改动幅度超过全书的1/3；删去条目约7 000条。除了新增条目，在原有条目中，也大量援引新的提法，作出新的解释，反映新的情况，执行新的规范，运用新的数据。在增补以前遗漏的词目、音项、义项和释文内容，改正解释、资料、文字、符号等差错，精简不必要的词目和不合适的释文等方面亦着力甚多。新版《辞海》是对时代发展的定格，充分反映了中华人民共和国成立60年，特别是改革开放30多年的新事物、新成果。

3.《现代科学技术词典》

这是一部大型的综合性科技词典，由我国著名科学家钱伟长、吴汝康等200多人根据美、英等国十几种著名科技词典编译而成。该书1980年12月由上海科学技术出版社出版，共两册，选收了109个学科的106 000余条词目，并配有2 600余幅插图。收词范围除数学、物理学、化学、天文学、生物学、动物学、植物学、农学、医学、地理学等基础学科外，还着重收录了电子计算机、高能物理、系统工程、材料科学等涉及现代科学技术内容的词条。

（三）专科性词典

《哲学大辞典》，冯契主编，上海辞书出版社1985—1988年分卷出版。

《简明哲学辞典》，罗森塔尔·尤金编著，中共中央马恩列斯著作编译局译，生活·读书·新知三联书店1973年1月出版。

《社会学大辞典》，程继隆主编，中国人事出版社1995年出版。

《逻辑学辞典》，《逻辑学辞典》编辑委员会编，吉林人民出版社1983年出版。

《心理学词典》，宋书文等主编，广西人民出版社1984年出版。

《美学词典》，王世德主编，知识出版社1986年出版。

《中国历史大辞典》，上海辞书出版社1983年出版。

《中国文化史词典》，杨金鼎主编，浙江古籍出版社1987年出版。

《经济大辞典》，于光远主编，上海辞书出版社1992年出版，共收词目2.5万条，是目前国内包罗学科最广、收词最多、规模最大的经济类词典。

二、百科全书

百科全书是汇集人类积累的最重要、最有用的各方面知识，分列为条目，加以系统摘要的叙述和说明的具有知识总汇性质的工具书。这些条目以词典的形式排列起来，附有完善的检索系统供读者检索查阅，因此，历来受到人们的重视，被称为"工具书之王"。

百科全书按收录的范围可分为综合性百科全书和专科性百科全书；按卷帙的规模可分为大型、中小型和单卷本。下面列举一些著名和重要的实用百科全书。

（一）《新不列颠百科全书》

《新不列颠百科全书》（The New Encyclopedia Britannica）（第15版），是世界著名A、B、C三大英语百科全书之B，简称EB，被公认为世界最具权威性的大型综合性百科全书。它的创始人为W.Smellie等，1768—1771年在爱丁堡出版，共3卷。20世纪初版权归美国人所有，现由美国芝加哥的不列颠百科全书公司出版。1974年出版的第15版在编排设计上有新的突破，采取三部分合而为一的方法，共30卷。1985年又对第15版作了修订，卷数增至32卷。第15版的三部分分别是：

《百科类目：知识纲要和不列颠百科指南》（Propaedia：Outline of Knowledge and Guide to Britannica）1卷，它起着全书分类指南的作用。它把人类知识分为10大类：物质和能、地球、地球上的生命、人类生命、人类社会、艺术、技术、宗教、人类历史、知识分类。每一大类下设division（部），部下设section（门），往下再分为A、B、C、D…1、2、3、4…a、b、c、d。这样就把知识内容分设成几个层次，15 000多个条目，每条标有卷，页码分别指向Macropaedia的45 000处。《百科类目》在学习和研究中起着指南作用，利用它可在《百科详编》中获得更详细的资料。

（二）《美国百科全书》

《美国百科全书》（The Encyclopedia Americana）（简称EA）于1829—1833年问世，到现在已有180多年的历史。1829年，德裔美籍学者佛朗西斯·利伯以《布罗克豪斯社交词典》第7版为蓝本，编译成了美国第一部大型综合性百科全书——《美国百科全书》。在英语百科全书中，其权威性仅次于《不列颠百科全书》，为著名英语三大百科全书A、B、C中之A。从1923年起每年出版《美国百科年鉴》（Americana Annual）一卷，作为全书的补编，其条目逐词排列（word by word）。这部巨著的"数万个条目旨在成为专家和一般读者之间的桥梁"，文笔清新流畅，通俗易懂。

该书由美国四大百科出版商之一的Grolier公司出版，1995年版有CD-ROM。美国语言学家门肯（H.L.Mencken）称它为"在市场上能买到的最有用的英语百科全书"。该书的简体中文版已由中国台湾光复书局和外文出版社联合出版，中文译名为《大美百科全书》。

（三）《科利尔百科全书》

《科利尔百科全书》（Collier's Encyclopedia）（简称EC）为20世纪中叶才出版的多卷集百科全书，内容配合美国大学和中学的全部课程，为著名三大百科全书A、B、C中之C，是一部适合非专业人员、青年学生阅读的百科全书。全书共24册，第24册为索引，资料的深度和广度均不如EA和EB。EC注重事实，理论性阐述较少。在其25 000个条目中，社会科学、人文科学各占20%，科技占15%，地理和地区研究占35%，并着眼于普通人日常感兴趣的主题以及实用的现代题材，它虽是国际性百科全书，但东方的资料很少。这部20世纪新编的大型英语综合性百科全书的特点是：适用对象广泛，释文通俗流畅，可读性高；材料更新及时，内容较新而且可靠；参考书目的编选为各家百科全书之冠；分析索引范围深广，索引条目为正文条目的16倍，本书编辑意图强调教育性。

（四）《中国大百科全书》

《中国大百科全书》由《中国大百科全书》编辑委员会、中国大百科全书出版社编辑部编，中国大百科全书出版社1980—1993年出版，这是我国第一部具有权威性的大型综合性百科全书。全书内容包括哲学、社会科学、文学艺术、文化教育、自然科学、工程技术等66个学科和知识门类，共74卷（包括总索引1卷），收条目近8万条，总字数逾1.25亿字，插图约6万幅。全书按学科分卷陆续出版，包括天文学、外国文学、体育、戏曲·曲艺、生物学、纺织、法学、矿冶、地理学、中国历史、心理学、教育、力学、航空航天、土木工程等73个分卷，另有总索引1卷，已于1993年出齐。

（五）《简明不列颠百科全书》

由中国大百科全书出版社《简明不列颠百科全书》编辑部编译，中国大百科全书出版社1985—1986年出版。这是由中国大百科全书出版社和美国不列颠百科全书公司合作编译出版的一部中型综合性百科全书。除中国部分外，主要根据第15版《不列颠百科全书》

的《百科简编》编译而成。

全书共10卷。1~9卷是正文及附录（包括各国统计对照表、世界主要大学和学院一览表、汉字简体字和繁体字对照表等9个附录），第10卷为索引，共收条目71 000余条，附图片约5 000幅。内容包括社会科学、文学艺术、自然科学、工程技术等各学科的概述和专名、术语，各国人物、史、地、团体、机构等，侧重于西方文化、科技成就和当代知识。

（六）《世界百科全书》

《世界百科全书》由中国台湾光复书局编辑部编，中国台湾光复书局1986—1987年出版。这是一部介绍世界各国概况的百科全书，比较详细地介绍了各国国土、人口、城市、经济、历史、艺术、旅游等情况，并有大量的图表。全书共20卷，其中1~7卷为欧洲，8~13卷为亚洲，14~16卷为非洲，17~20卷为美洲、大洋洲和南极洲。每洲先有总论，介绍其概况，然后分国叙述。

其他比较常用和重要的百科全书还有《钱伯斯百科全书》《世界经济百科全书》《中国经济百科全书》《中国医学百科全书》《中国农业百科全书》《中国企业管理百科全书》《中国教育百科全书》《麦克米伦艺术百科全书》《大英视觉艺术百科全书》《中国文化大百科全书》《美学百科全书》等。

三、年鉴

年鉴是系统汇集一年内重要时事文献、学科进展与各项统计资料，供人们查阅的工具书。年鉴按年编辑出版，所收资料一般以当年为限；年鉴又是连续出版的，因此积累起来就是一部编年体的历史。年鉴以记事为主，是知识更新的记录，一般包括概况、专题论述、资料和附录。其中专题论述是年鉴的主体，通常采用概述的方法，汇集一年中出现的重要事件和新知识、新成果、新资料。年鉴通过分类体系和索引，为读者提供检索的方便，除统计年鉴外，又具有可读的价值。

年鉴的类型各式各样，对年鉴的分类一般是从其性质上分为综合性年鉴、专门性年鉴、统计性年鉴、地方性年鉴4种类型。

（一）综合性年鉴（包括百科全书年鉴）

综合性年鉴比较全面地反映一国或国际政治、经济、文化等各方面的年度进展情况及有关的资料，涉及的范围比较广泛，通过它能了解到国内外各方面的大事并获得相关的资料，包括政策、法令、人物、事件及有关的统计资料等。

《中国年鉴》，《中国年鉴》编辑部编，新华通讯社和香港新中国新闻有限公司1981年起联合出版。这是一部大型综合性年鉴，中、英文同时出版，由中国概况、特辑、彩图专辑、大事纪要、分类条目组成。它从1980年起逐年搜集和记录中国各方面的新进展、新成就、新情况，每年刊有近1 000幅照片，并有大量图表，是一部内容丰富、材料翔实、图文并茂、印刷精美的年鉴。1998年后，更名为《中华人民共和国年鉴》。

《世界知识年鉴》，世界知识年鉴编辑委员会编，世界知识出版社出版，原名《世界知识手册》。初版发行于1953年，不定期地出版发行到1965年。1982年复刊，大体逐年出版。它是一部关于国际政治、经济和文化等方面的综合性工具书。内容按类编排，一般分为各国概况、国际组织和国际会议、专题统计资料、世界大事记、便览等部分。该年鉴内容丰富，注重时事性和知识性，但引征资料未注明出处。

《中国百科年鉴》，《中国百科年鉴》编辑部编，中国大百科全书出版社1980年起出版。这是中华人民共和国成立以来第一部大型综合性年鉴，内容由专栏、概况、百科和附录四个部分组成。《中国百科年鉴》除了是查寻百科知识的重要工具书外，还是《中国大百科全书》的辅助补充工具书，一些不能及时通过大百科全书反映的内容，得以在百科年鉴中迅速反映出来。

（二）专门性年鉴

专门性年鉴（包括专科性、专业性、专题性年鉴等）反映某一专门范围的年度进展情况及有关资料，多半围绕一定的学科、专业、专题，系统搜集和提供有关情况和资料，一般为专业工作者所使用，如《世界经济年鉴》《中国经济年鉴》《中国对外经济贸易年鉴》《中国审计年鉴》《中国城市经济社会年鉴》《中国人口年鉴》《中国劳动年鉴》《中国法律年鉴》《中国教育年鉴》《中国文艺年鉴》等。

（三）统计性年鉴

统计性年鉴主要用统计数字来说明有关领域或部门的进展情况，一般供专门人员使用。

统计性年鉴既有国际、国家的统计性年鉴，又有地方性的统计年鉴；既有综合性的统计性年鉴，又有专门性统计年鉴，如《中国统计年鉴》《中国人口统计年鉴》《中国城市统计年鉴》《国际统计年鉴》《中国教育统计年鉴》《中国能源统计年鉴》《上海统计年鉴》《北京市统计年鉴》等。

（四）地方性年鉴

地方性年鉴反映一国之内某一地方各个方面或某一方面的年度进展情况及有关资料，主要供查检地方性资料使用。地方性年鉴发展很快，既有地方综合性年鉴，又有地方专门性年鉴，还有地方统计性年鉴，如《广东年鉴》《广州经济年鉴》《深圳经济特区年鉴》《香港年鉴》《香港经济年鉴》《上海经济年鉴》《上海文化年鉴》《江苏经济年鉴》《浙江经济年鉴》《北京文艺年鉴》等。

四、手册

手册是汇集经常需要查考的基本资料和数据的工具书，其名称还有指南、要览、便览、一览、大全等。手册汇总的是准确的资料、数据、公式，是公认的、确定的科学知识，具有较大的参考价值。

手册通常分为综合性和专门性两种。综合性手册，为一般读者提供基本知识和学习资料。专门性手册，为专业工作者或专门人员提供专门知识或资料。

（一）综合性手册

（1）《中华人民共和国资料手册》（1949—1985），寿孝鹤等主编，社会科学文献出版社1986年出版。这是一部了解和研究中华人民共和国历史发展的综合性的资料工具书。它包括各个不同发展时期各方面的基本情况，内容分为概况、政治、经济、文化教育、文学艺术、人物、大事记、文献等栏目。

（2）《新编读报手册》，荣进等编写，浙江教育出版社1986年出版。该手册主要选取人们读书看报经常碰到而又不易找到的有关资料，是一部知识密集的综合性工具书。全书共29个部分，包括当代中国的改革、祖国新貌、国家机构、政党组织、群众团体、人民军队、历史概要、新中国大事、中华英模、经济建设、科学技术、教育事业、卫生健康、体育之光、文学大概、戏剧百花、世界博览等。

（3）《世界新学科总览》，金哲等主编，重庆出版社1987年出版。该书汇集并介绍了470余门当代世界新学科，内容包括这些新学科的定义或界定、产生的时代背景与社会环境、奠基性著作与学科创始人、研究内容、学科发展与现状、研究组织等。

（4）《吉尼斯世界纪录大全》，诺里斯·麦克特编，王映桥等译，四川科学技术出版社1988年出版。本书编于1955年，在英国出版，1956年起在美国和英国出版。此后，连续修订，并被译成25种文字。中文译本根据美国版第25版原书译出。这是一部关于世界之最的知识大全，全面介绍了世界之最的人物、事件、现象等情况。全书共收15 000多项世界纪录，分为12类、200个专题。书中资料丰富、涉猎广泛、记载较准确，因而具有一定的可靠性和权威性。

其他综合性手册还有《当代新学科手册》《新知识手册》《生活科学手册》《读者手册》《青年实用手册》《青年知识手册》等。

（二）专门性手册

（1）《外国文学手册》，本书编写组编，北京出版社1984年出版。该手册共收录884个条目，分7部分编排：①外国重要作家生平著作年表；②外国文学名著介绍；③外国现当代文学概况；④世界文学史大事年表；⑤名词解释；⑥中国外国文学翻译工作者；⑦外国文学论著、期刊简介。书后附"历届诺贝尔文学奖获得者"和"词目索引"。

（2）《经济工作手册》，任兆奎主编，黑龙江人民出版社1987年出版。该书介绍了有关经济工作的基本理论和基本知识，共收录条目1 400多个。其内容包括计划与统计、工业、农业、邮电、运输、商业、外贸、物资、基本建设、财政、金融、税收、物价、人口、世界经济等各个方面。书后有附录。

（3）《麦格劳－希尔计算机手册》。该手册英文名为 The McGraw-Hill Computer Handbook，由麦格劳－希尔出版社出版。全书分30章，介绍了计算机历史、结构、布尔代数和逻辑、序列网络、数学逻辑、存储器、软件等，书后附索引。

其他较重要和常用的专门性手册还有《当代中国社会科学手册》《当代国外社会科学手册》《国际政治手册》《联合国手册》《国际金融手册》《中国地理知识手册》《现代工程师手册》《实用数学手册》《物理学手册》等。

五、名录

名录是汇集人名、地名、机构名等专名基本情况和资料的一种工具书。其中机构名录有时又称为"一览""概览""指南""简介"等。

名录按收录内容大体可分为人名录、地名录、机构名录三类。

（一）人名录

人名录收录并简介有关人物的基本情况，包括生卒年、籍贯、学历、经历、著作、主要科研或社会活动及其成就生平传略。国外人名录凡冠以"Who's Who"的以专收在世人物为主，而冠以"Who Was Who"的则专收已故人物，如 Who's Who in Technology（今日科技名人录）、Who Was Who in American politics（美国已故政治家名录）。

1.The International Who's Who（国际名人录）

该书是一部常用的国际性名人录，英国伦敦的 Europa 公司自1935年起出版，收录世界各国政治、经济、文化、法律、外交、教育、体育、宗教、科学界等著名人士的生年、国籍、简历（学历、经历、职务变迁）、荣誉称号、业余爱好、通信地址等信息。每年出版一次，修订及时。由于其收录人物的广泛性，该书可代替德国、意大利等10多种其他国家的名人录。

2.Who's Who in the World（世界名人录）

该书由美国著名的名人录出版商 Marquis 公司自1970年起隔年出版，收录当前国际事务和各重要领域中的著名人物，主要是各国政府首脑、外交官员、新闻记者、慈善事业和文体界人士，如历届奥运会金牌获得者。取舍标准为担任的职务和个人取得的成就。收录人数比《国际名人录》为多，且有彼此不收的人物，故两者可配合使用，互为补充。

3.Who's Who, an Annual Biographical Dictionary（英国名人录）

该书为当代名人录的先驱者，比美国同类型的出版物要早50年，主要收录英国当代政界、学者、科学家、企业界代表等著名人物的传记。1955年起酌收少量外国人物。1997年版收录29 000人，共1 800页。人物选择严谨，体例稳定，结构清晰，文字简练，条目简明易查。每年出版，修订及时，在各国同类名人录中名列前茅，影响深远。凡《英国名人录》中去世的人物即移入 Who Was Who（英国已故名人录）。

国外其他较重要的人名工具书还有 Who's Who in America（美国名人录），Who Was Who in America with World Notables（美国已故名人录）、American Men and Women of Science（美国男女科学家）、Who's Who in Technology（今日科技名人录）、McGraw-Hill Modern Scientists and Engineers（麦格劳-希尔现代科学家和工程师）、Who's Who of American Women（美国妇女名人录）、International Who's Who of Women（国际妇女名人录）、Who's Who in Economic（经济学家名人录）、Who's Who in France（法国名人录），Who's Who in Russia Today（今日俄罗斯名人录）、Webster's New Biographical Dictionary（韦氏新人名词典）、Cambridge Biographical Encyclopedia（剑桥人名全书）、《日本名人大事典》等。

国内常用的人名工具书有《新中国名人录》《当代中国名人录》《中国科苑英华录》《中国科学院科学家人名录》《中国妇女名人录》《中国企业家大辞典》《当代国际人物词典》《世界政坛人物辞典》等。

（二）地名录

地名录提供有关地名的正确名称（或加上译名）、所在地域（国别、省别）、地理位置（经纬度）等。

1.《中华人民共和国地名录》

该名录由中国地名委员会编，1994年3月出版。收录范围为：①全国乡、镇以上（含乡、镇）各级行政区域名称；②以乡、镇人民政府所在地为主的居民聚落名称；③山、河、湖、海、岛、高原、盆地、沙漠等自然地理实体名称；④名胜古迹、纪念地、古遗址、水库、桥梁、电站等名称。全书共收录地名约10万条，是收录我国地名最多的大型标准地名工具书。

2.《世界地名录》

该名录由中国大百科全书出版社编辑，萧德荣主编，1984 年出版。本书分上、下两册，共收录中外地名近 30 万条，是查考国外地名的标准工具书。正文分外国地名和中国地名两部分。外国地名部分收录了中国地名委员会编辑的《外国地名译名分册》和《泰晤士世界地图集》（1981 年版）中全部的外国地名词条。

国外重要的地名录有 Cambridge World Gazetteer: A Geographical Dictionary（剑桥世界地名词典）、National Gazetteer of the U.S.（美国全国地名录）、The Columbia Lippincott Gazetteer of the World（哥伦比亚利平科特地名词典）、Webster's Geographical Dictionary（韦氏地名词典）等。

（三）机构名录

机构名录收录并简介有关机构的基本情况，诸如地址、人员、宗旨、职能、业务范围、产品等，如《中国政府机构名录》《中国工商企业名录》《中国高等学校大全》《中国科学研究与技术开发机构名录》等。

（1）《中国政府机构名录》，新华社中国新闻发展公司编辑，新华出版社 1989 年出版。这是中华人民共和国成立以来首次出版的介绍我国政府机构概况的大型工具书。全书分上、下两卷，上卷收录了国务院各部委、各办事机构、直属机构，国务院事业单位及各机构所属司局级单位；下卷收录了全国除台湾外的 30 个省、自治区、直辖市及其所属厅局级职能单位和事业单位、地（市）级政府。

（2）《中国工商企业名录》，《中国工商企业名录》编辑部编辑，新华出版社 1981 年出版。

（3）《中国企事业名录大全》，廖季立等主编，经济科学出版社 1986 年出版。

（4）《中国高等学校大全》，中华人民共和国国家教育委员会计划建设司、财务司编，高等教育出版社 1989 年出版。

（5）《世界各国高校名录》，国家教育委员会外事局《世界各国高校名录》编写组编，北京语言学院出版社 1990 年出版。本书采用各国官方公布的最新资料，翔实地介绍了世界上 88 个国家和地区的 6 900 所高等学校的基本情况，包括专业设置与特长、学制与体制、通信地址、外文名称和联系电话等。

国外较重要、常用的机构名录有 Yearbook of International Organizations（国际组织年鉴）、The World of Learning（世界学术机构指南）、World Guide to Scientific Associations and Learned Societies（世界科学协会和学术团体指南）、World List of Universities（世界大学名录）等。

六、表谱

表谱是采用图表、谱系形式编写的工具书，大多按时间顺序排列，通常用于查检时间、历史事件、人物资料等，包括年表、历表和其他专门性表谱。

年表、历表是查考历史年、月、日的工具书。其中年表是查考历史年代和检查历史大事的工具书，历表是查考和换算不同历法年、月、日的工具书。专门性表谱包括人物表谱、职官表谱、地理表谱等，主要用于查考人物生卒、生平及职官、地理沿革等情况。

（一）年表

年表又分为单纯的纪年表和大事年表。纪年表是用来查考历史年代和历史纪元的表。常用的纪年表是把公元纪年、帝王年号纪年和干支纪年进行对照。大事年表是按年月编录大事的表谱，主要是供查检历史大事用。

1.《中国历史纪年表》

《中国历史纪年表》，万国鼎编，万斯同、陈梦家补订，商务印书馆1956年出版，中华书局1978年再版，1982年重印。全书分上、下两编。上编包括《历史年代总表》和《公元甲子纪年表》；下编为附录性质，主要包括各个朝代的年代简表、《中日对照年表》、《公元甲子检查表》及《太岁纪年表》。书末附有《中国历史纪年表索引》，把中国历代国号、帝王庙号及年号等按笔画排列，方便了检索。

2.《中国历史纪年》

《中国历史纪年》，荣孟源编，三联书店1956年出版。本书分三编：第一编为《历代建元谱》，第二编为《历代纪年表》，第三编为《年号通检》。

《历代建元谱》按年代顺序，把公元前206年汉高祖元年至1949年中华人民共和国成立以来的历代帝王姓名、谥号、庙号、世系、即位年的干支、公元、在位年数、卒年、年号等汇集成编。各朝代之内发生的农民起义和割地称王的年号，也附载于各朝之后。

《历代纪年表》把公元前841年西周共和元年至1949年中华人民共和国成立以前的年代，按朝代分为15个表。每个表的第一格为公元纪年，第二格为干支纪年，第三格为帝王王位或年号纪年，第四格以下罗列其他各种纪年，可供检查年代顺序之用。

《年号通检》是检查年号的索引，包括《历代建元谱》所载的一切年号，按年号笔画顺序排列，不同朝代使用的同一年号也予以说明。

本书内容全面、材料丰富、考订精详、编排醒目，关于历代帝王名号、世系的记载比较完备，特别是系统收录了农民起义的年代和年号，这是以前各种年表所欠缺的。

3.《中外历史年表》

《中外历史年表》，翦伯赞主编，齐思和、刘启戈、聂崇歧合编，生活·读书·新知三联书店1958—1959年初版，中华书局1961—1963年出版，1982—1983年重印。

这是一部较详细的中外大事年表，全书共2册，分别把公元前4500年至公元1918年、公元1919年至1957年中国和外国比较重要的历史事件，按照年代的顺序，简明扼要地加以编纂。每年内分"中国"和"外国"两大部分，内容广泛，材料丰富，通过年代的顺序和中外历史的对比，较好地显示了历史事件的发展脉络，对学习、研究中国史和世界史颇有参考价值。

4.《中华人民共和国大事记（1949—1989）》

《中华人民共和国大事记（1949—1989）》，中共中央宣传部宣传局编，黄道霞等主编，光明日报出版社1989年出版。本书汇辑了1949年10月至1989年2月我国社会经济发展的大事资料，主要根据国内公开出版发行的材料编写，着重参考《中华人民共和国经济大事记》和《中华人民共和国国民经济和社会发展计划大事辑要》。所辑大事资料以年、月、日为序。书后有《全国人大常委会和政务院、国务院组成及领导人》《政协全国委员会主席、副主席、秘书长、常务委员》《中共中央领导机构及领导人》《军事委员会、国防委员会及上将以上高级将领》《1949年至1988年国民经济主要指标》等附录。

其他常用的历史纪事年表还有《中国近现代史大事记》《中华民国史资料丛稿——大事记》《外国历史大事年表》《世界历史年表》《外国历史大事集》《中国文化史年表》《中华人民共和国经济大事记（1949年10月—1984年9月）》《中华人民共和国科学技术大事记（1949—1988）》《中国大事年表》《中国近代大事年表》《中国现代史大事记》《新中国纪事》等。

（二）历表

（1）《中西回史日历》，陈垣撰，1962年中华书局出版。本历表是中、西、回三历并列对照，以西历为衡，中历、回历为权。西历起止公元元年—2000年；中历起自汉平帝元始元年；回历起自元年（公元622年）。《中西回史日历》内容完备，推算精确，编排科学，是研究中国史和世界史、解决中西回历换算问题不可或缺的工具书。

（2）《二十史朔闰表》，陈垣撰，1962年中华书局出版。本历表是《中西回史日历》的蓝本和缩编本。《中西回史日历》以西历为主，而本历表则以中历为主。由于内容包括从汉高祖元年（公元前206年）至公元2000年间的历日朔闰，又包括从汉代到清代20个据以推算历法的历史朝代，所以书名称为《二十史朔闰表》。

（3）《两千年中西历对照表》，薛仲三、欧阳颐编，1956年三联书店出版。本历表时间起止为公元元年（汉平帝元始元年）至公元2000年，正表以中历为主，有中英文对照。

（4）《新编中国三千年历日检索表》，徐锡祺编，是迄今最为完备的一种历表，全书包括历日检索表、列国纪年表、年号索引及各种用途的多种附表，对学习中国史和世界各国史，以及研究其他专业的历史，均有重要参考价值。

其他常用的历表还有《二百年历表（1821—2020）》《中国先秦史历表》《近世中西史日对照表》《中国年历总谱》等。

（三）专门性表谱

专门性表谱主要包括：①专门记载历史人物生卒年代、生平事迹、经历著作的年谱；②人物宗族及有关史实的家谱、宗谱、族谱、世系表；③记载官制变化和人事更替的表谱；④记载不同时期地理变化的工具书。

（1）《马克思恩格斯生平事业年表》，中共中央马恩列斯著作编译局编译，1976年人民出版社出版。本书是以编年的形式记述马克思和恩格斯的革命实践和创作活动的一部传记性专辑。书末附有本书中提到的马克思和恩格斯的著作索引、人名索引、期刊索引和索引检字表。

（2）《列宁生平事业年表》，叶林编译，上海人民出版社1987年出版。

（3）《列宁年谱》，苏共中央马克思列宁主义研究院编，刘魁立等译，三联书店1984年出版。

（4）《中国历史人物生卒年表》，吴海林、李延沛编，黑龙江人民出版社1981年出版。收录上起西周、下迄清末的中国历史人物6 600余人。凡生卒年载于史籍的重要人物，如政治家、思想家、作家、艺术家、科学家、农民起义领袖、帝王将相等均予收录。

（5）《历代职官表》，永瑢、纪昀等修撰，中华书局1936年据武英殿本校刊，中国台湾商务印书馆1983年影印。全书72卷，是一部规模较大的职官表，它广采历代会典、会要、正史表志、《通典》、《文献通考》以及诸类书等，是查考历代职官的重要工具书。

（6）《历代地理沿革表》，陈芳绩编、黄廷鉴校补，上海商务印书馆1935年《丛书集成初编》本。

其他查人物的表谱还有《历代人物年里碑传综表》《司马迁年谱》《杜甫年谱》《唐宋词人年谱》《孙中山年谱》《鲁迅年谱》《刘少奇年谱》《巴金年谱》等；查职官的表谱还有《职官分纪》《清代职官年表》《清季重要职官年表》等；查地理沿革的表谱还有《历代疆域表》《中国疆域沿革表》《中国近现代政区沿革表》《中华人民共和国行政区划手册》等。

七、图录

图录，又称图谱，是用绘画、摄影等方式反映事物或人物形象的工具书，包括地图、历史图谱、文物图录、人物图录、艺术图录和科技图谱等。

（一）地图

地图是按一定的投影方法和比例尺，将地表事物和现象标绘于平面上，以反映各种自然和社会景象的地理分布与联系的一种工具书。地图是地理学的辅助工具，它直观而清晰地描绘地理知识，弥补文字叙述之不足，以解决阅读中的空间观念问题。

（1）《清内府一统舆地秘图》，清康熙年间编绘，沈阳故宫博物馆1921年石印本。

该图是我国首次根据实测绘制的大型中国地图，康熙皇帝于康熙四十七年（公元1708年）聘用西洋传教士测量绘制，康熙五十六年（公元1717年）绘制完成。该图原名《皇舆全览图》（又名《内府舆图》），包括总图1幅、关内15省及关外满蒙等省分图各1幅，堪称是当时世界上绘制最精确的地图。

（2）《中华人民共和国地图集》，地图出版社编制出版，有1957年版、1972年版、1983年版以及1984年缩印本。

该图集的1983年版及1984年缩印本是中华人民共和国成立以来公开出版的内容较丰富、资料较新的综合性参考地图集，比较全面地介绍了我国的地理面貌及经济建设成就，共收图75幅，其中专题图30幅、省（区）图31幅、城市图14幅，选取地名32 000个。

（3）《中华人民共和国分省地图集》，地图出版社编制出版，有1974年、1979年、1984年、1987年4个版本。1987年版由赵西林等编辑，吴贵清等编绘。这是一部比较新的中华人民共和国分省地图集，共收图50幅，选取地名20 000多条。

（4）《世界地图集》，地图出版社编制出版，有1958年、1972年、1979年、1983年、1987年5个版本。这是我国出版的一部比较详密的世界地图集，共85幅，主要分世界和洲图、分区和分国图、地区补充图三级。每图均附文字说明，简要地介绍了各国和地区的概况、居民、自然环境、自然资源、经济概况、重要城市等内容。

其他较重要和常用的地图集还有《中国历史地图集》《中国史稿地图集》《中国古代历史地图集》《历代舆地图》《中国近代史稿地图集》《中国自然地理图集》《中国地图册》《泰晤士世界历史地图集》《钱伯斯世界历史地图集》《世界古代史地图》《世界近代史地图》等。

（二）历史图谱

历史图谱一般以历史时代为序编排图片资料，多配以文字说明、地图、表格等。

（1）《中国历史参考图谱》（二十四辑），郑振铎编，上海出版公司1949—1951年出版。另一卷本由书目文献出版社1994年2月出版。这是一部收录广泛、材料精详、很有价值的中国历史图谱。它采集了我国历史上重要的文化遗址、名人图像、墨迹、古代器物、善本书影，以及雕刻、壁画、书画、工艺品等珍贵艺术品，共有图片3 004幅。全书分24辑，每辑前有目录和说明，具体介绍图片的内容。

（2）《中国近代史参考图录》，中国历史博物馆编，上海教育出版社1981—1984年出版，共收录我国1840—1919年间有关重大历史事件的图画、实物照片、人像、历史文献等2 000多幅。

（3）《古代世界史参考图集》，朱龙华编，人民教育出版社1960年出版。选辑了有关古代世界史的各种重要照片495幅，图片内容包括生产工具、社会经济、政治事件、历史人物、文化艺术等，可供研究世界古代史者参考。

其他常用的历史图谱还有《中国历史图说》《中国历史图鉴》《中国古代史参考图录》《简明中国历史图册》《中国共产党70年图集》《中国近百年史图集（1940—1978）》《中国文化史图鉴》《世界百年掠影》等。

（三）文物图录

（1）《西清古鉴》，梁诗正等奉敕编，云华居庐1926年石印本。该书仿《博古图》精绘清乾隆内府所藏古器，共40卷，附钱录16卷。全书收录古铜器1 529件，并附文字说明，可供研究古文物者参考。

（2）《国宝》，朱家溍主编，北京故宫博物院、商务印书馆香港分馆联合编辑，1983年影印出版。该书精选了故宫博物院有代表性的文物精品100件，均为稀世珍宝。全书共有彩图270幅，书后附索引。

（3）《中国历代货币》，中国人民银行《中国历代货币》编写组编，新华出版社1982年出版。该书精选了我国历代有代表性的货币图片1 000余幅，按年代先后分为"贝币与金属铸币""纸币""人民政权的货币"三部分。所收图片均按原物影制，均有简要说明。

其他常用的文物图录还有《新中国出土文物》《新中国的考古发现和研究》《中国古代服饰研究》《中国古青铜器选》《海外中国铜器图录》《考古图》《古玉图考》《宣德彝器图谱》《古明器图录》《唐宋铜镜》《青铜器图释》《中国古钱谱》等。

（四）人物图录

（1）《历代古人像赞》，作者不详，明弘治刊本，古典文学出版社1958年影印。书中绘刻了自伏羲至宋宁宗时的帝王将相及名人学者等的图像，共88幅。每人各配以小赞四句，并述其生平事迹。

（2）《无双谱》，金古良绘，中华书局上海编辑所编辑，中华书局1961年出版。书中选择了从西汉至南宋1 400多年间许多众口流传的有名人物的故事，绘制成图，共40幅。

（3）《中国历代名人图鉴》，苏州大学图书馆编，瞿冠群、华人德执笔，上海书画出版社1989年出版。该书选收我国上古至清末著名历史人物1 137人的图像1 165幅。其中包括政治家、哲学家、科学家、军事家、史学家、文学家等，酌收历代帝王及部分后妃。图像为古人所作画像、木刻像、石刻像、塑像及近代照相。每幅画像均附生卒、字号、籍贯、身份等简要说明。

其他常用的人物图录还有《明清人物肖像画选》《清代学者像传》《中国历代名人画像汇编》《古今人物画谱》《历代名将画谱》《圣贤像赞》《四明人鉴》《中华杰出人物图集》等。

（五）艺术图录

（1）《中国美术全集》，本书编委会编，人民美术出版社等4家出版社1984年起联合出版。这是一套大型的美术图录总集，选编了历代有重要价值、有代表性的高水平作品，并尽量收入新发现和未发表过的珍品，堪称我国历代美术精品之总汇。

（2）《中国美术史图录丛书》，上海人民美术出版社1981年起出版。这是一套中型美术图录丛书，共有9种30册，包括《中国绘画史图录》《中国雕塑史图录》《中国版画史图录》《中国书法史图录》《中国民间年画史图录》《中国印章史图录》等。各书均以图为主，每图附作者介绍及文字说明。

其他常用的艺术图录还有《伟大的艺术传统图录》《中国绘画总合图录》《中国新文艺大系·美术集》《中国版刻图录》《三希堂法帖》《故宫历代法书全集》《中国古建筑》《中国古代绘画》《中国古代绘画选集》《中国历代绘画图录》《中国古代雕塑集》《中国篆刻艺术》《故宫建筑》《中国古塔》等。

（六）科技图谱

（1）《中国动物图谱》，陈义等编，科学出版社1959年起陆续出版。这是一套大型系列性动物图谱，按动物学分类分卷册陆续出版。目前已出版了环节动物、两栖动物、爬行动物、甲壳动物、软体动物、兽类、鸟类、鱼类等近20卷册，分别叙述所收动物的一般形态、生态、分布及经济价值等，并附有插图以示对照。

（2）《中国高等植物图鉴》，中科院植物研究所编，科学出版社1972—1983年出版。本书收录有经济价值和常见的高等植物8 000余种，分5册出版，并补编2册。

（3）《中国古代兵器图册》，书目文献出版社1986年出版。该书辑录了我国历代兵器图1 460幅，按兵器性质归纳成25大类，并加以简要的文字说明，系统地展示了我国自殷商至清代的兵器式样及其演变情况。

其他常用的科技图谱还有《天文挂图》《农具图谱》《中国农作物病虫图谱》《现代兵器知识图集》《天气云图》《航海云图和海浪图》《生物史图说》《中国蛇类图谱》《中国哺乳动物分布》《人体解剖彩色图谱》《世界民航机图鉴》《中国民族古文字图录》等。

八、资料汇编

资料汇编就是将某一特定专题的有关文献资料，依照一定的分类原则和编排方法编辑而成的工具书。

（一）法规资料汇编

法规资料汇编是指将一个国家的法令、法律、条例、章程、细则等各有关资料集中编辑成册，按照所反映内容的性质分类编排而成的资料性工具书。例如，《中华人民共和国现行法规汇编（1949—1985）》，国务院法制局编，人民出版社出版，1987年按系统行业分卷出版；《中华人民共和国新法规汇编》，国务院法制局编，此书按年度编，每年又分若干辑，1989年度由新华出版社出版，1990年起由中国法制出版社出版；《中华人民共和国法律释义全书》（第一卷至第四卷），孙琬钟等主编，中国言实出版社1996年出版等。

（二）条约资料汇编

条约资料汇编是世界上国与国之间订立的有关政治、经济、军事、文化等各方面的，具有约束性的、互利的，并载有各自义务的文书的汇编。它包括国家之间订立的协定、协议书、联合声明、联合公报和条约等。例如,《中华人民共和国条约集》,中华人民共和国外交部编,先后由法律出版社、人民出版社等出版;《中华人民共和国多边条约集》,中华人民共和国外交部条约法律司编,法律出版社 1987 年开始出版,共 4 集,收录了 1949—1984 年间我国参加的 123 个多边条约。此外,我国还出版了《国际条约集》等条约资料汇编。

(三)统计资料汇编

统计资料汇编是将国家有关经济、文化、教育等各个方面的统计资料汇集成册的工具书,是国家和各部门在制定有关政策、规定、计划时的重要依据和参考资料。统计资料汇编比统计年鉴的资料更多、更广泛,具有历史资料的参考价值。例如,《全国各省、自治区、直辖市历史统计资料汇编(1949—1989)》,国家统计局综合司编,中国统计出版社 1990 年出版;《中国现代史统计资料选编》,北京大学国际政治系编,河南人民出版社 1985 年出版等。

(四)教学科研资料汇编

教学科研资料汇编是指教学与科研各方面的参考资料的专题汇编和综合汇编。它包括的范围很广,包括文科、理科及有关的教学科研参考资料,是进行教学科研工作的重要参考工具书。例如,《中国近代教育史资料汇编》,陈元晖主编,上海教育出版社自 1986 年以来已出版多部分册,是研究我国近代教育史的重要参考工具书;《中国共产党历次重要会议集》,中共中央党校党史教研室编,上海人民出版社 1982 年起出版;《中国通史参考资料》,翦伯赞、郑天挺主编,中华书局 1979 年第 3 版;《古典文学研究资料汇编》,中华书局编辑,1962 年起出版;《中国国家标准汇编》,中国标准出版社 1983 年起出版等。

本章小结

本章介绍了参考工具书的含义和特征,详细介绍了参考工具书的主要类型,包含字典与词典、百科全书、年鉴、手册、名录、表谱、图录、资料汇编等类型,并对每一类型的内容特征进行了介绍并举例。

思考题

1.参考工具书的含义是什么?

2.参考工具书有哪些主要类型?

第二篇　资源篇

第四章

纸质资源的检索与获取

第一节　纸质资源的检索

一、纸质资源的起源、类型和特点

（一）起源

中国西汉时期已经出现了纸，到东汉时期蔡伦改进提高造纸工艺之后，纸张迅速以其轻便、灵活、便于装订等优点代替了竹简、木牍、石（碑）刻等成为记载和流传信息的主要载体形式，而后成为了真正意义上的书籍。到了4世纪以后，中国的造纸术方才陆续传播到国外。也就是说，纸质文献最早出现在中国，经过历朝历代的流散、积累、交替和演变，书籍始终是我们人类传承和发展的重要纽带和依据，是我们学习和借鉴优秀传统和先进经验的途径和手段。

（二）类型

随着造纸技术的不断发展及装帧形式的不断更迭，越来越多的纸质资源形式也不断涌现，本书第一章第二节"文献概述"中已经按照纸质文献的级别、载体以及出版形式等标准详细阐述。

（三）特点

纸质资源在记录历史、传承文化等方面承担了不可磨灭的重要作用，之所以能沿用至今且将会继续占领文献载体的主导地位，还在于以下几点：更加符合人们的阅读习惯、方便阅读；已经建立了比较完善发达的出版发行系统，内容具有权威性；已经有比较健全的法律、法规保护其知识产权和版权；目前纸质文献的市场占有率仍然占据半数以上比例。

虽然纸质资源还有一定的市场潜力和强大的生命力，但是不可否认，随着信息时代的到来，纸质资源正面临着一系列挑战，如电子信息比纸质资源传播速度更快、更便于检索、存储信息量更大、存储空间更小、更加方便编辑和携带、不占用纸张等。

二、馆藏纸质资源的检索

在历史发展的长河中，纸质资源浩如烟海，因而人们开始思考纸质资源的搜集和存放问题，图书馆就这样应运而生了。据考证，"图书馆"一词源自拉丁语"Libraria"，意思就是"藏书的地方"，这一点与中国古代的图书馆被称为"藏书楼"如出一辙。最早的图书馆就是以收藏书籍为主要任务的，图书数量有限，大多只藏不借，或仅对极少数人开放。中国古代的藏书楼有四种：官府藏书、私家藏书、书院藏书及寺观藏书。到了近代，中国的藏书楼完成了图书馆从封闭到开放、从藏书到传播的重大变革，使得图书馆变成了知识传播的场所。第二次世界大战后，信息技术的飞速发展把图书馆也带入了现代化发展阶段，即我们现在所熟悉的图书馆。现代图书馆由于有计算机技术的广泛应用，注重馆藏的同时也积极向读者开展各种咨询、检索、文献传递等多方位服务，而且图书馆的一切工作都随着社会需求、读者需求进行适时调整以适应不断变化的发展趋势。

波普尔有一句名言："如果整个世界文明被毁灭了而图书馆依旧存在的话，人类将很快能重建自己的文明，但倘若图书馆也被毁灭了，人类文明的恢复将再经历一段漫长的时间。"这充分说明了图书馆在人类生存、发展过程中的重要作用。下面我们就来介绍我国目前各类图书馆的检索系统及检索方法。

（一）公共图书馆馆藏与检索系统

一般来说，公共图书馆是由国家中央或地方政府管理、资助和支持的，免费向社会公众开放服务的图书馆，收藏图书类型多样、学科广泛，面对从成人到儿童等各种读者对象，主要承担着为科学研究和为大众服务的重要任务。公共图书馆的存在及发展是提高全民族科学文化素质的基础条件，能够对整个国家的经济、文化、科学、教育等各方面起到不可忽视的推进作用。中国的公共图书馆大部分是按省、市、县、乡等地域建立的，根据2017年《中国图书馆年鉴》的数据，2016年我国共有公共图书馆3 153个，公共图书馆从业人员57 208人，总藏书量为90 163万册/件，总流通人次66 037万人次，图书外借54 725万册次，人均拥有公共图书馆藏量0.65册/件，人均购书费1.562元。对比历年数据可以看出，我国的公共图书馆事业数量规模都呈扩张趋势，大众对图书馆的认知、需求和使用也都在不断攀升。

1.中国国家图书馆

中国国家图书馆始建于1910年，馆藏文献总量达3768.62万册（件），是国家的总书库、国家书目中心、国家古籍保护中心、国家典籍博物馆。中国国家图书馆履行国内外图书文献收藏和保护的职责，指导协调全国文献保护工作；为中央和国家领导机关、社会各界及公众提供文献信息和参考咨询服务；开展图书馆学理论与图书馆事业发展研究，指导全国图书馆业务工作；对外履行有关文化交流职能，参加国际图联及相关国际组织，开展与国内外图书馆的交流与合作。[①]

---

① 引自中国国家图书馆官网（2019年3月）。

国家图书馆主要收藏图书、期刊、报纸、论文、古籍、音乐、影视及缩微等多种类型文献资料，同时提供文献借阅、科技查新、馆际互借、论文收引、检索证明、翻译服务、社科咨询、科技咨询、企业资讯、掌上国图等多种服务，读者可以凭借二代身份证或读者卡使用国图的纸质和电子资源。

国家图书馆馆藏查询既可以在国图官网首页（http：//www.nlc.cn/）检索框选择"馆藏目录"直接检索，也可以登录国图联机公共目录查询系统进行检索。

中国国家图书馆的书目检索网址为：http：//opac.nlc.cn/。

中国国家图书馆书目检索结果页面如图4-1所示。

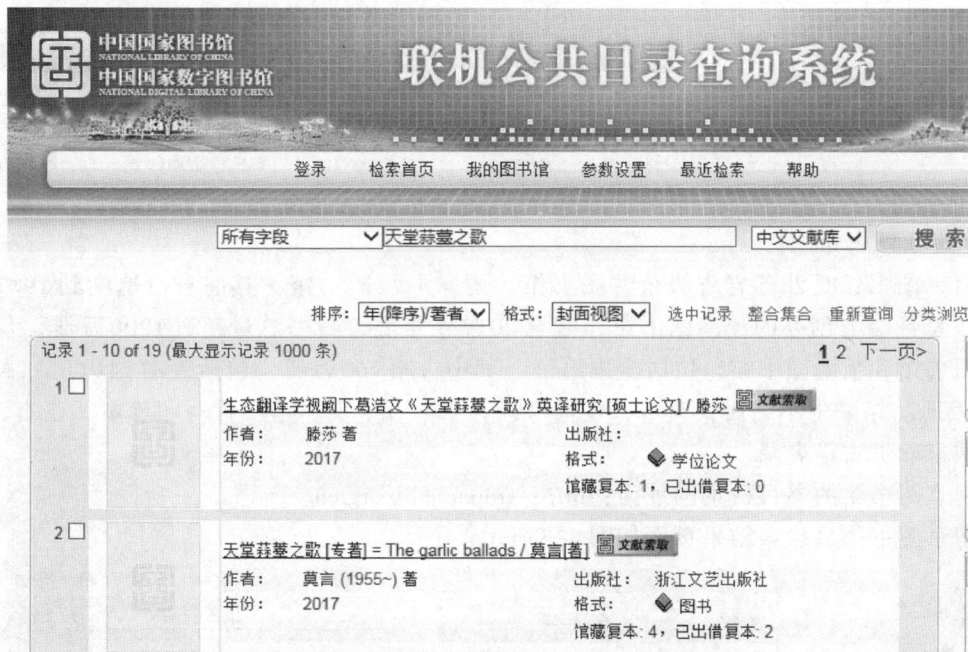

图4-1　中国国家图书馆书目检索结果页面

2.上海图书馆

上海图书馆成立于1952年，上海科学技术情报研究所成立于1958年。1995年上海图书馆与上海科学技术情报研究所合并，成为综合性研究型公共图书馆和行业情报中心，同时也是全国文化信息资源共享工程上海市分中心、文化部公共文化研究基地、上海市中心图书馆总馆、上海市古籍保护中心、上海市软科学研究基地"前沿技术发展研究中心"、博士后科研工作站和上海文化创意产业信息中心。

上海图书馆（上海科学技术情报研究所）现藏中外文献5 500余万册（件）（截至2015年年底），其中古籍善本、碑帖尺牍、名人手稿、家谱方志、西文珍本、唱片乐谱、近代报刊及专利标准尤具特色。现有建筑面积总计12.7万平方米，拥有各类阅览室、学术活动室、报告厅、展览厅等空间。[①]

上海图书馆的书目检索网址为：http：//ipac.library.sh.cn/。

上海图书馆书目检索结果页面如图4-2所示。

---

① 引自上海图书馆官网（2019年3月）。

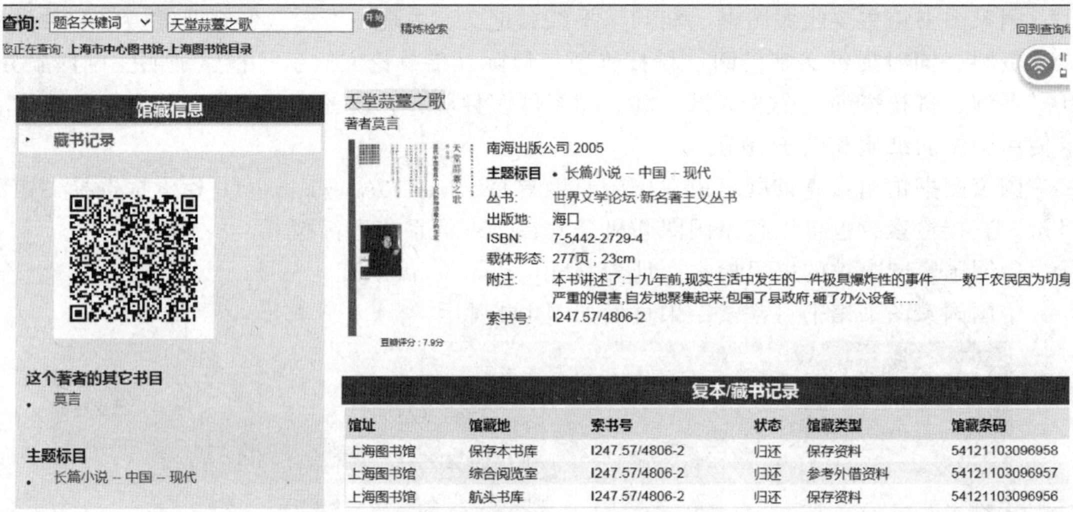

图4-2　上海图书馆书目检索结果页面

3.南京图书馆

南京图书馆是江苏省省级公共图书馆，国家一级图书馆。其前身可追溯到1907年由清两江总督端方创办的江南图书馆，截至2017年年底，藏书总量超过1200万册，仅次于国家图书馆和上海图书馆，位居全国第三。其中古籍160万册，包括善本14万册；民国文献70万册。馆藏中不乏唐代写本，辽代写经，宋、元、明、清历代写印珍本，已有524种入选国家珍贵古籍名录。[①]

南京图书馆的书目检索网址为：http：//opac.jslib.org.cn/。

南京图书书目检索结果页面如图4-3所示。

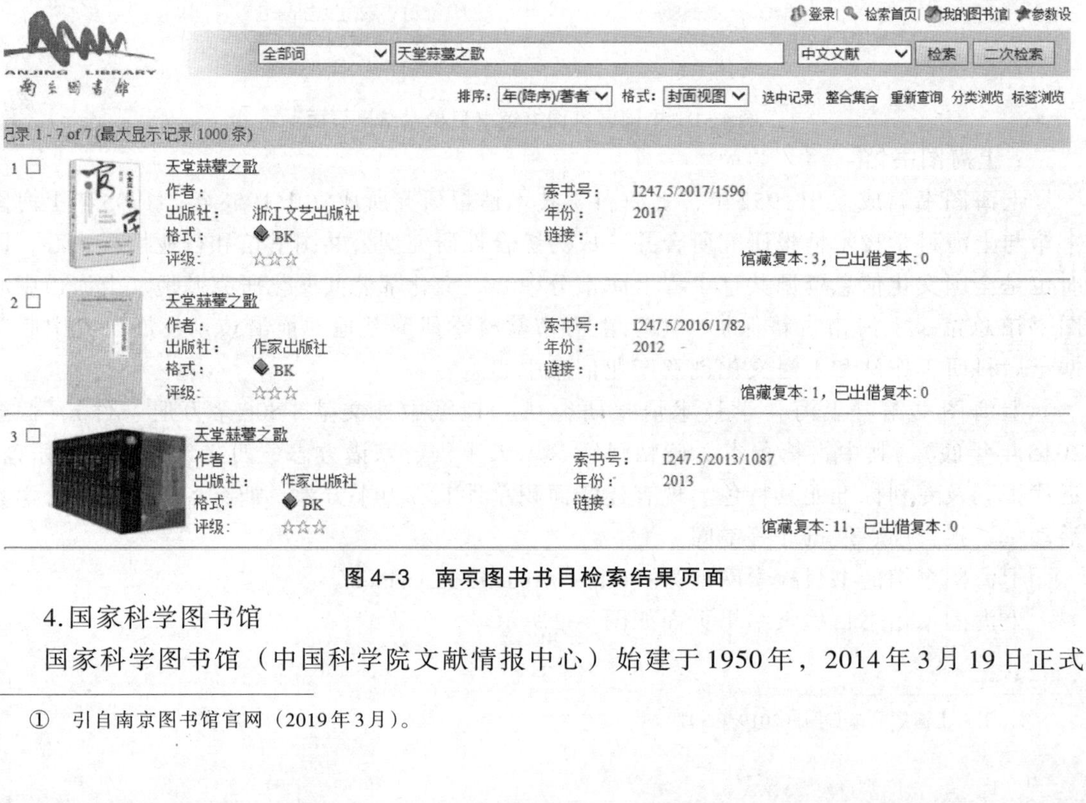

图4-3　南京图书书目检索结果页面

4.国家科学图书馆

国家科学图书馆（中国科学院文献情报中心）始建于1950年，2014年3月19日正式

---

① 引自南京图书馆官网（2019年3月）。

确定为中科院文献情报中心，下设中科院兰州文献情报中心、成都文献情报中心、武汉文献情报中心，中心立足中国科学院、面向全国，主要为自然科学、边缘交叉科学和高技术领域的科技自主创新提供文献信息保障、战略情报研究服务、公共信息服务平台支撑和科学交流与传播服务，同时通过国家科技文献平台和开展共建共享为国家创新体系其他领域的科研机构提供信息服务。该中心现有馆藏图书1 145余万册（件）。①

在国家科学图书馆主页“资源集成发现”平台通过“馆藏纸本”可查阅中科院系统的馆藏纸本图书，可以直接选择题名、作者、ISBN、出版社、任意字段查询。

国家科学图书馆书目检索结果页面如图4-4所示。

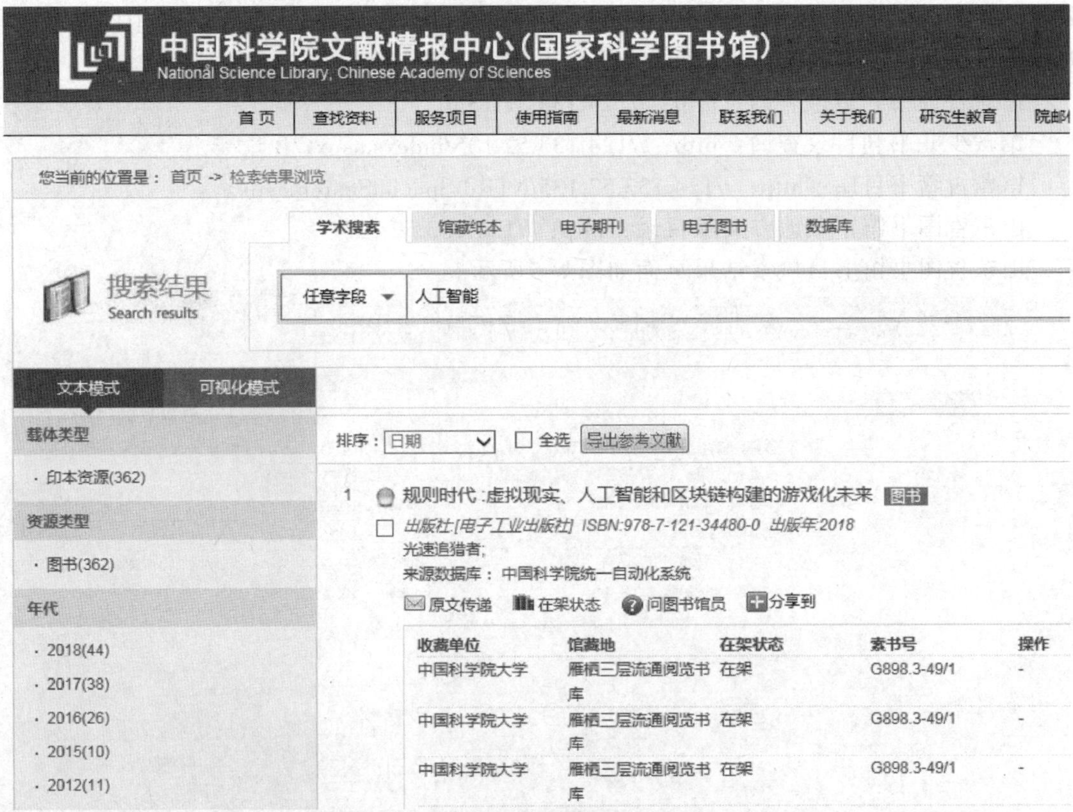

图4-4 国家科学图书馆书目检索结果页面

中国科学院文献情报中心及各地区中心的馆藏检索网址如下：

中国科学院文献情报中心：http：//www.las.ac.cn/。

中国科学院成都文献情报中心：http：//www.clas.ac.cn/。

中国科学院武汉文献情报中心：http：//www.whlib.ac.cn/。

中国科学院兰州文献情报中心：http：//www.llas.cas.cn/。

中国科学院上海生命科学信息中心：http：//www.slas.ac.cn/。

中国科学院大学图书馆：http：//lib.ucas.ac.cn/。

5.山东省图书馆

山东省图书馆创建于1909年（清宣统元年），藏书规模日趋宏大，特色日趋鲜明，截

① 引自国家科学图书馆官网（2019年3月）。

至目前形成了具有鲜明特色的系统的藏书体系。其中轻工、医学、哲学等门类的收藏已达研究级水平，而齐鲁方志专藏、海源阁专藏、易经专藏、山东革命文献等收藏为海内翘楚。齐鲁方志海内现存约600种，而山东省图书馆馆藏528种，其中善本58种，《（万历）兖州府志》则为海内孤本。海源阁专藏计2 280种32 000册，约占海源阁现存藏书的三分之二，并有较多名人手迹，如林则徐、翁同书、吴式芬、钱仪吉、许瀚等人的书札。馆藏易经文献1 317种，总计2 205个版本，近万册。另外，该馆收藏的唐人写经卷、宋刻蝴蝶装《文选》、宋刻巾箱本《万卷菁华》、蒲松龄手稿《聊斋文集》、王士禛批校《昆仑山房集》稿本等均为传世珍品。馆藏期刊涵盖各个学科，基本形成了一个具有特色的综合性馆藏报刊体系。其中辛亥革命时期的山东独立同盟会机关报《齐鲁公报》，原中国共产党渤海区委机关报《渤海日报》、胶东区委机关报《大众报》等资料文献弥足珍贵。①

馆藏普通书刊目录查询：http：//124.133.52.135/。

馆藏少儿书刊目录查询：http：//124.133.52.135/indexs.aspx。

馆藏古籍书目库：http：//124.133.52.135/NTRdrSpecialSearch.aspx。

山东省图书馆馆藏地方文献目录：http：//124.133.52.135/。

山东省图书馆书目检索结果页面如图4-5所示。

图4-5　山东省图书馆书目检索结果页面

6.四川省图书馆

四川省图书馆始建于1912年，是我国成立较早的公共图书馆之一。经过百余年发展，目前是国际图联成员馆和世界银行资料存放馆，是四川省总书库、全国文化信息资源共享工程四川省分中心、四川省古籍保护中心、四川省文献整序和图书馆服务中心，同时也是四川省博士后创新实践基地。四川省图书馆代表引领学术高地，在全国具有重要地位，在

---

① 引自山东省图书馆官网（2019年3月）。

西部具有龙头地位和示范作用。馆藏丰富独特，拥有500余万册藏书，其中古籍65万册、民国文献22万册，数字资源达150TB。[①]

　　四川省图书馆的馆藏检索系统为：http：//118.112.186.160：8991/F？RN=50699015。

　　四川省图书馆书目检索结果页面如图4-6所示。

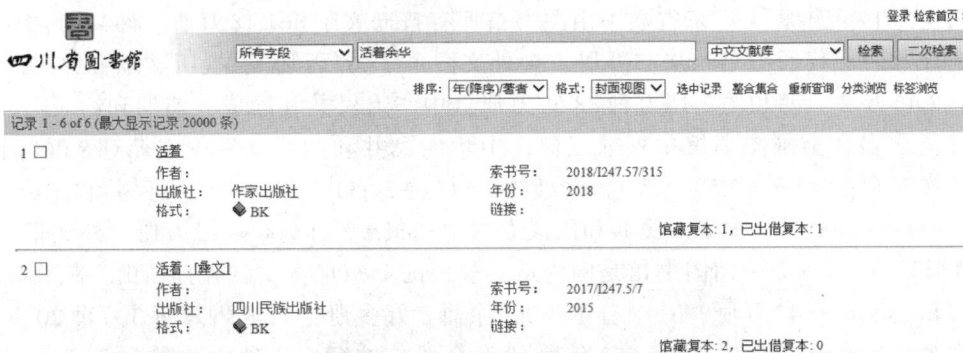

图4-6　四川省图书馆书目检索结果页面

7.天津图书馆

　　天津图书馆前身可追溯至1908年创建的直隶图书馆，后经一系列迁址和更名，1982年"天津市人民图书馆"更名为"天津图书馆"。目前天津图书馆有复康路馆、海河教育园馆和文化中心馆三个馆舍，共有藏书726万册，其中中外文图书606万册，古籍53万册，中外文报刊合订本51万册，视听文献15万套，中国近现代史资料和天津地方史料、革命文献资料等。[②]

　　天津图书馆馆藏检索系统为：http：//opacwh.tjl.tj.cn：8991/F。

　　天津图书馆书目检索结果页面如图4-7所示。

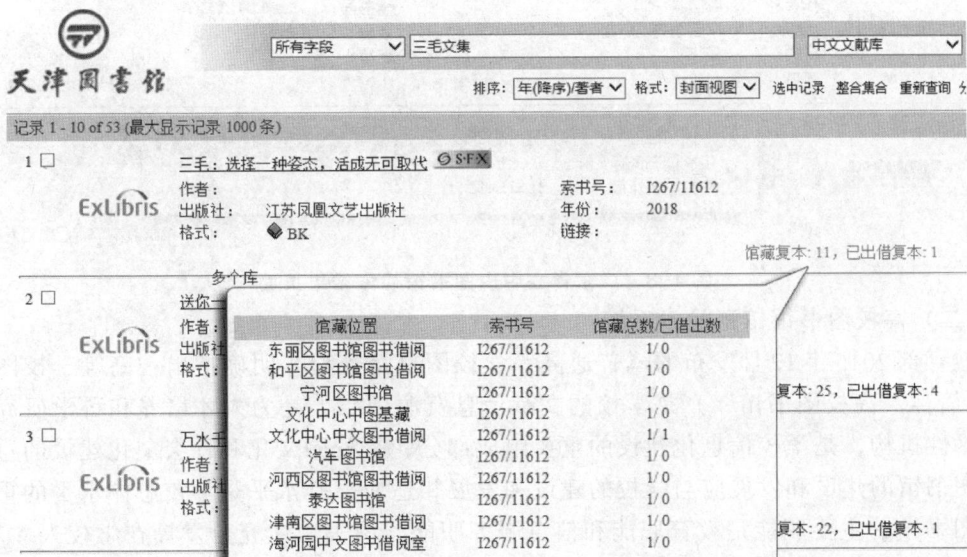

图4-7　天津图书馆书目检索结果页面

①　引自四川省图书馆官网（发布日期2017年12月）。
②　引自天津图书馆官网（2019年3月）。

8.广东省立中山图书馆

广东省立中山图书馆（网址为 http：//www.zslib.com.cn/），简称中图或省图，创建于1912年，是广东省级综合性公共图书馆、国家一级图书馆，也是文化信息资源共享工程广东省分中心、广东省古籍保护中心、全国图书馆联合编目中心广东省分中心所在地。

截至2017年年底，广东省立中山图书馆拥有普通文献861.18万册（件），其中纸质文献847.01万册（普通图书689.75万册，含外文图书27.07万册）、视听文献11.71万件、缩微制品2.46万件。期刊约2.46万种88.59万册（中华人民共和国成立前期刊约1.3万种6万册，种类之多在全国图书馆中列前三位；中华人民共和国成立后中文期刊8 000种69万册、外文期刊3 585种13.59万册），报纸约2 545种21.54万册（中华人民共和国成立前报纸约1 500种4 000册，中华人民共和国成立后中文报纸约1 000种13万册、外文报纸45种8.14万册）。广东省立中山图书馆是国内最具规模的广东地方文献和孙中山文献收藏中心。馆藏古籍3万多种47万册，其中善本3 000余种3万多册，普通古籍近3万种20多万册，金石文献3万余册（件），丛书650余种10万余册。馆藏广东地方文献10余万种40多万册，包括广东地方志、族谱、广东史料、粤人著述、报纸、期刊、舆图等，较具特色的有广东新旧地方志2 600余种，新旧族谱900余种，孙中山文献4 000多册（件）和旧广东舆图等。[①]

广东省立中山图书馆检索结果页面如图4-8所示。

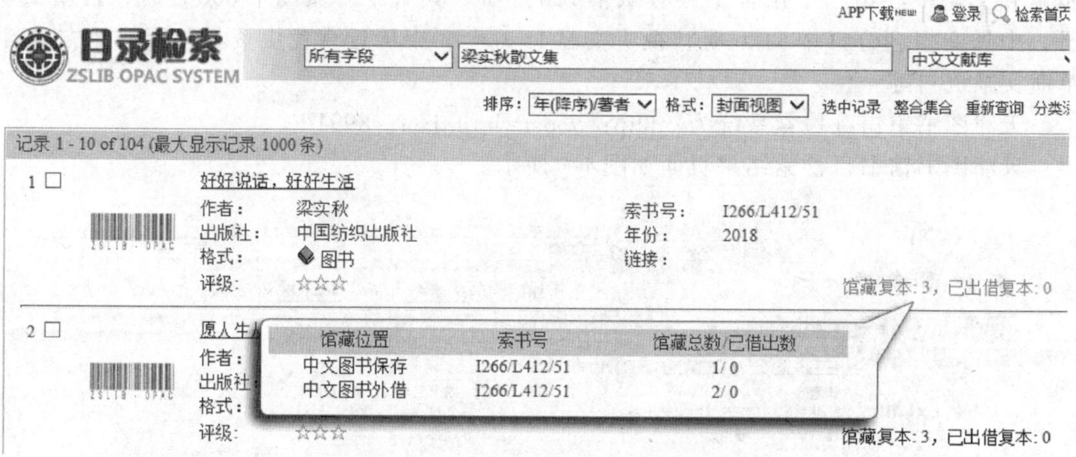

图4-8　广东省立中山图书馆检索结果页面

（二）高校图书馆馆藏检索系统

教育部2015年12月发布的《普通高等学校图书馆规程》明确指出，高等学校图书馆（以下简称"高校图书馆"）是学校的文献信息资源中心，是为人才培养和科学研究服务的学术性机构，是学校信息化建设的重要组成部分，是校园文化和社会文化建设的重要基地。图书馆的建设和发展应与学校的建设和发展相适应，其水平是学校总体水平的重要标志。图书馆的主要职能是教育职能和信息服务职能。图书馆应充分发挥在学校人才培养、科学研究、社会服务和文化传承创新中的作用。高校图书馆的主要任务是：建设全校的文献信息资源体系，为教学、科研和学科建设提供文献信息保障；建立健全全校的文献信息

---

① 引自广东省立中山图书馆（2018年7月）。

服务体系，方便全校师生获取各类信息；不断拓展和深化服务，积极参与学校人才培养、信息化建设和校园文化建设；积极参与各种资源共建共享，发挥信息资源优势和专业服务优势，为社会服务。

高校图书馆收录的文献资源十分丰富，各种专业及学术文献信息的收藏总量远远超出公共图书馆和专业图书馆，是国家文献信息保障体系的重要组成部分，而我国高等学校图书馆的发展离不开全国高等学校图书情报工作委员会和中国高等教育文献保障系统两个机构。截至 2018 年 3 月 30 日，教育部公布的全国高等学校共计 2 879 所，每个高校至少有一所图书馆，如此数量的图书馆需要有统一的宏观指导、协调和调研，才能保证科学、正确的发展方向。

高校图书馆的馆藏检索主要有校内馆藏检索、省内高校馆藏联合检索及全国高校联合目录检索。

1.校内馆藏检索系统

检索各高校图书馆馆藏的方法有两种：一种是在高校图书馆官网主页上找到"馆藏目录"直接进行检索，目前各高校图书馆主页都会设有学术发现一键检索入口，馆藏目录也会作为一项检索字段，用户只需输入需要检索的文献信息，选择"馆藏目录"检索，便可以跳转到馆藏目录系统获取文献相关信息，这种方法直接快捷，适用于一切用户，但仅限于文献的简单检索。清华大学图书馆主页一键检索平台如图4-9所示。

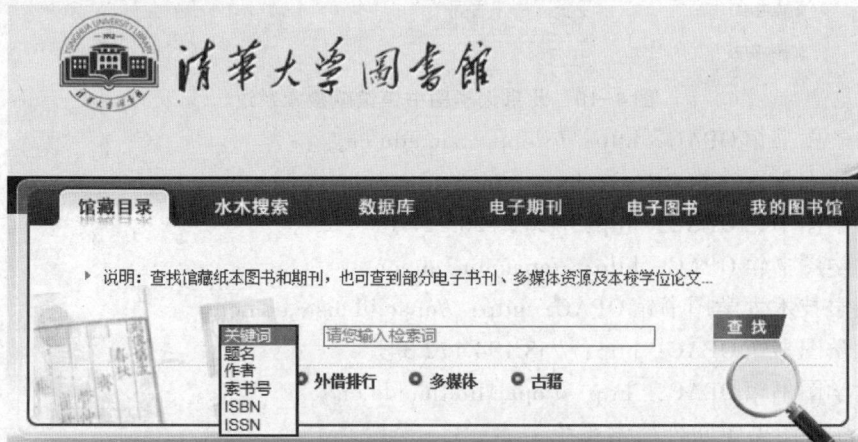

图4-9 清华大学图书馆主页一键检索平台

另一种是直接进入馆藏检索系统，目前国内高校使用的馆藏检索系统大多是SirsiDynix 系统，各个高校检索地址不同但检索字段和方法大抵相同，这种检索方式适合有明确检索需求的用户。比如北京大学图书馆馆藏检索系统（如图4-10所示），用户不但可以限定检索文献的著者、题名、主题等字段，还可以限定文献的馆别、语种、格式、馆藏等字段，让系统明确更详细的检索要求，从而更精确提供检索结果。需要使用该种检索方式的用户可以利用搜索引擎先行搜索到某个馆的OPAC地址，再进行检索即可。

以下列举几个高校的OPAC检索地址：

北京大学图书馆OPAC：http：//162.105.138.200/。

清华大学图书馆OPAC：https：//tsinghua-primo.hosted.exlibrisgroup.com/。

中国科学院大学图书馆OPAC：http：//opac.las.ac.cn。

图 4-10　北京大学图书馆馆藏检索系统

浙江大学图书馆 OPAC：http：//webpac.zju.edu.cn。

上海交通大学图书馆 OPAC：http：//ourex.lib.sjtu.edu.cn。

复旦大学图书馆 OPAC：http：//202.120.227.11。

南京大学图书馆 OPAC：http：//opac.nju.edu.cn。

中国科学技术大学图书馆 OPAC：http：//opac.lib.ustc.edu.cn。

山东大学图书馆 OPAC：http：//58.194.172.34。

天津大学图书馆 OPAC：http：//opac.lib.tju.edu.cn/。

2.省内高校图书馆联合检索系统

北京高校文献资源统一检索系统平台：http：//book.balis.edu.cn/。

天津高等教育文献信息中心检索平台：http：//211.81.31.34。

浙江省高校数字图书馆统一检索平台：http：//182.61.52.44/。

南京城东高校图书馆统一检索平台：http：//www.njcdgx.superlib.net/。

3.全国高校图书馆联合检索系统（以下系统均可直接接入 CALIS 文献传递系统，传递方法可参见下一节介绍）

CALIS 高校书刊联合目录：http：//opac.calis.edu.cn。

CALIS 外文期刊网：http：//ccc.calis.edu.cn。

CASHL 中国高校人文社会科学文献中心：http：//www.cashl.edu.cn。

CALIS--E 得文献获取：http：//www.yide.calis.edu.cn。

CALIS--E 读学术搜索：http：//www.yidu.edu.cn/。

三、商业类纸质资源的检索

（一）各类商业网站检索

目前各类电商网站都涵盖购书平台，比如当当、京东、亚马逊、天猫、孔夫子等，而这些购书平台其实就是很好的纸质资源的检索平台，尤其在最新出版的图书方面更具优势。图书馆藏书一般要经过一系列繁琐的购书程序，且又受到经费、采购期限等多方限制，所购进的图书一般有半年甚至更长的滞后期；而电商平台一般可以做到实时更新书目，读者可以随时了解新书书目，这些二次文献信息可以帮助读者发现线索并按图索骥，最终找到所需文献资源。

（二）出版社出版目录检索

出版社的网站也是获取文献信息的重要途径之一，如果用户关注某一出版社的出版情况或已知某文献是由某出版社出版的，便可以在对应出版社的网站上进行检索，或者直接与出版社联系获取文献资源。

|第二节| 纸质资源的获取

一、直接借阅

公共图书馆都是对公众免费开放的，只要在工作时间都可以进馆阅览，如需借阅图书一般需要先按照相关规定办理借阅证，凭借阅证进行图书借阅，需要注意的是开闭馆时间、可借阅图书册数及归还时间。

高校图书馆一般只对本校读者开放，凭有效证件刷卡出入。

二、馆际互借和文献传递

目前无论是高校图书馆还是公共图书馆都积极开展读者服务，尽量丰富馆藏满足读者需求，但任何一所图书馆的馆藏资源都是有限的，如果遇到读者需要查找文献但本馆无馆藏的情况时，图书馆可以帮其联系之前已经达成文献互助协议的国内外其他有馆藏的图书馆或文献存储机构，获取到所需文献，即馆际互借或文献传递。其中，馆际互借的方式主要有返还式文献（相当于读者向其他馆借阅原始文献，读者使用后需在规定期限内归还）和复制-非返还式文献（读者所收到文献为原文献的复制品，读者使用后无须归还）。文献传递则是指将读者所需文献的复制品直接或间接传递给用户的一种非返还式服务，是在馆际互借基础之上发挥信息技术的支撑作用，更加快速、高效、便捷的文献获取方式。

馆际互借和文献传递方式获取文献不但适用于纸质文献获取，也同样适用于电子资源的获取。

公共图书馆中提供馆际互借和文献传递服务的代表有中国国家图书馆、国家科技图书文献中心及上海图书馆等，其中尤以中国国家图书馆为突出。国图文献提供中心的服务网络覆盖了全国各个地区，作为全球最大的中文文献保障基地及国内最大的外文文献查询中心，为国家重点教育科研生产单位、广大图书馆界及个人用户提供多层次、全方位的服务。国图文献提供中心已与全国各省、自治区、直辖市的 600 余家图书馆建立了馆际互借关系，年受理借阅请求量达3万余册次。社会用户可以登录国家图书馆联机公共目录查询系统（http：//opac.nlc.cn）或通过登录中国国家图书馆馆际互借与文献传递系统（http：//wxtgzx.nlc.cn：8111/gateway/login.jsf）直接提交网上申请，也可通过E-mail、电话、传真、到馆委托等多种途径递交文献申请，国图文献提供中心提供各类文献资料的检索、静电复印、胶片还原、扫描、拍照、刻录、打印、装订等委托服务，并通过普通邮寄、挂号、EMS、中铁快运、E-mail、系统网上发送等形式传递给最终用户。

高校图书馆的馆际互借和文献传递主要有中国高等教育文献保障系统和中国高等院校人文社科文献中心两大系统。

中国高等教育文献保障系统（China Academic Library & Information System，CALIS），是经国务院批准的我国高等教育"211工程""九五""十五"总体规划中三个公共服务体系之一。CALIS的宗旨是，在教育部的领导下，把国家的投资、现代图书馆理念、先进的技术手段、高校丰富的文献资源和人力资源整合起来，建设以中国高等教育数字图书馆为核心的教育文献联合保障体系，实现信息资源共建、共知、共享，以发挥最大的社会效益和经济效益，为中国的高等教育服务。其中CALIS系统有外文期刊（CCC）、E得和E读三个检索入口，各自特点见表4-1。

表4-1　　　　　　　　　　　外文期刊（CCC）、E得和E读的特点

中国高等教育文献保障系统
http：//www.calis.edu.cn/

外文期刊网（CCC） http：//ccc.calis.edu.cn	平台收录近10万种高校馆藏外文期刊，其中3万多种外文期刊的篇名目次数据，每星期更新一次。系统标注了CALIS高校成员馆的纸本馆藏和电子资源馆藏，用户可以通过全文链接直接下载全文，也可以发送文献传递请求获取全文
E得 http：//www.yide.calis.edu.cn	是为读者提供"一个账号、全国获取""可查可得、一查即得"一站式服务的原文文献获取门户。CALIS成员馆的读者用户均可获得E得所提供的文献获取服务
E读 http：//www.yidu.edu.cn	是由中国高等教育文献保障系统发布的一个学术搜索引擎，能在海量信息中实现高质量的检索。它集成高校所有资源，整合图书馆纸本馆藏、电子馆藏和相关网络资源，使读者在海量的图书馆资源中通过一站式检索，查找所需文献

读者在进行文献传递前需要先进行用户认证，即在以上平台检索文献并第一次申请文献传递时系统会跳出用户注册的表单，按要求填写并提交后需要持有效证件到学校图书馆文献传递部门进行用户认证，获得文献传递申请权限后便可以使用借阅证号再次登录系统提交申请。目前除了全国的总部，已经按照地区设置了33个分中心，各高校读者用户可以通过CALIS网站上方进行切换站点（如图4-11所示）进入所在地区的分中心进行资源检索或利用借阅证号登录后使用"书架""收藏""订阅""文献传递""馆际互借"等个性化服务，各高校的图书馆馆员用户可以登录系统查看本馆及外馆读者提交的文献传递申请并通过本馆运送或转发申请帮助读者获取文献。

图4-11　中国高等教育文献保障系统主页

中国高校人文社会科学文献中心（China Academic Social Sciences and Humanities Library，CASHL）（http：//www.cashl.edu.cn，如图4-12所示）是在教育部的统一领导下，本着"共建、共知、共享"的原则、"整体建设、分布服务"的方针，为高校哲学社会科学教学和研究建设的文献保障服务体系，是教育部高校哲学社会科学"繁荣计划"的重要组成部分，也是全国性的唯一的人文社会科学文献收藏和服务中心，其最终目标是成为"国家哲学社会科学资源平台"。CASHL目前已拥有830家成员单位，包括高校图书馆和其他人文社会科学研究机构；个人用户逾12.74万多个。累计提供手工文献传递服务超过120万笔。CASHL的资源和服务体系由2个全国中心、7个区域中心和8个学科中心构成，其职责是收藏资源、提供服务。①

图4-12　中国高校人文社会科学文献中心主页

高校读者使用CASHL传递文献时也需要先行注册，并在提交后到所在图书馆负责文献传递工作的部门进行用户认证才可成为CASHL合法用户。

三、网络购买和出版社购买

如果通过以上途径查询不到所需文献，还可以尝试通过网络尤其是电商平台进行检索和购买，另外出版社也是获取纸本图书的重要渠道之一。

本章小结

纸质资源作为图书馆的主要馆藏形式已从古代流传至今，虽然随着现代信息技术、网

---

① 引自中国高校人文社会科学文献中心官网（数据统计截止时间为2017年12月）。

络技术及存储技术的飞速发展，通过网络访问的电子数据库、通过移动设备使用的各种客户端应用已经成为趋势且代替了纸质资源很大一部分功能，但是纸质资源以其自身的历史及用户群优势仍占据着文献资源市场不可取代的地位，人们也正在追求利用文献传递和馆际互借等方式让纸质文献更快速地流动起来，增强它的生命力。

思考题

1.列举几个主要的公共图书馆及其馆藏检索方法。

2.高校图书馆的馆藏资源检索有哪几种途径？

3.什么是文献传递和馆际互借？

第五章

中文电子资源的检索与利用

| 第一节 | 中文数据库概述

一、中文数据库概念

数据库，顾名思义就是各类相关信息按照一定的组织方式搜集并存储形成的数据集合。数据集合需要依附于磁盘、光盘等存储载体，表现为文本、图片、声像等多种形式，提供多种检索途径供用户查询，并以一个族群的聚类呈现给用户。数据库的建立是为信息需求者提供更多的资源，节省检索时间，提高检索效率。中文数据库即收录各类专业或同类型中文信息的数据集合体，数据库收录内容的质量和检索功能是否完善决定了数据库自身的价值。

二、中文数据库类型及举要

按照数据库收录文献类型进行划分，中文数据库可以分为电子图书数据库、电子期刊数据库、会议论文全文数据库、学位论文全文数据库、事实及数值型数据库、专业信息类数据库、多媒体数据库及综合类型的数据库。

按照数据库收录内容是否全文划分，数据库可分为全文数据库及二次文献数据库。就目前电子资源的发展状况来看，收录多种文献类型的综合数据库正成为一种趋势，如清华同方、万方、维普以及超星公司的读秀都在致力于开发和完善基于各类文献资源检索的统一平台。

三、中文数据库特点

与网络信息相比，数据库收录的文献内容存储量更大，信息更加准确可靠，资料来源更正规，检索途径更多，检索速度更快，获取全文的可能性更大，因此利用数据库查询资料可以保证较高的查全率和查准率，大大节省时间和精力。

|第二节| 中文电子图书的检索与获取

一、电子图书概述

（一）电子图书及电子图书馆的概念

电子图书（electronic book，e-book），是指以数字形式制作、出版、存取和使用的图书，一般以磁性或电子载体为存储载体，并借助一定的阅读软件和设备读取。电子图书是多媒体技术和超文本技术发展的产物，它包括两种类型：一类是将各种印刷型的书籍通过扫描等计算机处理技术将它们转换成为数字格式，以电子方式发行，用计算机阅读和存储的电子读物，早期的电子图书多属此种类型。另一类是原生数字出版物，即一开始就有电子文本的电子图书，或是一本新书先发行的预览版或共享版，其阅读和存储方法与前者相同。目前纸本图书发行的同时发行电子图书已经成为趋势，有些出版社甚至只出版发行电子图书。经过数字处理的电子读物保留了原印刷型读物的所有版式，并可实现全文检索。一般来说，电子图书的构成要素有三个，即图书内容、阅读设备、阅读软件。

电子图书馆也叫"数字图书馆"（digital library），是存储和管理大量电子图书，并为用户提供网络检索和阅读服务的计算机网络系统。相对于传统的图书馆而言，它管理和珍藏的是数字化的电子图书，人们可以利用计算机通过网络检索获取这些电子图书。它的另一大优势是不需要规模庞大的建筑群和一排排的书架等有形的物质条件，只需要几台服务器和提供传输介质的网络即可。电子图书馆的读者也可以不再受实体图书馆的开闭馆时间、借书册数和借阅期限的约束，可以随时随地下载阅读甚至是长期存储。电子图书第一次出现是在1971年，目的是专门收录没有版权的经典文学作品，将其输入电脑供人们网上使用和下载。电子图书作为一种主流商业模式则出现于20世纪90年代末期，随后电子图书迅速发展，现在国内的电子图书市场也日趋活跃，目前主要有超星汇雅书世界、读秀学术搜索、书香中国数字图书馆、方正Apabi数字图书馆、畅想之星电子书、文渊阁四库全书等。国外比较著名的电子图书平台有Springerlink、Ebsco、ScienceDirect等。

（二）电子图书的特点

1.获取与携带方便

用户可以通过各类商业电子图书平台检索和获取电子图书，方法简单易行、快捷准确，所获取文件甚至无须借助实体存储设备，利用邮箱、网盘等便可随意下载或携带，不必受传统图书馆的时间和手续限制。而今数字阅读时代更是推出了扫码阅读的模式，只要读者用手机、平板电脑等便携设备扫描二维码便可即刻获取相应资源。

2.便于阅读和编辑

电子图书平台的图书格式一般有TXT、HTML、PDF、ABM、EPUB、PDG（超星）、CEB（北大方正）、JAR等。这些图书格式有的可以借助软件互相转换，如HTML与TXT、PDF与TXT都可以互相转换；有的是电子书平台的专有格式。各种格式都有各自的特点和优势，读者既可以借助系统提供的阅览器阅读电子书，也可以自行转换成喜欢的格式阅读，相比纸质图书，电子图书的优势之一就是可以支持多名读者同时阅读相同图书，并提供阅读的同时在图书上随意插入标签、作出标注及文本识别等功能。

3.价格和成本低廉

因为电子图书采用网络传输，无须纸张、印刷、运输等费用，发行费用较低，所以电子图书的价格相对比较低廉，且不受复本量的限制。

4.质量和形式优良

电子复制技术是"高保真"的，电子图书一般不会有"个体差异"，电子图书中的图像和视觉效果远比同样的纸质版本清晰、鲜艳，而且以电磁或光盘为载体可以使电子图书不受纸本保存方法的局限。

5.发行效率高

数字时代，出版社推出纸电同步甚至电优于纸是趋势所在。同样一本书，电子版省去了印刷、装订、运输等多个环节，原则上应该是先于纸质版面世的，它大大节省了出版时间，可以让读者更快地了解到最新的书目信息。

（三）电子图书的类型

根据载体形式不同，电子图书可以分为以下类型：

（1）光盘电子图书（CD-ROM）：只能在计算机上单机阅读，如随书光盘。

（2）网络电子图书：主要是通过PC端进行网络检索而获取，分为免费网络电子图书平台（如读书网）和商业电子图书平台（如汇雅书世界）。

（3）便携式电子图书：主要通过移动设备进行阅读或下载，分为能够存储电子图书内容的电子阅读器，即电子阅读器中可存放若干图书内容，并且图书内容可通过购买不断增加，如2007年亚马逊公司推出的Kindle阅读器，以及通过手机、平板电脑等移动设备的阅读软件阅读或下载的电子图书，如超星学习通、书香中国等。

电子图书按其文件加工方式不同，一般又可分为两类：

（1）图像格式。所谓图像格式的电子图书，就是将传统纸质图书扫描到计算机中，以图像格式存储。国内先期的中文电子图书多是以图像格式制作和存储的，如超星数字图书馆、书生之家数字图书馆和中国数字图书馆的图书等。这种图书制作起来比较简单，内容比较翔实准确，检索手段不强，显示速度比较慢，阅读效果不是很理想；放大之后有的不清晰，不适合打印，但适合古籍书及以图片为主的技术类书籍制作，如文渊阁四库全书等。

（2）文本/超文本格式。所谓文本/超文本格式的电子图书，就是基于文本的电子图书，通常是将书的内容做成文本，并有相应的应用程序。应用程序会提供相应的界面，满足基于内容或主题的检索方式，具有方便的跳转、书签、语音信息、在线词典等功能。这类电子图书主要为一些报纸、杂志的合订本、珍藏本及其光盘。

按阅读格式不同，电子图书又有PDF、HTML、TXT、EPUB、PDG、JAR等多种类型，也有一些出于对知识产权的保护而配有专门的阅读软件，使用不同的格式和平台。

另外，按照获取方式，电子图书还可以分为免费电子图书和付费电子图书；按照收录学科范围，电子图书还可以分为综合性电子图书和专业性电子图书。

（四）电子图书的作用

1.电子图书对图书馆资源建设的价值

（1）电子图书是图书馆信息资源中不可缺少的一部分，在图书馆的一次文献建设中发挥着重要作用。

（2）电子图书可以与图书馆的纸质馆藏建设形成互补，提供采购信息，补充馆藏复本量，节约图书经费以及节省图书馆的存储空间。

2.电子图书对读者的利用价值

（1）满足读者对新书、畅销书的迫切需求。这种书籍往往是供不应求的，图书馆的纸质书采购程序及预算经费都受到一定限制；而电子图书发行速度快、价格相对低廉，可以基本解决传统图书馆的复本过少及经费不足等问题，及时满足读者需求。

（2）不受时空限制，方便读者利用。电子图书不但提供检索和下载等服务，而且是24小时开放的，读者不必受到传统图书馆的开放时间及借阅手续的限制。另外，电子图书的阅读还提供章节导航、定位、记录、标注等功能，可以供读者打印和下载，为读者阅读提供便利。

（五）电子图书的发展趋势

不难看出，随着计算机技术与网络功能的发展，电子图书对传统纸质图书有着不小的冲击，它以形式种类的多样性、制作质量的逐步提高、阅读方法及时间的便利、按章节及内容检索、可以随意进行标注和编辑等种种优点正越来越多地取代传统纸本阅读方式。就连最初争议最大的版权保护问题也正通过以下三种方式进行有效处理：第一，设定有效使用时间，如读秀学术搜索规定，用户进行文献传递的每本图书单次咨询不超过50页，同一图书每周的咨询量不超过全书的20%，所发文献链接有效期为20天，20天内只允许打开20次；第二，对访问范围进行控制，如目前国内高校购买的数据库都是以教育网IP范围确认使用权限；第三，限定阅读及下载内容，如Ebrary的电子书仅提供按章节下载。基于以上阐述，我们期待着电子图书市场更加蓬勃地发展。

从传统的纸质图书的形式看，虽然其存在馆藏复本量限制、收藏馆开放时间和手续限制、存放地点和空间限制等不足之处，但我们也无法否认它的种种好处，如阅读纸质图书不受设备限制，读者可以选择幽雅舒适的环境，最重要的是它是我们传统的阅读方式，在保存人类文化遗产、进行社会教育、传递信息情报等诸多方面有着无法超越的优势。正因为如此，纸质图书的地位是无可取代的。

综上所述，我们认为，未来社会图书文献信息资源的发展将是以电子图书和纸质图书两种形式并存互补、相互结合的一种趋势，这不仅是电子图书自身发展的需要，也是各个领域社会信息需求发展的必要保障。

二、超星电子图书及其平台使用

（一）概况及特点

汇雅书世界（http：//www.sslibrary.com），原超星数字图书馆，是国家"863计划"中国数字图书馆示范工程项目，2000年1月在互联网上正式开通。它由北京世纪超星信息技术发展有限责任公司（以下简称超星公司）投资兴建，设文学、历史、法律、军事、经济、科学、医药、工程、建筑、交通、计算机和环保等几十个分馆，目前拥有中文数字图书160余万种，是当之无愧的全球最大的中文电子图书数据库。随着互联网技术的迅速发展，超星数字图书馆已经成为一个由各大图书馆、档案馆和出版社支持的庞大的数字图书馆展示平台，极大地推动了中国数字图书馆事业的发展。

超星数字图书馆中的全文资源是有偿的，提供服务的方式有两种：一是单位用户购买，即购买单位的用户可以在其固定的 IP 地址范围内免费使用超星数字图书馆的资源，或采用镜像方式使用该资源，这种方式一般适用于机关单位及高校等集体用户；二是读书卡会员制，即用户需要先购买超星读书卡并注册后，方能使用其全文资源，这种方式主要针对个人用户。经过不断的修正和改版，目前汇雅书世界平台已经相当成熟，在版权保护方面也建立了比较完善的机制，既可以提供图书的本地下载，又能够与读秀学术搜索链接，实现海量图书的在线阅读与文献传递。

超星电子图书浏览器（SSReader）是阅读超星数字图书馆藏书的必备工具，是超星公司拥有自主知识产权的图书阅览器，它专门针对 PDG 格式数字图书的阅览、下载、打印、版权保护和下载计费而研究开发。经过不断改进，SSReader 现在已经发展到 5.4 版本（镜像站点要视更新速度而定），读者可从其网站免费下载，也可从超星公司发行的任何一张数字图书光盘上获得。汇雅书世界的用户在下载、安装超星阅览器后，即可浏览汇雅书世界中的全文资源。通过超星阅览器，用户还可以进行在线注册、登录、读书卡充值、软件版本升级等操作。

（二）超星电子图书的使用方法

超星电子图书主要有"汇雅书世界"和"读秀学术搜索"两个 PC 端平台和"超星学习通"移动端应用。

1.超星电子图书 PC 端使用指南——"汇雅书世界"和"读秀学术搜索"

（1）汇雅书世界（如图 5-1 所示）收录 160 余万种各学科专业书籍，平台提供用户所采购书目的检索和下载，提供快速检索及高级检索功能，首页面新增"新书推荐"（注：所推荐的新书仅供在线阅读，不提供下载）版块，页面左侧提供按中图分类法将所收录的电子图书分为 22 个大类的浏览功能。另外用户可在已经注册并登录的情况下使用页面上方"我的图书馆""站务论坛""资源分享"等个性化服务模块，同时也可下载最新阅读器以及使用中常见问题的解答等。

图 5-1　汇雅书世界主页面

检索功能：页面上方提供快速检索（如图 5-2 所示）和高级检索（如图 5-3 所示）功

能，读者可以通过在输入框中输入检索词，点击检索按钮进行图书查找。

图 5-2　汇雅书世界电子书快速检索

图 5-3　汇雅书世界电子书高级检索

　　检索结果：汇雅书世界电子书的检索结果有"阅读器阅读""PDF 阅读""网页阅读"三种阅读格式，用户可以选择自己喜欢的格式。除了 PC 端阅读，汇雅书世界电子书还推出了扫码阅读（如图 5-4 所示），只要移动设备扫码便可直接阅读图书（如图 5-5 所示）。

图 5-4　汇雅书世界电子书检索结果页面

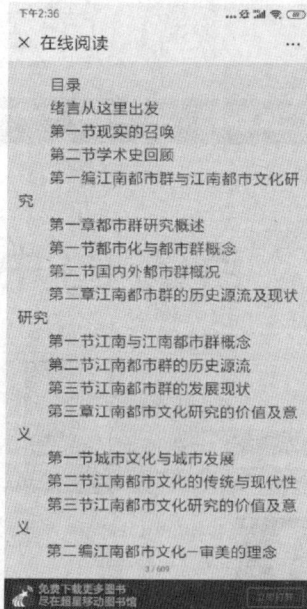

图 5-5　汇雅书世界电子书手机扫码阅读界面

（2）读秀学术搜索（http：//www.duxiu.com/，如图5-6所示）收录500余万种中文电子图书的书目信息，其中310余万种电子书可以提供文献传递服务，如用户购买了汇雅书世界的电子书，便可以在读秀学术搜索上直接下载已购图书。读秀学术搜索的"知识"搜索可以实现深入到图书章节和内容的全文检索，且该平台除电子图书外还提供期刊、报纸、会议论文、学位论文、音视频、文档等多种类型文献，还可以通过上传文献与其他用户进行交流互换，是一个综合性、互动式检索平台。值得一提的是，读秀学术搜索提供的校内认证校外漫游的服务使认证用户不再受教育网IP限制，极大地方便了用户，是非常值得提倡的。

图5-6　读秀学术搜索主页

读秀学术搜索检索电子图书的几种结果及含义如下：

包库全文——用户已经在汇雅书世界中购买了本书的使用权限，此类书可以直接下载至本地。

馆藏纸本——用户可点击查看本馆是否有该书的纸本馆藏。

部分阅读——该功能是读秀的特色功能，用户可以在线试读该书的书名页、版权页、前言页、目录页及正文的部分页面（如图5-7所示），如用户需要进一步阅读该书内容则可以通过系统提供的"图书馆文献传递"功能进一步获取此书。所谓文献传递，就是读秀学术搜索后台系统会通过E-mail快速准确地将用户所需要的资料发送到所填写的邮箱。以图书为例，在图书详细信息页面，点击"图书馆文献传递"，进入"图书馆参考咨询服务中心"页面（如图5-8所示），按照表格要求填写即可。

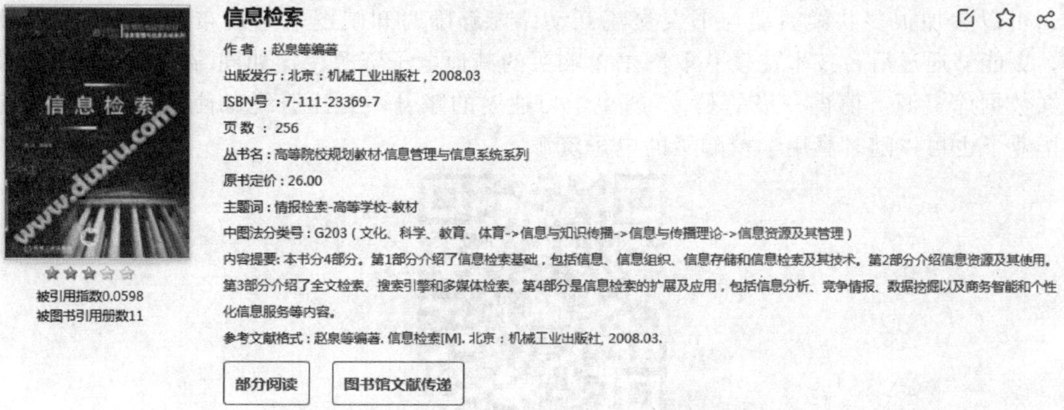

图5-7　读秀学术搜索检索结果"部分阅读"界面

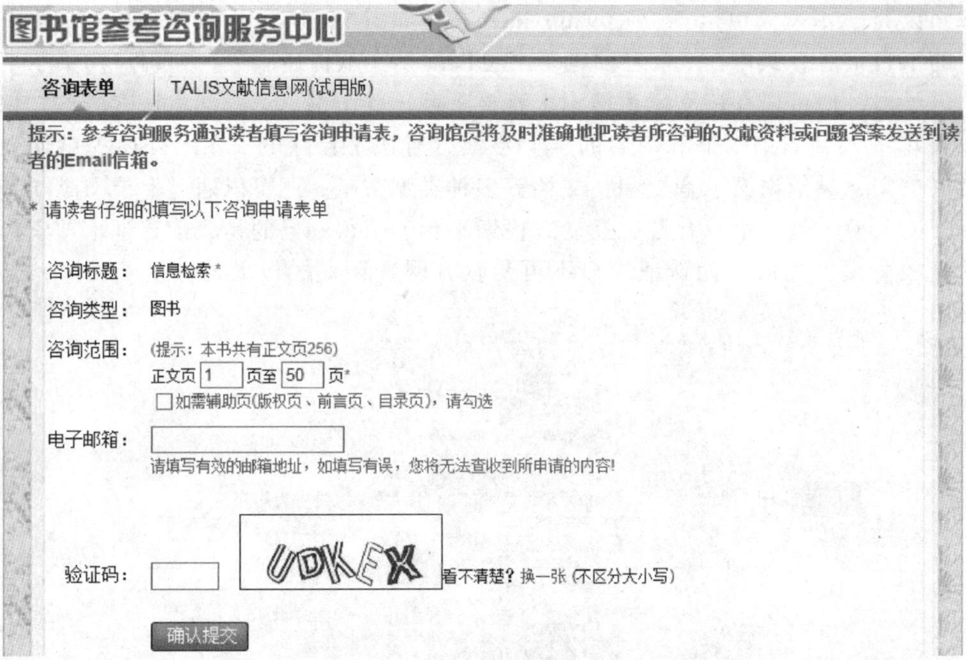

图 5-8 读秀学术搜索"图书馆参考咨询服务中心"表单

需要注意的是，文献传递的每本图书单次咨询不超过 50 页，同一图书每周的咨询量不超过全书的 20%，所发文献链接有效期为 20 天，如果没有收到回信，请查看一下不明文件夹或垃圾邮件箱。

如果所检索的图书下面没有以上三种标注而是空白的，则说明读秀只收录了该书的目录，用户可以再找其他途径获取图书。

2.超星电子图书移动客户端使用指南——"超星学习通"

超星电子图书移动客户端可以通过搜索移动应用"超星学习通"或扫描下方二维码（如图 5-9 所示）两种方式下载。读者进行机构账号注册与绑定并再次登录后便可以在搜索框中进行检索使用贵单位所购买的超星产品及其他电子资源。"超星学习通"的功能十分强大，其平台不仅整合了超星系列产品——汇雅书世界的电子书、读秀学术搜索、百链云服务、超星发现、移动图书馆等检索资源和功能，可以下载歌德阅读机里面的最新图书，可以参加很多共读活动与书友交流互动，能够随时知晓图书馆发布的最新信息和活动，更能够通过后台技术挂接获取图书馆购买的其他电子资源，比如同方、万方、维普及外文数据库资源。值得一提的是，"超星学习通"的账号一经注册终身使用，学生即使将来毕业了也可以随时享用学校购买的电子资源。

图 5-9 "超星学习通"

（三）超星电子图书浏览器

1.超星阅览器下载、安装

无论是汇雅书世界还是读秀学术搜索，都需要用到超星公司专有的浏览器SSreader，用户可以进入汇雅书世界或读秀学术搜索的主页面下载超星阅览器。超星阅览器安装程序下载完毕后，双击安装程序将进入自动安装向导，向导会引导完成超星阅览器的安装。注意：超星阅览器不能安装到中文路径下。

2.超星阅览器界面分布（如图5-10所示）

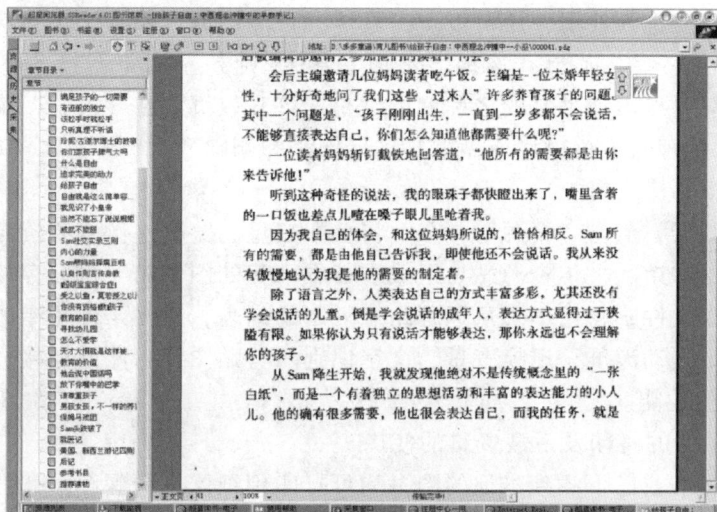

图5-10　超星阅览器界面分布

主菜单：包括超星阅览器所有功能命令，其中"注册"菜单是提供给用户注册使用的，"设置"菜单是给用户提供相关功能的设置选项。

功能耳朵：包括"资源""历史""采集"。

（1）"资源"：资源列表，提供给用户数字图书及互联网资源，具体使用查看"资源"。

（2）"历史"：历史记录，用户通过阅览器访问资源的历史记录，具体使用查看"历史"。

（3）"采集"：提供给用户一个编写制作PDG格式图书的平台，用户可以拖动文字图片到采集图标，方便地搜集资源。

3.超星阅览器的使用

（1）注册：在新版本的超星阅览器中，用户不登录也可以看书和下载图书，但是下载的图书只能在本机阅读，如果想在其他电脑上阅读下载的图书，需要注册用户才可以。注册方法如图5-11所示。

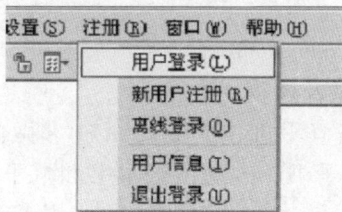

图5-11　超星阅览器注册

（2）下载图书方法：找到所需的书籍，点击书名即启动超星阅览器进入到阅读模式，在已经打开的书籍阅读页面上点击鼠标右键选择"下载"，会打开下载选项界面。如果是未注册用户，系统会提示注册后才能拷贝到其他机器上使用，如不进行注册则所下载的图书只能在本地机器上阅读，记住下载路径，再次使用时直接点击超星阅览器或下载的文件即可进行阅读。为保护知识产权，目前下载的图书有效期是180天，过期后如需再次使用，可以重新下载。

（3）书签功能：这一功能可以方便读者在下一次阅读该书时能够快速地找到上次阅读的那一页。读者只要进行注册，便可以点击具体书目旁边的"添加个人书签"按钮，或者在阅览状态点击"书签"菜单，选择"添加书签"，则超星阅览器自动将该页设置成书签，下次阅读时只要点击该书签的名称就可以直接打开该页。在"书签"菜单下选择"书签管理器"，进入管理器后可以对所做书签进行修改和删除。

4.超星阅览器的其他功能

运行超星阅览器，点击"资源"耳朵，将会在超星阅览器左侧看到资源内容，资源由远程站点、我的图书馆、上传资源站点组成。其中"我的图书馆"可以存放用户下载的图书，管理本地硬盘文件，自己整理从远程站点复制的列表，建立个性化专题。另外，超星阅览器还可以实现自动滚屏、更换背景、文字识别、剪贴图像、网站链接、个人扫描及自制 e-book 等个性化功能。

5.超星数字图书的打印及下载资料的使用

在线阅读的图书或已下载到本地的图书均可打印到纸张进行保存。读者可以在正在阅读的图书上点击鼠标右键，从弹出的菜单中选择"打印"命令，将正在阅读的图书进行打印（注：超星阅览器不支持虚拟打印）。

下载的资料可以被刻成光盘或拷贝到其他电脑上阅读使用，当用户在其他的电脑上需要阅读这些资料时，需要在这台电脑的超星阅览器中进行用户登录。点击"注册"菜单下的"用户登录"，在页面中输入用户名和密码，点击"确定"，提示注册成功后，就可以阅读这些书籍了。

三、畅想之星电子书

（一）畅想之星电子书概述

北京畅想之星信息技术有限公司成立于2006年，是专门从事图书馆信息管理系统软件开发、销售以及数据加工服务的公司，目前馆配电子书已经有400余家供货商入驻，拥有中文电子书、民国电子书和古籍电子书。中文电子书总量超过28万品种，分别按照13大类学科和22大类中图法详细分类，同时还有古籍类7万种、民国类7万种和地方志3万种电子图书。

数据库网址：https://www.cxstar.com。

（二）畅想之星电子书的检索及阅读

读者可以通过PC、移动设备（手机、平板）、APP和微信、电子墨水屏阅读器、智能触控一体机等方式阅读电子书，并提供纸本书和电子书的荐购功能。

1.检索

畅想之星电子书PC端检索需要在购买学校/机构的IP范围内先注册后登录再使用，

检索界面（如图5-12所示）有页面上方的简单检索、高级检索以及页面左侧分别按学科和中图法归类的分类导航，另按照图书类型分为畅销图书、新书专区、民国专区、古籍专区、地方志及专题推荐。移动端也需要先登录才能进行图书的全文阅读，否则只能试读部分页码。检索结果可以按照出版社、出版时间、销量、上架时间、荐购次数、好评数等进行重新排序。

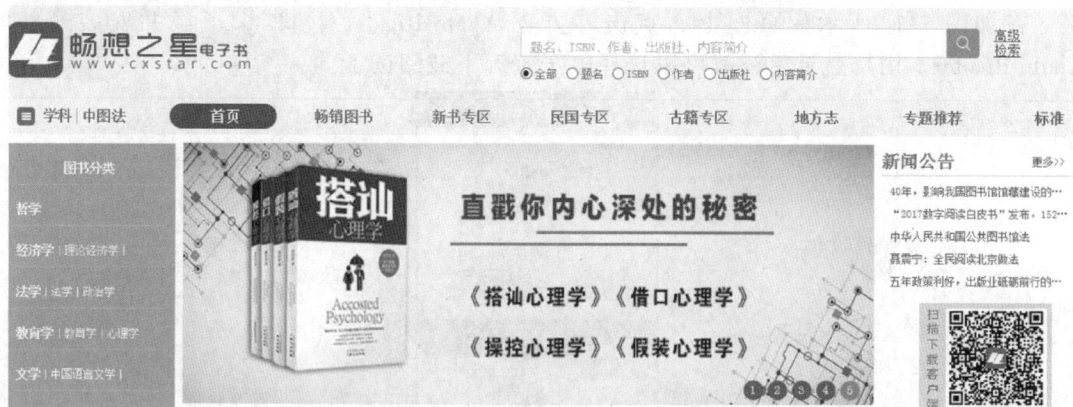

图5-12　畅想之星电子书主页

畅想之星电子书的移动端可以扫码（如图5-13所示）下载，安装完成后需登录方可检索和阅读图书全文。

图5-13　畅想之星客户端下载

2.阅读

畅想之星电子书可以使用任何的浏览器，在所属学校/机构的IP范围内，点击"借阅"按钮，即可打开电子书进行阅读。若点击后无反应，可能是浏览器有弹出窗口阻止或是阻挡弹出视窗的设定，关闭浏览器的弹出窗口阻止的设定即可；一般平板电脑的浏览器通常预设封锁弹出视窗，因此在设定中关闭此项功能，即可顺利阅读。

畅想之星电子书支持所有iOS与Android系统的线上阅读，已购学校/机构用户只要在有网络的地方就可以阅读。

四、方正Apabi数字图书馆

（一）概述

方正Apabi数字图书馆（http：//ref.lib.apabi.com）由北大方正电子有限公司制作，收录全国400多家出版社出版的最新中文电子图书，涵盖了社会学、哲学、宗教、历史、经济管理、文学、数学、化学、地理、生物、医学、工程、机械等学科。方正电子图书馆采用领先世界的曲线显示技术和方正排版技术，高保真显示原版原式阅读，版面缩放不失真。方正电子图书馆为全文电子化的图书，可输入任意知识点或全文中的任意单词进行检索，可以在页面上进行添加书签、划线、加亮、批注、圈注、拷贝、前/后翻页、半翻页/全翻页切换、页面切换等操作。

（二）方正Apabi数字图书馆的使用

1.用户登录

在如图5-14所示的页面上，点击"方正 Apabi Reader 下载"，下载并安装最新的Apabi Reader，用户登录后，就可以选择电子资源下载阅读了。

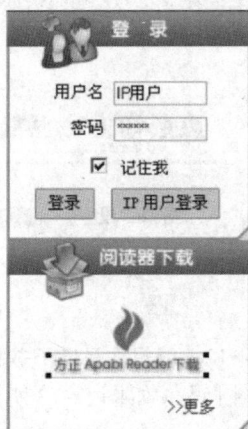

图5-14　Apabi登录示意图

（1）如果是有密码用户，请输入管理员分配的用户名和密码，点击"登录"。第一次登录时，请在弹出的页面中填写用户信息（显示和必填的信息可在后台管理的"读者管理→首次登录时填写信息设定"中设置）。

①如果选中了"记住我"，该用户使用同一台计算机下次进入该数字图书馆将不需要再登录。

②有密码用户将借阅的资源全部归还后，还可以在其他计算机上使用该用户名登录该数字图书馆。

（2）如果是无密码用户，请点击"匿名登录"。第一次登录时，请在弹出的页面中填写用户信息（显示和必填的信息可在后台管理的"读者管理→首次登录时填写信息设定"中设置）。如果其IP地址属于无密码用户，则会提示登录成功。

（3）如果是阅览室用户，请在要注册为阅览室的机器上，以管理员或注册员身份登录后台管理的"读者管理→阅览室注册"中输入姓名（标识），如果IP地址允许，则可以注册成阅览室用户。

不同的用户登录后，借阅规则与自己所在的用户组的设定相关。阅览室用户借阅期只有一天，但没有借阅量的限制。

2.快速查询

用户可以以年份、全面检索、全文检索等为检索条件，输入检索词，点击"查询"按钮，迅速查到要找的书目。检索结果可选择图文显示或列表显示。

在检索结果中（如图5-15所示），选择"结果中查"，在当前结果中增加检索框中的条件后再进行检索；选择"新查询"，则使用检索框中的条件开始一个新的检索。

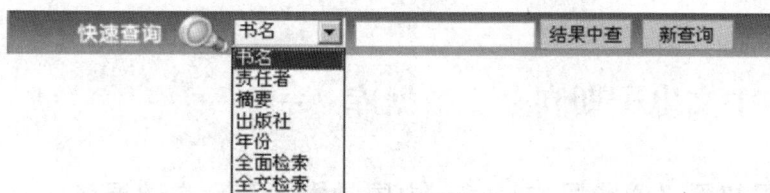

图 5-15　快速查询示意图

①不同元数据格式的资源库在"快速查询"中显示的检索条件不同。图 5-15 所示的是元数据格式为"图书"时所显示的全部查询项。管理员可以在后台管理的"资源管理→管理元数据"中设置显示的元数据项。

②全面检索是指对书名、责任者、主题/关键词、摘要、出版社（即除了年份的公共元数据）等的全面检索。只要指定的搜索词在这些字段中的任何一个中出现，都符合全面检索的条件，系统将能查出该书。

③全文检索与购买的模块相关，有的可能没有。

3.高级检索

使用高级检索可以输入比较复杂的检索条件，在一个或多个资源库中进行查找。

点击"高级检索"，出现"本库查询"和"跨库查询"页面，如图 5-16 所示。

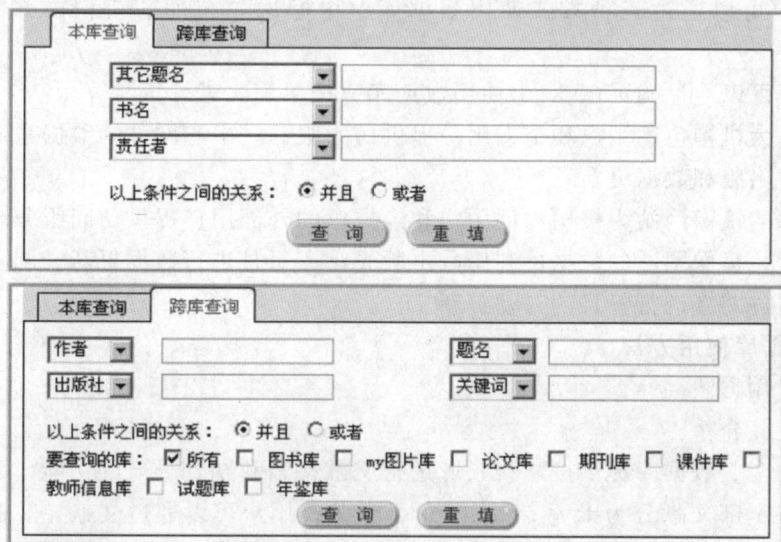

图 5-16　高级检索示意图

读者可以在列出的项目中任选检索条件，所有条件之间可以用"并且"或"或者"进行连接。跨库查询需要选择要查询的库。

所有的选项设置完成后，点击"查询"开始高级检索。检索结果可选择图文显示或列表显示。点击"关闭高级检索"可结束检索。

4.使用分类

用户可以根据显示的分类，方便地查找出所有该类别的资源。

点击"显示分类"，可以查看常用分类和中国图书馆图书分类法（常用分类在后台管理的"资源管理→管理资源库"中设置）。点击类别名，页面会显示当前库该分类的所有资源的检索结果。可选择图文显示或列表显示。此时"显示分类"变为"隐藏分类"，点击可隐藏分类。

|第三节| 中文电子期刊全文数据库

一、中国知网（清华同方）——中国学术期刊全文数据库

（一）数据库概况

中国学术期刊全文数据库（China Academic Journal Network Publishing Database，CAJD）是中国知网（CNKI）系列数据库产品之一，以学术、技术、政策指导、高等科普及教育类期刊为主，内容覆盖自然科学、工程技术、农业、哲学、医学、人文社会科学等各个领域。它收录国内学术期刊8 014种，全文文献总量42 255 293篇。其内容分为十大专辑：理工A、理工B、理工C、农业、医药卫生、文史哲、政治军事与法律、教育与社会科学综合、电子技术与信息科学、经济与管理。十大专辑下分为168个专题和近3 600个子栏目。

数据库网址：http://www.cnki.net/。

（二）使用方式和数据出版周期

机构用户可以通过三种方式使用数据库：中心网站包库、机构内部的镜像网站、光盘。

个人用户可以通过购买CNKI卡使用数据库，按单篇文献计价结算。

中心网站为机构包库用户和个人用户提供访问服务。中心网站的数据采取每日出版方式，进行定时出版和数据更新。

机构内部的镜像网站为机构内部用户和经授权的外部用户提供访问服务。按月定时寄发月出版光盘，镜像网站的数据可利用月出版光盘，每月进行数据更新。网上包库的镜像用户也可以通过网络进行每日的自动更新。

（三）数据库使用方法

1.PC端使用方法

（1）功能简介。

中国期刊全文数据库提供按学科领域进行文献检索和期刊导航的功能，系统按照自己的分类方法将全部文献分为十大专辑和168个专题，用户可以通过文献导航进行文献系统调研和文献精准查询，如图5-17所示。

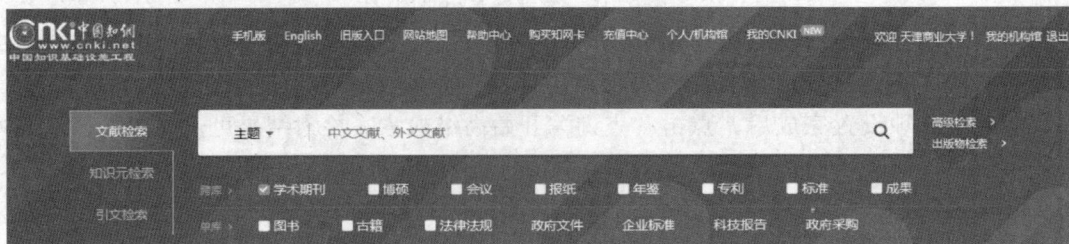

图5-17 中国期刊全文数据库页面

（2）检索方式。

根据学术文献检索的需求，系统提供了快速检索、高级检索（作者单位、来源期刊、

来源类别、支持基金、发表年限等)、专业检索、作者发文检索、科研基金检索、句子检索、来源期刊检索七种面向不同需要的检索方式。

(3) 出版物检索(如图5-18所示)与期刊导航(如图5-19所示)。

新版主页检索框旁有"出版物检索"选项,点击进去可以进行单刊检索,旧版主页右上角"期刊导航"选项提供按期刊的不同属性对期刊分类,包括如下分类导航:学科导航、数据库刊源导航、主办单位导航、出版周期导航、出版地导航、发行系统导航、核心期刊导航。

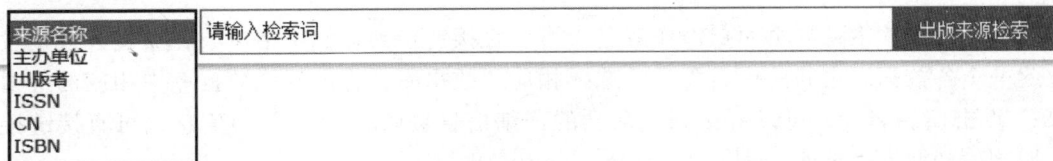

图5-18　出版物检索界面

图5-19　期刊导航界面

(4) 查看检索/导航结果(如图5-20所示)。

图5-20　查看检索/导航结果

①检索结果可以按学科、发表年度、基金、研究层次、作者及机构进行分组浏览。

②用户可根据自身需求进行免费订阅(订阅的期刊有更新、关注的文献有新的引用

时，系统会定期发送邮件或短信通知）及定制检索式（将该检索式定制到个人/机构馆的主题文献馆中，用户无须重复检索，即可跟踪该主题的最新发文，还可以查看关于该主题全面、系统的分析报告）。

③将检索结果按照主题、发表时间、被引频次及下载频次进行排序。

④将检索结果由列表形式切换到摘要形式，并可设置每页显示的检索结果数量，有三种选择：10、20、50。

⑤全部清除、导出/参考文献、分析、阅读。

⑥对检索结果进行下载（CAJ格式）、预览（在线预览）和分享（分享至人人网、开心网、网易微博等）。

另外，在检索结果页面点击作者名，可以直接链接到知识网络中心，通过公共字段建立起一个各数据库之间的检索关系，选择相应的数据库，将出现该数据库中相应的检索结果；点击期刊名称，可以链接到该期刊的详细信息页面；点击年期信息，可直接链接到该期刊的刊期列表页面。

（5）全文下载及浏览。

只有正常登录的正式用户才可以下载保存和浏览文献全文。系统提供两种途径下载浏览全文：一是从检索结果页面（概览页），点击题名前的"■"下载浏览CAJ格式全文；二是从知网节（细览页），点击"■CAJ下载""■PDF下载"，可分别下载浏览CAJ格式、PDF格式全文。

①从检索结果页面下载（如图5-21所示）。

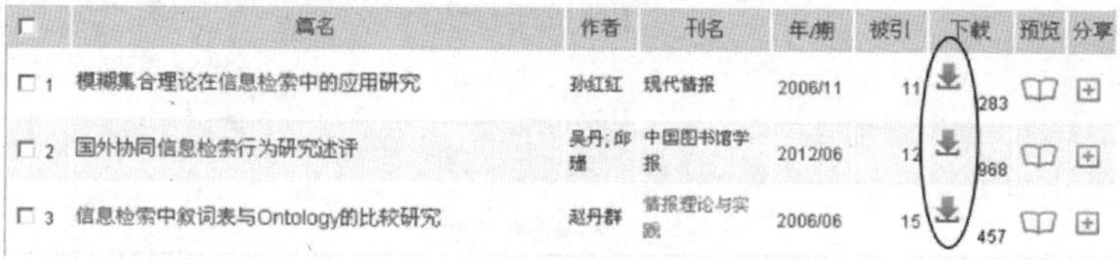

图5-21　检索结果页面下载图示

②从知网节（细览页）下载（如图5-22所示）。

图5-22　知网节页面下载图示

（6）CAJViewer。

CAJViewer全文浏览器是中国期刊网的专用全文格式阅读器，如需阅读和下载CAJ格式文章，需要在清华同方数据库官网下载并安装最新版本的阅读器，目前最新版本为CAJViewer7.2。

2.移动端使用方法

用移动设备搜索应用"全球学术快报"，或直接扫描"全球学术快报"二维码（如图5-23所示）进行下载并安装，首先注册一个账号并登录（账号是为了浏览检索记录和定制服务），然后点击个人账号进行机构关联，必须首先在校园网内进行位置自动关联（每半月需要重新关联），才可以在校园网外检索并下载全文。

图 5-23　全球学术快报

二、中文科技期刊数据库（全文版）

（一）数据库简介

中文科技期刊数据库诞生于1989年，是维普资讯公司产品，累计收录期刊14 000余种，现刊9 000余种，文献总量6 000余万篇，涵盖自然科学、工程技术、农业科学、医药卫生、经济管理、教育科学和图书情报等七大专辑。2015年1月起，该数据库增加收录了文、史、哲、法等学科分类的文章、期刊，形成社会科学专辑，数据可回溯至2000年。中文科技期刊数据库是我国数字图书馆建设的核心资源之一，是高校图书馆文献保障系统的重要组成部分，也是科研工作者进行科技查证和科技查新的必备数据库。

数据库网址：http：//lib.cqvip.com。

（二）使用方法

1.PC端使用方法

（1）基本检索：平台提供题名、关键词、文摘、作者、第一作者、机构、刊名、分类号、参考文献、作者简介、基金资助、栏目信息等字段的简单检索（如图5-24所示）。

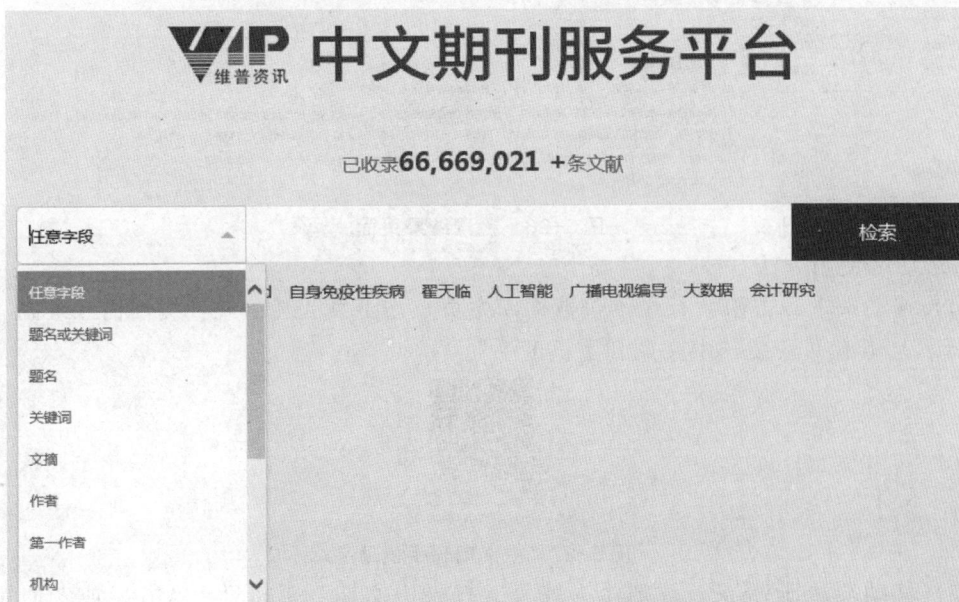

图 5-24　中文科技期刊数据库基本检索界面

（2）高级检索和检索式检索：选择多个限定字段或自行构造检索式限定检索结果（如图5-25所示）。

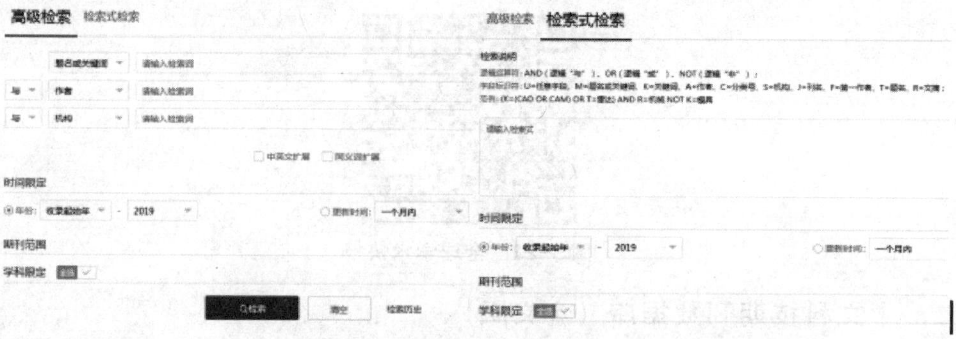

图 5-25 高级检索和检索式检索

（3）期刊导航：数据库提供按照单刊检索、核心期刊、国内外数据库收录、地区、主题等类别进行检索。

（4）检索结果显示及全文下载：检索结果页面左侧为限定结果选项，如二次检索，按年份、学科、期刊收录、主题、期刊、作者、机构进行筛选，中间部分为检索到的命中结果，可以在上方选择结果显示及排序方式等，每条命中文献下方都有详细信息，并提供"在线阅读"和"下载PDF"功能（如图5-26所示）。

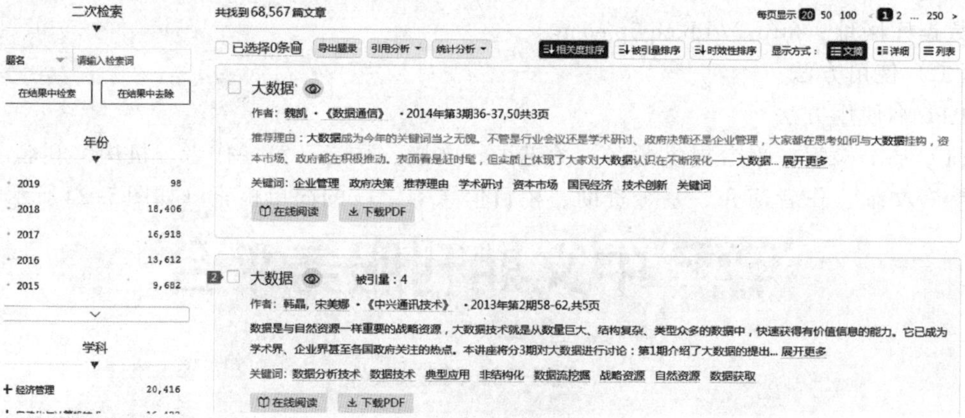

图 5-26 检索结果页面

2.移动端使用方法

（1）移动端下载方法：登录维普数据库主页点击下载APP，或直接扫描二维码（如图5-27所示）下载并安装"中文期刊手机助手"。

扫描二维码下载
中文期刊手机助手

图 5-27 中文期刊手机助手

（2）移动端注册/登录：注册个人账号，登录中文期刊手机助手APP，或者使用手机验证码快速登录。

（3）关联机构获取权限：接入机构官方Wi-Fi，自动将个人账号关联绑定到机构账号；或者使用APP扫描平台授权二维码，完成个人账号与机构账号的关联绑定。

（4）授权PC登录使用：使用个人账号登录电脑版网站，或使用APP扫描平台登录二维码，完成用户登录，即可享受与关联机构相同的使用权限。

（5）移动端功能：期刊论文的检索与下载；论文收藏与引用追踪；关注学者、期刊、研究主题、基金等动态信息；解决高校等机构用户在IP范围外的访问权限获取问题。

三、万方数据知识服务平台

（一）数据库简介

万方数据知识服务平台包含期刊、学位及会议论文、标准、专利、科技报告、法规、地方志等多种文献类型，其中期刊资源包括中文期刊和外文期刊，中文期刊共 8 000 余种，核心期刊 3 200 种左右，涵盖了自然科学、工程技术、医药卫生、农业科学、哲学政法、社会科学、科教文艺等各个学科；外文期刊主要来源于外文文献文摘数据库，收录了1995 年以来世界各国出版的 20 900 种重要学术期刊。

数据库网址：http：//new.wanfangdata.com.cn。

（二）数据库使用方法

1.PC 端使用方法

（1）检索文献：有简单检索、高级检索两种方式，用户在检索框中可输入题名、关键词、摘要、作者、作者单位等进行检索。万方智搜页面如图 5-28 所示。如果对检索结果不满意，可以点选页面左侧的不同聚类进行二次检索，或者对检索结果进一步筛选。如果还需进行更深层次的检索，可在词表扩展中查看相关检索词（如图 5-29 所示）。

图 5-28　万方智搜页面

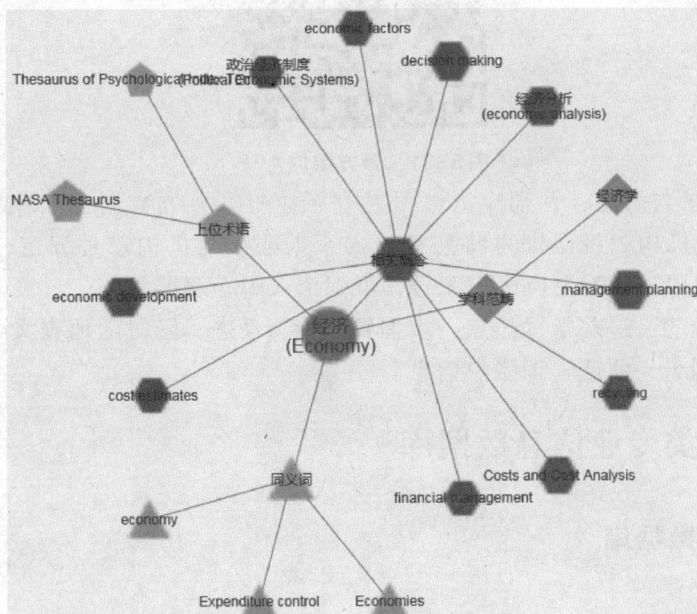

图 5-29　词表扩展示例

（2）阅读和下载：检索结果还可以按照相关度、出版时间、被引频次获取范围等进行排序，用户可以根据自身需求点选下方的"在线阅读""文献下载""导出题录""收藏""分享"（如图5-30所示）。

排序： 相关度↓ 出版时间 被引频次	获取范围 ∨ 显示20条 ∨ ⊞ ☰ ‹1/100›
☐ 批量选择（已选择0条）　清除　导出　📊 结果分析	找到 10406519 条结果

☐ **1. 经济管理展示装置**

[专利]　发明专利 CN201811051148.2 包头轻工职业技术学院　2018-12-14

摘要：本发明公开了一种经济管理展示装置，其包括：壳体，其前侧面设有多个第一通孔，后侧面设有多个第一凹槽；多个隔板，其间隔内接于壳体内，将壳体分隔成成多个展示区域，任一展示区域对应设置一个第一通孔和第一凹槽；多个展示机构，一个展示

📖　⬇　↗　☆　⤴　　　　　　　　　　　　　　　下载：2

☐ **2. 经济学教学挂图装置**

[专利]　发明专利 CN201811030642.0 南通晟霖格尔电子科技有限公司　2018-11-20

摘要：本发明涉及一种教学用具，更确切地说，是一种经济学教学挂图装置。包括底座、挂图杆、无杆气缸，所述无杆气缸作为立柱安装在底座上，所述无杆气缸为两个，所述两个无杆气缸并行排列，所述无杆气缸上安装有滑动块，所述挂图杆安装在滑动块

📖　⬇　↗　☆　⤴　　　　　　　　　　　　　　　下载：0

图5-30　万方期刊检索结果页面

2.移动端使用方法

（1）移动端下载方法：登录万方数据平台或扫描二维码（如图5-31所示）下载并安装万方数据APP。

图5-31　万方数据APP

（2）注册/登录与绑定：注册个人账号并登录，打开万方数据APP，点击右上角"扫一扫"，扫描所在机构二维码即可将您登录的个人账号与机构账号绑定，绑定后您可在APP上享有机构权限，如需更换机构账号，可到个人中心解绑。

（3）移动端功能：追踪学术热点，掌握领域最新动态；随时随地查文献，尽享海量资源；个人数据云同步，便捷管理账户信息。

|第四节|　各类专业信息数据库

一、经济类数据库

（一）国研网

国研网（国务院发展研究中心信息网）是国务院发展研究中心主管、国务院发展研究

中心信息中心主办、北京国研网信息有限公司承办的著名的大型经济类专业网站。它全面汇集、整合国内外经济、金融和教育领域的动态信息和研究成果，为全国各高校的管理者、师生和研究机构提供高端的决策和研究参考信息。

国研网由全文数据库、统计数据库、研究报告数据库、专题数据库四大数据库集群组成。

（二）中国经济信息网

中国经济信息网，简称中经网，是由国家信息中心中经网凭借与国家发改委、国家统计局、海关总署、各行业主管部门以及其他政府部门的良好合作关系，经过长期数据积累并依托自身技术、资源优势，通过专业化加工处理组织而成的一个综合、有序的庞大经济统计数据库群。其内容涵盖宏观经济、行业经济、区域经济以及世界经济等各个领域，是一个面向社会各界用户提供全面、权威、及时、准确的经济类统计数据信息的基础资料库，包括中国经济统计数据库和世界经济统计数据库两大系列。

中经网统计数据库的特点有：

（1）数据内容全面、数据来源权威、数据更新及时、数据质量准确、数据长度实用、数据服务专业。

（2）提供时间、指标、地区三个维度的六种组合方式及任意词检索方式；可以实现对所选数据表格进行排序、作图等分析功能。

（3）数据可导出 Excel 格式，可方便外接分析软件。

（4）数据来源于国家正规权威统计渠道，涵盖国内外主要经济指标。

二、法律类数据库

（一）北大法意数据库

北大法意数据库拥有法规数据库、案例数据库、合同数据库三大基础数据库群组。

法规数据库群涵盖国家法律库、行政法规库、司法解释、部委规章库、行业规范库、地方法规库、中英文逐条对照法规库、新旧版本逐条对照法规库、法规解读库、法条释义库、中国香港法规库、中国澳门法规库、中国台湾法规库、国际条约库、外国法规库、中国古代法规库、立法资料库、政报文告库等18个数据库。

案例数据库群涵盖最高法院指导案例库、中国司法案例库、媒体报道案例库、仲裁案例库、行政执法案例库、中国香港案例库、中国澳门案例库、中国台湾案例库、国际法院案例库、外国法院案例库、中国古代案例库、教学参考案例库等12个数据库。

合同数据库群涵盖中文合同范本库、英文合同范本库、中英文对照合同库、合同法律风险库等4个数据库。

此外，北大法意数据库提供14个特色专题数据库检索服务，即法学论著库、法律文书库、法学辞典库、统计数据库、金融法库、WTO法律库、仲裁法库、劳动法库、房地产法库、知识产权库、审判参考库、法务流程库、司法考试库、法律人库。

（二）北大法宝数据库

北大法宝数据库是由北京大学法制信息中心与北京北大英华科技有限公司联合推出的智能型法律信息数据库，包括法律法规数据库、司法案例数据库、法学期刊数据库、法规案例英文译本数据库。

北大法宝数据库在全国率先进行法律信息数据挖掘和知识发现，独创了"法条联想"，使法律法规条文和相关司法案例、法学论文、法律条文释义、法律实务指南等法律信息之间双向链接，形成了全方位、多层次、立体化的法律信息体系。

（三）律商网

律商网（Lexiscn.com）全面、系统地搜集了中国的法律法规，且明确标示各法律法规的出处、有效性及有效范围，提供法律有效性和有效范围的查询功能。对于个别经修改的法律法规，律商网还提供不同的版本，并且标识出修改的具体条款。

律商网提供中文法律法规、案例分析及法律实务内容的英文翻译，英文翻译由具有法律和英文双学位并且获取国家二级及以上翻译资质的国内翻译公司进行初次翻译，初稿完成后送给精通汉语和英语的外国法律专家校对，其校对后的文稿由律商网的内部编辑和专家进行最后的审核，以保证翻译的高质量。同时，重要的法律法规的翻译将在出台后的24~48小时内完成，库内的翻译总量以每月数百篇的速度更新。

数据库汇集了常用的政府部门办事表格及合同样本，目前已收录相关的税务、外贸、劳动关系等领域的报名表、申请表、报表等资料及合同样本超过700份，其中包括有关政府部门发布的标准格式合同。丰富的实用资料使各领域的业务流程、办事程序一目了然，各类合同、报表可以即时下载、打印和使用，方便用户快速获得准确资料，显著提高了办公效率。

三、艺术类数据库

（一）中国艺术博物馆（http：//www.apabi.com）

中国艺术博物馆所收录的多数图片都是在挖掘现场拍摄或扫描的，很多原物不作公开展示，并且图片具有很高的品质，可达到300dpi，单边尺寸在2 000像素以上；可以按照图片名称、年代、出品地、现今收藏地等多种途径进行检索；对于工艺品、雕塑等作品，提供多角度图片，用户可以从不同视角欣赏作品。

用户可以按照作品形式或者出品年代在网页格式或者CEB格式下浏览图片。无论哪种方式，都提供易用的图片放大、缩小、漫游等功能。在网页格式下，用户还可以使用幻灯片模式浏览图片。

（二）KUKE数字音乐图书馆（www.kuke.com）

KUKE数字音乐图书馆创立于2006年10月，是一家专注于非流行音乐的数字音乐图书馆，致力于推动国内高雅音乐的普及，促进中国音乐素质教育的发展。

KUKE数字音乐图书馆拥有Naxos、Marco Polo、Countdown等国际著名唱片公司的授权，同时整合了中国唱片总公司等国内唱片公司的资源。目前该图书馆收藏了世界上98%的古典音乐，以及中国、美国、西班牙、日本、瑞士、南非、伊朗等多个国家独具特色的民族风情音乐，同时还包含爵士音乐、电影音乐、新世纪音乐等多种音乐类型，并且汇聚了从中世纪到现代5 000多位艺术家、100多种乐器的音乐作品，总计约50万首曲目。

KUKE数字音乐图书馆除了拥有现代录音技术制作的音乐资源以外，还收藏了一定量的历史录音资源。KUKE数字音乐图书馆的另一特色作品是采用古典音乐配音、BBC等广播电台主播朗诵的英语读物资源，内容涵盖了儿童文学、诗歌名著、小说、历史传记等近千部作品。

（三）数据公园——全球创新趋势分析数据库（http：//www.datapark.cn）

数据公园以时尚设计趋势、建筑设计趋势、室内设计趋势、产品设计创新趋势、消费者洞察、品牌趋势与商业数据六大领域为基本框架，提供全球视野的设计、创新趋势分析报告，每日更新。

第五节 中文二次文献数据库

二次文献的主要类型有目录、索引、文摘性数据库等，如全国报刊索引数据库、中国科学引文索引、中国社会科学引文索引等。二次文献具有明显的汇集性、系统性和可检索性，它的重要性在于使查找一次文献所花费的时间大大减少。本节将介绍以下几个二次文献数据库：

一、中国科学引文索引

科学引文索引是从文献之间相互引证的关系上，揭示科学文献之间的内在联系。通过中国科学引文数据库（Chinese Science Citation Database，CSCD）的检索与查询，可以揭示已知理论和知识的应用、提高、发展和修正的过程，从一个重要侧面揭示学科研究与发展的基本走向；通过科学引文数据库的统计与分析，可以从定量的视角评价地区、机构、学科以及学者的科学研究水平，为人文社会科学事业的发展与研究提供第一手资料。

（一）概述

中国科学引文数据库（http：//www.sciencechina.cn），由中国科学院文献情报中心出版并提供国内科技期刊论文目次、文摘、引文及全文链接服务，旨在建立基于互联网的、以中国核心科技期刊论文为基础的、整合的、数字化的学术研究环境。中国科学引文数据库遴选国内重要科技期刊而不是全部期刊，就是要让科研工作者将精力投入国内科技领域"重要的少数"中。

中国科学引文数据库是我国第一个引文数据库，曾获中国科学院科技进步二等奖。1995年CSCD出版了我国的第一本印刷本《中国科学引文索引》；1998年出版了我国第一张中国科学引文数据库检索光盘；1999年出版了基于CSCD和SCI数据，利用文献计量学原理制作的《中国科学计量指标：论文与引文统计》；2003年CSCD上网服务，推出了网络版；2005年CSCD出版了《中国科学计量指标：期刊引证报告》。2007年中国科学引文数据库与美国Thomson-Reuters Scientific合作，中国科学引文数据库以ISI Web of Knowledge为平台，实现了与Web of Science的跨库检索，中国科学引文数据库是ISI Web of Knowledge平台上第一个非英文语种的数据库。

中国科学引文数据库具有建库历史悠久，专业性强，数据准确规范，检索方式多样、完整、方便等特点，自提供使用以来，深受用户好评，被誉为"中国的SCI"。

（二）收录范围

中国科学引文数据库分为核心库和扩展库，收录我国数学、物理、化学、天文学、地理学、生物学、农林科学、医药卫生、工程技术、环境科学和管理科学等领域出版的中英文科技核心期刊和优秀期刊千余种，目前已积累从1989年到现在的论文记录5 158 209条，引文记录68 919 969条，内容丰富、结构科学、数据准确。该数据库除具备一般的检索功能外，还提供新型的索引关系——引文索引，使用该功能，用户可迅速从数百万条引文中查询到某篇科技文献被引用的详细情况；还可以从一篇早期的重要文献或著者姓名入手，检索到一批近期发表的相关文献，对交叉学科和新学科的发展研究具有十分重要的参考价值。中国科学引文数据库除提供文献检索功能外，其派生出来的中国科学计量指标数据库等产品，也成为我国科学文献计量和引文分析研究的强大工具。

（三）提供的服务

（1）来源文献检索：反映学者、机构、地区等一定时间内学术论文的产出量，了解研究方法，追溯某一研究主题的历史状况，并通过文献互引关系了解科学研究之间的内在联系，寻找创新点。

（2）引文检索：从被引的角度对作者、机构、地区等进行检索，以反映其学术影响力，作为科研评价的参考工具。

（四）服务方式

（1）网络远程访问，IP地址限制。

（2）采用年度续费方式，提供付费年度服务。

（3）多镜像站点访问，保证畅通和速度。

二、中国社会科学引文索引

（一）概述

中国社会科学引文索引（Chinese Social Science Citation Index，CSSCI）是我国社会科学重要文献引文统计信息查询与评价的主要工具，由南京大学中国社会科学研究评价中心出版，以中文社会科学期刊登载的文献为数据源，通过对来源期刊文献的各类重要数据及其相互逻辑关联的统计与分析为社会科学研究与管理提供科学、客观、公正的第一手资料。CSSCI遵循文献计量学规律，采取定量与定性评价相结合的方法从全国2 700余种中文人文社会科学学术性期刊中精选出学术性强、编辑规范的期刊作为来源期刊。目前CSSCI收录包括法学、管理学、经济学、历史学、政治学等在内的25大类的500多种学术期刊，现已开发的1998—2017年20年度数据，来源文献150余万篇，引文文献1 000余万篇。中文学术图书引文索引（CBKCI）收录图书5 000余册。

作为我国人文社会科学主要文献信息查询与评价的重要工具，CSSCI提供多种信息检索途径。来源文献的检索途径包括：篇名、作者、作者所在地区机构、刊名、关键词、文献分类号、学科类别、学位类别、基金类别及项目、期刊年代卷期等。被引文献的检索途径包括：被引文献、作者、篇名、刊名、出版年代、被引文献细节等。优化检索包括：精确检索、模糊检索、逻辑检索、二次检索等。检索结果按不同检索途径进行发文信息或被引信息分析统计，并支持文本信息下载。

对于社会科学研究者，CSSCI从来源文献和被引文献两个方面向研究人员提供相关研究领域的前沿信息和各学科学术研究发展的脉搏，通过不同学科、领域的相关逻辑组配检索，挖掘学科新的生长点，展示实现知识创新的途径。对于社会科学管理者，CSSCI提供地区、机构、学科、学者等多种类型的统计分析数据，从而为制订科学研究发展规划、科研政策提供科学合理的决策参考。对于期刊研究与管理者，CSSCI提供多种定量数据，如被引频次、影响因子、即年指标、期刊影响广度、地域分布、半衰期等，通过对多种定量指标的分析统计，可为期刊评价、栏目设置、组稿选题等提供科学依据。CSSCI也可为出版社与各学科著作的学术评价提供定量依据。

服务网址为：http://cssci.nju.edu.cn。

（二）服务方式

CSSCI数据库面向高校开展网上包库服务，主要提供账号和IP两种方式控制访问权限，其中，账号用户在网页上直接填写账号密码即可登录进入。包库用户采用IP地址控制访问权限，可直接点击"包库用户入口"进入。目前，CSSCI系列数据库已被北京大学、清华大学、中国人民大学、复旦大学、国家图书馆、中科院等国内外数百所高等院校和科研院所订购或包库使用，对我国学术界和期刊界产生了重要影响。

（三）CSSCI的作用

1.开展人文、社会科学研究

CSSCI主要从来源文献和被引文献两个方面向用户提供信息，还可提供特定论文的相关文献情况，为科研人员的研究工作提供了方便。

2.进行社会科学研究评价与管理

CSSCI所收录的期刊是严格按期刊影响因子分学科排序位次和国内知名专家的定性评价相结合而产生的。因此，CSSCI所收录的论文和被引情况可作为社会科学研究评价指标之一。

3.进行人文、社会科学期刊评价与管理

CSSCI系统可以提供期刊的多种定量数据，包括期刊论文及期刊被引频次，期刊影响因子，期刊论文作者的地域分布、学科分布，期刊引文的年代分布及半衰期，期刊论文被引用的年代分布及半衰期等。由期刊的多种定量指标可得相应的统计排序，由此可评价期刊的学术影响和地位。

三、全国报刊索引数据库

（一）概述

全国报刊索引数据库，原名为中文社科报刊篇名数据库（光盘版），是1993年国家文化部立项、上海图书馆承建的重大科技项目，具有文献信息量大、检索点多、查检速度快等特点。全国报刊索引数据库基于书本式全国报刊索引，但在期刊的收录范围上比书本式有较大的扩充。2000年起更名为全国报刊索引数据库（社科版），同时推出全国报刊索引数据库（科技版）。随着网络应用的普及以及日益增长的市场需求，2002年推出C/S方式的网络版，2003年又推出了B/S方式的网络版。

全国报刊索引数据库收录期刊8 000种左右、报纸200余种，基本上覆盖了国内邮发和非邮发的报刊，内容涉及马列主义、毛泽东思想、哲学、社会科学、政治、军事、经济、文化、科学、教育、体育、语言文字、文学、艺术、历史、地理等各个学科。条目收录采取核心期刊全收、非核心期刊选收的原则。回溯数据从1957年至今，累积数据量已达到近千万条，并且年更新量在350万条左右。该库具有信息量大、学科门类齐全、报道时间最早、时间跨度最长的优势，是目前国内特大型文献数据库之一。

（二）网络版在使用中的优势

全国报刊索引数据库（网络版）（http://www.cnbksy.com）的检索系统采用Web界面，

分为3个功能区：左功能区、右上功能区、右下功能区。其中，左功能区用于输入检索式（称为检索区）、进行格式控制、浏览检索历史；右上功能区用于浏览检索结果的简要信息（称为简要信息区）；右下功能区用于查看检索结果的详细信息（称为详细信息区）。用户可以根据自己的需要在3个功能区内进行相应的操作，它的使用比光盘版更符合用户的检索习惯，操作更加便捷。

该数据库提供8个可检索字段：分类号、题名、著者、单位、刊名、年份、主题和文摘。其中，题名和文摘两个字段支持全文检索，其余字段为整词索引字段，可进行完全一致或前方一致检索。该数据库还支持复合条件检索，可以提高专业检索用户的检索效率。另外，数据库网络版的开发使它的出版速度大大加快，由原来的按季度更新改为按月更新，在出版周期上缩短了与国内外同类索引数据库的差距。

|第六节| 多媒体数据库及课程学习类数据库

一、概述

多媒体数据库是近年来发展起来的一种新型数据库，是数据库技术与多媒体技术相结合的产物。多媒体数据库不是对现有的数据进行界面上的包装，而是从多媒体数据与信息本身的特性出发，考虑将其引入到数据库中之后而带来的有关问题。多媒体数据库从本质上来说，要解决3个难题：第一是信息媒体的多样化，不仅是数值数据和字符数据，还要扩大到多媒体数据的存储、组织、使用和管理。第二是解决多媒体数据集成或表现集成，实现多媒体数据之间的交叉调用和融合，集成粒度越细，多媒体一体化表现才越强，应用的价值也才越大。第三是实现多媒体数据与人之间的交互性。在传统的数据库中引入多媒体数据和操作，不只是把多媒体数据加入到数据库中就可以完成的问题。传统的字符数值型数据虽然可以对很多的信息进行管理，但其应用范围十分有限。为了构造出符合应用需要的多媒体数据库，必须解决从体系结构到用户接口等一系列问题。没有交互性就没有多媒体，要改变传统数据库查询的被动性，只能以多媒体方式主动表现。

二、数据库举例

1.超星学术视频数据库（http：//ssvideo.superlib.com/）

超星学术视频数据库是超星公司与北京大学、清华大学、中山大学、北京师范大学、中国人民大学、南京大学、中国社会科学院、中国科学院、美国斯坦福大学等200多家国内外教育科研机构的3 000余位专家名师合作，为用户提供终身学习的教学资源和技术服务。教学资源涉及高等教育、基础教育、职业教育、继续教育、行业培训、企业培训等各个领域。授课教师大多来自全国"985"和"211"重点院校及各类科研院所，也包括多位海外名师。46位德高望重的学科专家担任学术评审委员会委员，策划、组织和编审相关内容。

目前，在超星系列产品的移动应用"超星学习通"中即可检索并查看超星名师讲坛视频，用户可以直接搜索或扫码下载应用（二维码如图5-9所示）。

2.新东方多媒体学习数据库（http：//library.koolearn.com）

新东方推出的新东方多媒体学习库包含大学英语四、六级、考研、出国留学、应用外语、实用技能、求职指导、职业认证和公务员等八大类别，是由新东方面授班原堂录制下来并经过后期多媒体技术制作而成的互动性的音频、视频形式的教学课程。其主要课程如下：大学生求职指导、大学生实用技能、大学英语四级、大学英语六级、考研英语、考研政治、考研数学、新概念英语、英语语法、英语词汇、英语口语、商务英语、日语、韩语、德语、法语、西班牙语、TOEFL课程、GRE课程、GMAT课程、IELTS课程、出国文书写作、程序设计、平面设计、三维设计、网络管理、网页设计、英文法律法规等。

另外，新东方掌上学习平台（http：//app.koolearn.com/zhuanti/lib/）推出"趣味听听""音频课堂""掌上题库""双语悦读""视频课堂"等模块，用户可以通过手机搜索或扫码下载"新东方掌学"（如图5-32所示），安装后选择所在高校输入借阅证号登录即可使用资源。

图 5-32　新东方掌学

3.国家精品课程资源网（http：//www.jingpinke.com/）

国家精品课程资源网是由国家教育部主导推动的、唯一的国家级精品课程集中展示平台；是全国高校依照"资源共建、成果共用、信息共通、效益共享"的原则合作建设，服务于全国广大高校师生的教学资源共享共建服务平台；是汇集国内外优质教学资源，博览全球大学开放式课程的交流平台。平台收录资源及数量如图5-33所示。

资源库 共1299399条资源，其中本科880080条，高职高专419319条

教学课件 360183	电子教案 304074	例题习题 146968	文献资料 140185	实验实践 84769	试卷 67916	媒体素材 52005
教学设计 50350	教学案例 44557	教学录像 33422	常见问题 2611	网络课程 2530	名词术语 553	人物 491

图 5-33　国家精品课程资源网资源

4.大学专业课学习数据库（http：//www.umajor.org/）

大学专业课学习数据库，也称中科UMajor专业课学习系统，是专为高校师生提供专业课教学与学习支撑的数据库系统，涵盖高等教育领域的理学、工学、经济学、管理学、教育学、医学、哲学、文学十二大学科门类专业课程。平台为学生提供了自主学习、模拟练习、辅助学习、交互式学习等16项实用学习工具，还为教师提供了查找试题编写试卷、组织在线无纸化考试、与学生互动教学的功能。

该数据库主要包含课程学习中心、错题记录、错题组卷、期中期末自测、我的题库、在线考试、自建课程等系列功能模块。

5.中国大学慕课（https：//www.icourse163.org/）

MOOC（Massive Open Online Course）即大规模在线开放课程，是一种任何人都能免费注册使用的在线教育模式。中国大学MOOC是由网易与高等教育出版社携手推出的在线教育平台，承接教育部国家精品开放课程任务，向大众提供中国知名高校的MOOC课程。MOOC有一套类似于线下课程的作业评估体系和考核方式。每门课程定期开课，整个学习过程包括多个环节：观看视频、参与讨论、提交作业，穿插课程的提问和终极考试。课程由各校教务处统一管理运作，高校创建课程指定负责课程的老师，老师制作发布课程，所有老师都必须在高等教育出版社爱课程网实名认证过。老师新制作一门MOOC课程需要涉及课程选题、知识点设计、课程拍摄、录制剪辑等9个环节，课程发布后老师会参与论坛答疑解惑、批改作业等在线辅导，直到课程结束颁发证书。每门课程有老师设置的考核标准，当学生的最终成绩达到老师的考核分数标准，即可免费获取由学校发出主讲老师签署的合格/优秀证书（电子版），也可付费申请纸质版认证证书。获取证书，意味着学生达到了学习要求，对这门课内容的理解和掌握达到了对应大学的要求。他（她）也可以骄傲地将通过了这门课的事实写在其简历中。

通过移动设备下载并安装中国大学慕课的客户端便可以免费使用平台上的课程资源（如图5-34所示）。

图5-34　中国大学慕课客户端

本章小结

信息社会意味着信息对社会发展的重要性，浩如烟海的信息世界既给我们提供了检索的机遇，也同样带来了查找信息的难度，怎样才能最快、最直接地找到所需要的文献资料，需要我们对信息的来源、存储及传递有一些认识和了解，这要求信息的需求者能够正确说出自己所需信息的类型、特征，并在加以分析的基础上对信息的存储地作出正确的判断。随着网络的发展和普及，数据库的发展也蓬勃发展，电子期刊数据库、电子图书数据库、专业信息数据库、二次文献数据库、多媒体数据库以及学习类型的数据库同步发展，为信息的发布和传递提供更快捷、更广阔的平台，也给信息需求者带来极大的方便。

相比网络信息来说，数据库信息的来源更可靠、内容更具体、观点更权威、信息更集中、检索更专业、使用更方便，因而，数据库的发展是对信息检索的极大推动，也是对社会发展的极大推动。

思考题

1.什么是电子图书？它有哪些特点？试列举三个常用的中文电子图书数据库，它们分别使用什么阅览器进行电子图书的阅览、检索和下载？

2.中国期刊全文数据库的初级检索与高级检索有何区别？

3.中文科技期刊数据库有几种检索方式？其中"高级检索"中的"扩展功能"都包括哪些具体功能？

4.请比较几种全文数据库的相同点和不同点。

5.哪里能够获取全面、权威的专业信息？

6.什么是二次文献？简述二次文献数据库存在的意义。

第六章

外文数据库的检索与利用

第一节 外文数据库概述

一、数据库的概念和发展

根据 ISO/DIS 5172 号标准（文献与情报工作术语），数据库（database）的定义为："至少由一种文档组成，并能满足某一特定目的或某一特定数据处理系统需要的一种数据集合。"换言之，数据库即是在计算机存储设备上按照一定方式存储的相互关联的数据集合。由定义不难看出，数据库的产生是以计算机的产生和发展为前提的，计算机的应用从单纯的科学计算到复杂的数据处理，为数据库的产生打下了良好的基础。然而，真正把数据库推向更高层面，提供给更广大的信息需求者的还是近年来迅猛发展的网络，这一点我们从文献数据库的发展阶段来看便可以一目了然。

总体来讲，文献数据库的发展大致经历了以下几个阶段：

（一）计算机联机检索

计算机联机检索始于 20 世纪 50 年代，从 60 年代中期至 70 年代末期是联机情报检索时期，计算机情报检索系统由晶体管计算机、调制解调器、通信设备和远程数据库组成，检索过程就是通过远程登录的方式对数据库进行联机检索。与之前相比，这种方式相对加快了检索速度，而且由于数据库增长较快，也丰富了检索内容。但是，远程数据库所包含的只有简单的文字信息，没有文献本身，而且费用较高。

（二）光盘数据库检索

20 世纪 80 年代起，大容量计算机存储器和 CD-ROM 技术的发展，促使计算机情报检索成本迅速下降，计算机检索进入到国际联机检索与光盘数据库检索共同发展的新阶段。

（三）网络数据库检索

20 世纪 90 年代以来，网络的迅猛发展使计算机检索进入到了一个崭新的时期，数据库也借助着网络迅速发展，至今无论在数量、质量及使用范围上都创了新高。

二、数据库的类型

（一）参考数据库（reference database）

1.概念

参考数据库是指包含各种数据、信息或知识的原始来源和属性的数据库。它报道文献信息的存在，揭示文献信息的内容。数据库中的记录格式是通过对数据、信息或知识的再加工和过滤，如编目、索引、摘要和分类等，而后形成的。

2.类型

按数据库内容划分，参考数据库可分为：

（1）书目数据库，是参考数据库中发展较早的，主要是针对图书进行内容及存储地址的报道与揭示，如图书馆的馆藏机读目录。

（2）文摘数据库，如INSPEC、Chemical Abstracts、Biological Abstracts等。

（3）索引数据库，如Science Citation Index、Engineering Index等。

文摘和索引数据库针对期刊论文、会议论文、专利文献、学位论文等进行内容和属性的认识与加工，它准确地提供文献的来源信息，供读者查阅和检索，但一般不提供原始文献的馆藏信息。本章将详细介绍"剑桥科学文摘数据库"（CSA）、"最新期刊目次数据库"（CCC）、"生物学信息数据库"（BIOSIS Previews）等数据库，其他著名的文摘和索引数据库，如"科学引文索引"（Science Citation Index，SCI）、"社会科学引文索引"（Social Science Citation Index，SSCI）、"工程索引"（Engineering Index，EI或Ei）等将在本书下一章中专门介绍。

3.结构

参考数据库的基本组成单位为记录，而记录是由字段组成的。

记录（record）：作为一个单位来处理的数据集合，是对某一实体的属性进行描述的结果。在参考数据库中，实体通常指一篇特定文献，而实体的属性即指该文献的题名、著者、来源、语种、文献类型、关键词、主题词等特征。参考数据库中的记录对应于书本式检索刊物中的一个文摘、索引条目或图书目录中的一个著录款目。

字段（field）：构成记录的单元，用来描述记录的某一属性。如一般记录中包含下列字段：题目、作者、出处、关键词、主题词、文摘、题目、出版社、专利号、报告号、访问号等。

4.特点

（1）综合性：数据量大，文献类型齐全，索引系统完备，语种多，出版连续性强。

（2）出版物类型：出版历史悠久，大多数数据库具有对应的印刷出版物。

（3）数据库结构：结构简单，数据规范性好，记录格式固定。

（4）使用：参考数据库的使用一般是开放性的，既可以购买、租用，也可以联机检索。

（5）标引：多数数据库具有规范的主题标引词。

（6）文件格式：多采用文本文件格式。

5.用途

（1）主要用途是搜集文献线索，快速和全面地获取某个主题、学科、领域的文献信息。

（2）用于定制个性化的用户服务，如最新目次报道、定题服务、回溯服务等。

（3）用于各类统计和评估，如统计期刊、个人或机构的发文量、文章被转载或被引用情况，评估期刊影响力等。

（二）全文数据库（full-text database）

1.全文数据库的概念

全文数据库，即收录有原始文献全文的数据库，最初与数值数据库、指南数据库、术语数据库等事实型数据库（factual database）统称为源数据库（source database），后经两者各自发展，逐渐分离。

20世纪80年代中期以后，全文数据库在数据库中所占比例逐渐上升，因为随着文献出版量及价格的飞速上涨，一般的图书馆很难购买和拥有足够多的原始文献，这就给以网络为媒介的电子全文数据库的发展创造了良好的条件。

2.全文数据库的发展表现

（1）收录内容的学术性、实用性增强，基本以图书、期刊论文、会议论文、政府出版物、各类统计报告、法律条文和案例、商业信息为主。

（2）内容不再限于文字，各类图表、图片都可以收录并浏览下载。

（3）不以联机检索为主要检索方式，而是发展出了适合全文数据库特点、基于互联网的检索系统。

（4）在概念上脱离了源数据库，成为一种独立的电子资源类型。

3.全文数据库的应用领域划分

（1）期刊文章全文库，收录有期刊或报纸上文章的原文，如EBSCOhost系统全文库、LEXIS-NEXIS系统全文数据库等。

（2）商业信息、统计报告全文库，收录有各类市场新闻、公司情况、研究报告等，如EBSCO公司的"商业资源集成全文库"（Business Source Premier）。

（3）法律法规条文和案例全文库，如LEXIS-NEXIS系统的LEXIS。

（4）政府报告、新闻消息等，如LEXIS-NEXIS系统的NEXIS。

4.全文数据库的特点

（1）直接性：用户可以直接检索出原始文献，大大节省了由二次文献查找原始文献的手续和时间。

（2）综合性：全文数据库的收录内容以求"全"为宗旨，尽可能地扩大文献来源，增加数量和类型，用户可在同一检索项下获得数量很多、类型不同的文献。

（3）检索方法：全文数据库的检索技术有自身的优势，随着数据库技术的发展，很多数据库不仅提供一般的检索服务，还可以对作者、文章引文、相似文献等进行检索，另外也可以运用布尔逻辑算符或位置算符进行检索。

（4）检索语言：以自然语言为主，也可根据用户对检索技术的掌握运用高级或专家检索。

（5）标引：全文自动抽词标引，生成倒排文档。

（6）存储空间大，每年文献量成几何倍数增加，故一般通过互联网在提供商的数据库中进行直接检索和存取。

（7）文件格式：一般有PDF格式和HTML格式两种，前者需要有专门的浏览器。两种获取全文的方式各有利弊，用户可以根据自己所需进行选择。

（三）事实型数据库

事实型数据库指以直接提供可用的"事实"为目的的数据库，"事实"可以是既有数字又有文字的统计资料，可以是纯文字的知识资料或信息资料，也可以是叙述性文献，包括数值数据库、知识数据库、法律法规数据库、新闻报道数据库、名录数据库、图像数据库、多媒体数据库、软件数据库等。这类数据库专业性、时效性、应用性比较强，可以为科研工作提供支持，也可以为日常生活提供便利，如《不列颠百科全书》（Encyclopedia Britannica）、ISI化学数据库（ISI Chemistry）等。

|第二节| 几种常用英文参考数据库

一、剑桥科学文摘数据库

（一）数据库概述

剑桥科学文摘（Cambridge Scientific Abstracts，CSA）数据库目前覆盖的学科范围包括四大研究领域：技术、自然科学、社会科学、人文艺术，进入 CSA 主页面后可选择"某一主题领域"或"特定数据库"进行检索，其中每个主题下都对应有多个数据库。数据库中的记录不仅包括题录，还有原始文献的摘要，使读者能够容易识别文献的可用性。检索到的结果为文献的题录文摘信息。如果单位购买的其他数据库中有相应的全文资源，通过CSA的无缝挂接也可以直接跳转到全文获取页面。

数据库特点：订购期内可无限次使用；界面友好，检索方便；可同时检索多个数据库和相关的网络资源；多种方式下载检索结果；可保留检索史；能为用户保存检索策略；能提供与检索内容相关的优秀站点。

访问网址：http：//search.proquest.com。

（二）数据库主要内容

（1）技术数据库集：材料科学、高新科技、工程研究、研究报告。

（2）自然科学数据库集：生物学、环境学、水产、海洋、水科学、气象与天体物理学、医学。

（3）人文社科数据库集：社会学、心理学、经济学、语言学、图书馆与信息科学、其他。

二、CALIS外文期刊网

（一）简介

CALIS外文期刊网是面向全国高校师生的一个外文期刊综合服务平台。它是普通用户获取外文期刊论文的最佳途径，也是图书馆馆际互借员进行文献传递的强大的基础数据源，是图书馆馆员进行期刊管理的免费使用平台。

该平台收录近10万种高校收藏的纸本期刊和电子期刊信息，其中有4万多种期刊的文章篇名信息周更新，目前期刊文章的篇名目次信息量达6 000多万条。

CALIS外文期刊网的目标是为用户获取所需要的任何一篇外文期刊论文提供服务。其服务对象是高校普通读者和研究人员以及图书馆馆员。

（二）资源概况

（1）8万多种纸本期刊和电子期刊；

（2）3 500多万篇文章检索信息；

（3）52个全文数据库，如 ASU、BSU、Elsvier、Springer、Jstor 等；

（4）9个文摘数据库，如 SCI、SSCI、AHCI、EI 等；

（5）169个图书馆的馆藏纸本期刊信息；

（6）376个图书馆购买的电子期刊信息。

（三）主要功能

1.期刊导航

有按学科浏览、起始字母浏览、纸本期刊浏览、电子期刊浏览等。

2.文章检索

有"查找文章""期刊浏览""数据库导航""图书馆馆藏"等。

3.电子刊全文链接

它表示本馆购买的全文数据库包含此期刊，用户点击全文链接中的任何一个数据库名，可以直接链接到此数据库的源网站下载全文。

4.纸本刊的图书馆 OPAC 链接定位

它表示本馆有纸本馆藏，点击它可以直接链接到本馆的 OPAC 查看更加详细的馆藏信息。如果用户馆提交的纸本馆藏没有包含此期刊，此按钮是不可见的。

5.期刊文章的文献传递服务

需要用户输入登录馆际互借系统的用户名和密码，登录后出现申请表单，可修改表单中的相关信息，确认无误后即可提交馆际互借申请。通常用户提交馆际互借申请后一周内可以收到回应。

6.为用户提供个性化的增值服务

任何一个合法 IP 的读者都可以注册一个账户，然后凭注册信息登录"我的期刊收藏"页面。登录后可以定制个人的检索式，也可以把一篇文章或篇的清单、一种期刊或期刊清单保存到个人收藏夹。在我的检索式和期刊收藏夹，用户可以设置定题服务；当用户设置了定题服务后，系统会自动定期发送定题服务的内容到用户的 E-mail 信箱。

7.为图书馆馆员提供期刊管理工具

（1）查看和维护本馆的馆藏纸本期刊和购买的电子期刊；

（2）查看和比对 CALIS 所有成员图书馆的馆藏情况。

8.本地化服务功能

根据本省需要，提供本省期刊整合服务；根据单馆需求，提供本馆的期刊整合服务。

|第三节| 外文电子书的检索与获取

一、概述

近年来，随着网络技术的蓬勃发展，期刊的电子化无论是在时间跨度方面还是在学科覆盖方面都已经达到一定的高度，因此越来越多的国外出版商开始转向图书的电子化。与国内市场做期刊和电子书各自分开的情况不同，国外的大型出版机构都是将期刊、图书及其他多媒体资源整合于一个统一的平台，可以实现一键检索的功能（如 Elsevier、Springer、EBSCO 等）。

国外的电子书在使用方面需要注意以下问题：一般只能按章节下载、打印，每次不得超过规定的百分比；会有一定的复本量或借阅时间限制，有些也许会有并发用户的限制；用户下载时服务器会进行自动监测，有些数据库不支持下载工具，且一旦发现下载量过大就会暂停该IP的使用权。另外，由于外文电子书价格一般都比较昂贵，所以国内用户在订阅时都会针对自己的需求分专辑定制。

二、施普林格（Springer）电子书

（一）简介

施普林格在线电子图书系列（Springer eBook Collection）是由世界著名的科技出版集团——德国施普林格推出的全球最大规模、最具综合性的电子版科技及医学（STM）图书，通过Springer Link系统提供在线服务。施普林格在线电子图书系列涵盖Springer全系列的图书产品，包括专题著作、教科书、手册、地图、参考文献、丛书等；涉及人文、科技以及医学领域的13个学科，两个特色图书馆——中国在线科学图书馆和俄罗斯在线科学图书馆；每年有3 000余本新出版的STM书籍；可以使用2005—2010年该数据库的所有英文图书，1997—2004年出版的Lecture Notes in Computer Science和Lecture Notes in Mathematics以及Lecture Notes in Physics三套丛书。

Springer网站：http：//link.springer.com。

（二）使用方法

（1）浏览功能：Springer电子书数据库提供两种浏览方式，即按学科浏览和按首字母浏览。前者适用于对学科熟悉之检索，后者适用于对文献熟悉之检索。

（2）检索功能：由于Springer电子图书数据库是整合于整个平台之上的，故系统专门提供了"Refine Your Search"按钮（如图6-1所示），用户可以选择文献类型中的"Chapter"，使检索结果限制在图书范围之内，也可以根据需求和机构订购情况选择其他文献类型。另外，平台还可以帮助筛选检索结果是否为已订购资源，如在"Include preview-only content"后面的方框里挑勾代表在全部文献中检索，如未挑勾则代表检索范围仅限于已订购的全文文献。

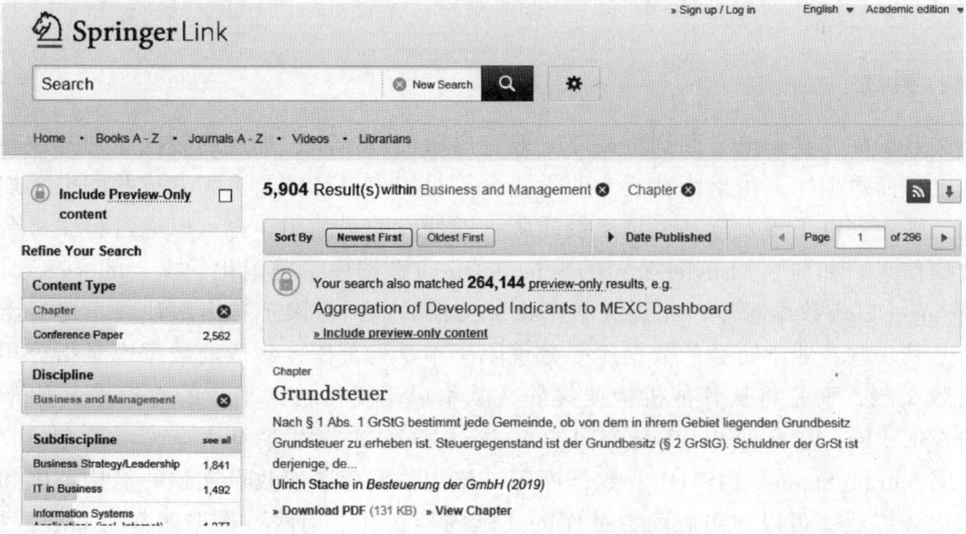

图6-1　Springer电子书检索界面

（3）检索结果：图6-2为检索结果页面，其中前面没有标记，下方有"Download PDF"标记的文献即为用户有下载权限的文献，如文献前面有黄色"⊛"的则为仅提供部分内容在线预览而无下载权限。用户可根据自身需求对检索结果进行编辑，如可以选择仅在有权限下载全文的范围内检索或者在全部图书范围内检索，还可以按照学科、相关度、出版日期、页码等对结果进行排序。

图6-2　Springer电子书检索结果页面

（4）个性化功能：

★ 标记（marked items）——标记过的记录暂时保存在系统中，退出 Springer Link 之前一直有效（无须注册）；通过个性化服务可以实现永久保存（在个人收藏夹）。

★ 提醒（alerts）——用户可将有用的检索策略保存，用于电子通告服务（save as alert），系统在进行数据更新时，将自动执行该检索策略，并将符合检索策略的最新文献（包括电子优先出版（online first）的内容）输出到指定的 E-mail 账号中。

★ 个人收藏夹（favorites）——建立偏好或常用出版物收藏夹。

第四节　外文电子期刊的检索与获取

一、概述

外文数据库尤其是电子期刊数据库一般有出版商数据库、集成商数据库和开放存取数据库。出版商数据库是由出版社或专业学协会等机构将自己已经出版发行的图书、期刊收录于统一平台，电子版发行甚至早于纸质版，即使没购买的用户也可以通过检索平台免费查看文摘信息，如荷兰 Elsevier 公司的 ScienceDirect 数据库、美国化学学会的 ACS 数据库、德国 Springer Link 数据库等，此类数据库收录文献的范围受限于本出版社或学协会出版的文献，尤其一些专业学协会的数据库平台仅限于本学科范围；集成商数据库是指公司本身并不出版文献，而是将从其他机构搜集的文献集成于统一检索平台的数据库，如 EBSCO 公司的 ASC、BSC 电子期刊，Gale 公司的 Acdamic OneFile 学术期刊大全，以及专门收录过刊的美国 Journal Storage（JSTOR）数据库等，该类数据库一般收录文献的机构范围和学科领域都比较广泛，可以与出版商数据库的文献内容互补；前两种数据库都是商业数据库，除非购买否则无法查看和下载文献全文，又因为数据库本身价格不菲且每年还有很高比率的涨幅，使得许多用户只能望而却步。开放存取（open access）数据库是指可以通过公共网络免费获取资源的数据库，如OALIB、DOAJ等，近年来因为其使用方便、无须IP限制且完全免费一直受到用户青睐，也有更多的出版和科研机构愿意提供文献形成文献共享联盟，以上两种商业数据库也都在逐年增加开放存取资源的数量，比如ScienceDirect数据库目前就有250 000余篇文献是开放获取的，这种方式满足了无法使用商业资源的用户查找外文文献的需求。

外文电子期刊数据库一般提供符合国际标准的COUNTER统计数据，便于了解数据库使用情况。另外，外文数据库都为用户提供个性化服务，比如注册用户可以使用Search Alert（检索提醒）、Topic Alert（主题提醒）、Search History（检索历史）、Journal Alert（期刊提醒）等个性化功能；在数据库检索方面，一般提供Browse（浏览）和Search（检索）两种方式，其中前者可以分为by Alphabetically（首字母浏览）、by Journal（期刊浏览）、by Subject（学科浏览）、by Title（题名）、by Publisher（出版机构）、by Document Type（文献类型），后者可分为Basic Search（简单检索）、Advanced Search（高级检索）和Expert Search（专家检索）。用户可以在检索过程中调整检索策略或限定检索字段，有一点需要注意的是，中英文人名的书写格式，有些数据库对人名的输入格式有特定的识别方式，只有先了解使用规则才能做到检全检准，因此用户在使用每个数据库前可以先了解一下该数据库的"Help"或者"Online video tutorials"，以下我们以EBSCO、ScienceDirect及Springer数据库为例讲解一下外文数据库的具体使用方法。

二、EBSCO全文数据库

（一）数据库概述

EBSCO公司是一家具有70多年历史的大型文献服务专业公司，长期提供期刊、文献订购及出版等服务，总部在美国，开发了100多个在线文献数据库，涉及自然科学、社会科学、人文和艺术等多种学术领域。EBSCOhost数据库中目前最高级的两个全文数据库是：学术期刊集成全文数据库——Academic Source Ultimate（ASU）和商业资源电子文献数据库——Business Source Ultimate（BSU）。ASU提供10 021种持续收录全文期刊，6 506种无延迟持续收录同行评审期刊，5 254种持续收录Web of Science或Scopus全文期刊，9 017种持续收录同行评审期刊，为100多种期刊提供可追溯至1975年或更早年代的PDF过期案卷，并提供1 000多个标题的可检索参考文献，涉及几乎所有自然科学和社会科学领域，包括语言文学、哲学、历史、社会学、政治、经济金融与管理、法律、教育、新闻、生命科学、医学、数学、物理、化学、技术科学、信息科学、环境科学等学科门类。此数据库通过EBSCOhost每日进行更新。BSU收录3 507种持续收录全文期刊，1 401种无延迟持续收录同行评审期刊，2 112种持续收录同行评审期刊，收录包括《华尔街日报》（The Wall Street Journal）、《每周商务》（Business Week）、《财富》（Fortune）、《福布斯》（Forbes）、American Banker、The Economist等许多商业领域的顶级期刊，提供EIU（The Economist Intelligence Unit Country Report）、Country Watch等统计年鉴全文以及世界最大的5 000家公司的详细资料，涉及的主题范围有国际商务、经济学、经济管理、金融、会计、劳动人事、银行等。数据库还提供图像检索功能，每日更新。

其他数据库还包括EBSCO Animals、2 200余种文摘刊物和980余种教育资源文摘数据库（ERIC）、4 600余种医学文摘数据库（MEDLINE）、180余种报纸资源数据库（Newspaper Source）、550多种教育核心期刊全文数据库（Professional Development Collection）、75种美国区域商业文献全文数据库（Regional Business News）、250种主要英语国家的出版物全文汇总（World Magazine Bank）。

EBSCO公司通过国际专线提供检索服务，校园网用户检索、下载无须支付国际流量通信费用，采用IP控制访问权限，不需要账号和口令，网址为：http：//search.ebscohost.com。

（二）数据库检索（以目前使用最广泛的ASC和BSC版本为例）

1.基本检索（basic search）

首页面可以选择所要检索的数据库，在相应的数据库前面方框内单击，当方框内显示"√"时即为选中，再单击则"√"消失，表示不选择该数据库作为被检索对象，一次可以同时选择一个或多个数据库，然后点击"继续（continue）"按钮进入检索界面。数据库提供包括中文简体在内的13种语言界面，以下以中文简体为例进行介绍。在这一界面用户可以进行基本检索、高级检索、视觉搜索、选择数据库、选择其他EBSCO服务的切换。图6-3为基本检索页面，在这一页面可以进行如下操作：

EBSCO*host*

正在检索: Academic Search Complete, 显示全部 | 选择数据库

| 输入关键字 | | 搜索 |

检索选项▶ 基本检索 高级检索 搜索历史记录

图6-3 EBSCOhost基本检索页面

（1）在查找检索栏中输入检索词、词组、字段代码或检索运算式，关键词或词组之间可用布尔算符（and，or，not），输入的词越多，检索得越准确。如不限定字段，基本检索在所有字段中进行检索。检索举例：检索在"Beijing Review"中的文章，要求篇名中出现"anti-terrorism"，检索式：ti：anti-terrorism and so：Beijing Review。

（2）在限制检索区可进一步限定（对检索结果进行限定选择）或扩展（"在全文中进行检索"和"含有检索词的同义词或相关的词"）检索结果。

2.高级检索（advanced search）

高级检索输入的检索词可以使用逻辑算符，进行逻辑组配（如图6-4所示），同样可以利用限制检索和扩展检索，限制的条件略微增多，其他同基本检索。

3.辅助检索

辅助检索主要有以下几项：

（1）关键词（keywords）检索：同基本检索方式。

（2）出版物（publications）检索：点击"publications"，可浏览或直接键入刊名而进行检索。它收录了数据库中所有的刊物，点击某一刊名，能浏览到该刊的刊名、出版商、文摘、全文的收录年限等信息。

图6-4　EBSCOhost 高级检索字段

（3）主题检索（subjects terms）：

• 输入检索词，点击"Browse"，系统自动查询以检索词为首或包含此词或与此词最相关的主题词；

• 选择合适的主题词，可以浏览到此主题词的上位词、下位词；

• 点击"ADD"按钮，对选择好的主题词进行检索。

（4）索引检索：可以从作者、刊名、ISSN、语种、主题词等方面列出数据库收录的所有该范围的条目，可以选中一个或多个条目做进一步检索。

（5）参考文献检索：可以检索某篇文章、某位作者、某个出版物、某一段时间内甚至数据库中所有的参考文献。

注：在EBSCO系统中，不是所有的数据库都提供参考文献检索功能。

（6）图像检索：在图像检索中可进行特定种类的图像的检索。

方法：输入检索词，检索词之间可用逻辑算符组配。例如：baseball and boston。可利用页面下面的选项确定要检索的图片，提供的选项有人物图片（photos of people）、自然科学图片（natural science photos）、某一地点的图片（photos of places）、历史图片（historical photos）、地图（maps）、国旗（flags）等，如果不作选择，则在全部图片库中检索。

4.视觉搜索（visual search）

使用视觉搜索可以在广泛的主题中高效率地进行搜索，之后返回结果的视觉导航图，并按主题进行排列，需要注意的是，需要Java才能运行视觉搜索。

在页面上方的"查找（Find）"字段中输入搜索词语，然后单击"搜索（Search）"，这时会显示一个视觉导航图，其中包含：

（1）圆形，表示结果的类别。类别中可以包括表示子类别的圆。单击某圆（类别）可查看其内容。

（2）矩形，表示文章的链接。单击某矩形可将该文章加载到窗格中。

要在导航图中向后（或向上）移动，单击圆形或矩形的外部。单击顶级，可查看整个导航图。

在导航图顶部使用过滤器可以按照关键字、日期或出版物名称来限制或集中信息。有关其他信息，可以参见上面的"帮助"。

5.检索算符

（1）逻辑算符：and（与），or（或），not（非）。

（2）截词符：

：可以替代一个字符串。例如：输入 comput，检索结果：computer，computing 等。

?：只替代一个字符。例如：输入 ne? t，检索结果：neat，nest，next。

（3）词组检索：用双引号（" "），但当词组中出现禁用词时，禁用词不作为检索词。例如："glucose metabolism in"中 in 就不作为检索词。

短语中出现连接符，检索时按照带连接符和不带连接符两种情况。例如：coca-cola，检索结果为：Coca Cola 和 Coca-Cola。

（4）位置算符：

N算符：表示检索词之间可以加入其他词，词的数量根据需要而定，词的顺序任意。例如：tax N5 reform 表示在 tax 和 reform 之间最多可以加入 5 个任意词，检索出 tax reform，reform of income tax 等。

W算符：表示检索词之间可以加入其他词，词的数量根据需要而定，词的顺序依输入词的顺序。例如：tax W8 reform 可以检索出 tax reform，但不能检索出 reform of income tax。

6.检索结果的显示与存储

（1）格式设置。

点击"Preferences"按钮可设置检索结果的显示格式，包括每页的记录数及记录的显示格式（如图6-5所示）。

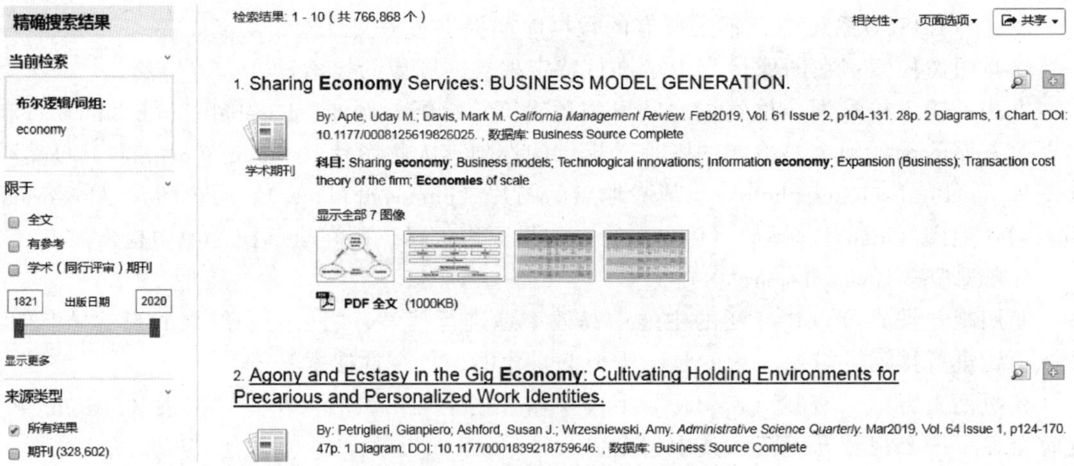

图6-5　EBSCOhost 检索结果页面

（2）显示文献（如图6-6所示）。

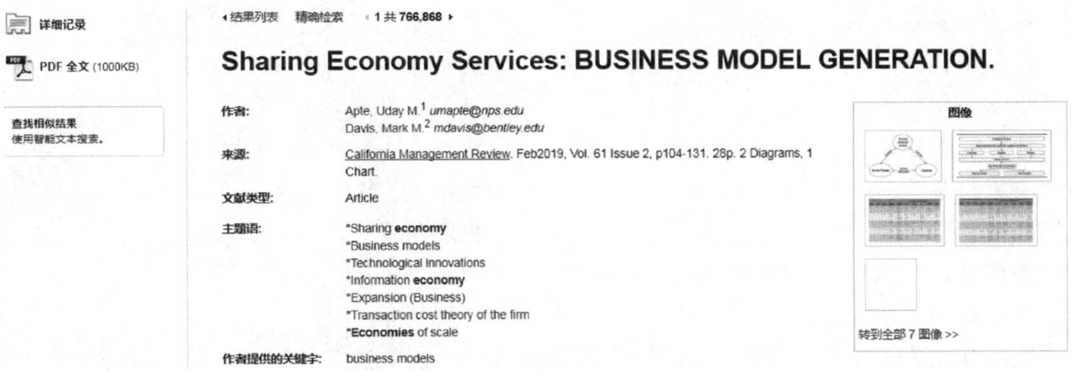

图6-6　EBSCOhost 详细记录页面

命中文献系统首先以题录方式显示。直接点击某一篇文献后可以看到文摘（如果无全文）或全文。带有全文的有"Full Text"标记；带有"PDF 全文"标记的表示该文献是以 PDF 格式显示的全文。需要标记记录（Mark）时，在显示文献后面的 ADD 处添加。

（3）打印 / 电子邮件 / 存盘。

检索出文献后，将所选文献做好标记，点击右上角"View Folder"，可以直接打印、电子邮件传递或存盘保存。

7.个性化设置（My EBSCOhost）

注册后个人能使用的功能包括：

（1）存储检索结果；

（2）存储检索式；

（3）检索式的最新检索结果通告；

（4）所订期刊的最新目次。

三、Elsevier Science 公司的 ScienceDirect 数据库

（一）数据库概述

Elsevier Science 公司是一家设在荷兰的跨国科学出版公司，已经有 100 多年的历史，该公司出版的期刊大多数都被 SCI、EI 所收录，属国际核心期刊。从 1997 年开始，该公司推出名为 ScienceDirect 的电子期刊计划，ScienceDirect 是 Elsevier Science 公司的核心产品，是全学科的全文数据库，集世界领先的经同行评审的科技和医学信息之大成，得到 70 多个国家认可。改版后的 ScienceDirect 可以提供期刊 2 400 多种，涉及 24 个学科领域，其中 SCI 收录 1 375 种，EI 收录 522 种，有 700 多万篇学术全文，包括在编文章；图书 2 000 多种，包括常用的参考书、系列丛书和手册等；摘要 6 000 多万条。其中的数据最早可回溯至 1823 年创刊号，中国大多数用户都订购了 1995 年以来的期刊全文。

为了方便机构用户不受机构 IP 限制能够随时随地使用数据库资源，ScienceDirect 数据库还推出了远程访问方式。

数据库网址：https：//www.sciencedirect.com/。

（二）Elsevier 期刊覆盖的学科领域

农业和生物科学　　　　　　　　　工程和技术

生物化学、遗传学和分子生物学　　心理学

商业、管理和财会	物理学和天文学
化学工程学	药理学、毒理学和药物学
化学	神经系统科学
计算机科学	医学
决策科学	数学
地球和行星学	材料科学
经济学、计量经济学和金融	免疫学和微生物学
社会科学	环境科学
能源和动力	

（三）ScienceDirect 数据库的功能

（1）集成图书、期刊、摘要数据库和网络资源，最广泛地获取相关资源；

（2）既可以检索又可以浏览，并可以同时浏览期刊和图书，最大范围内进行检索；

（3）提供主题、检索、期刊、引文四种邮件提示功能，可以方便读者不用经常登录数据库便能及时追踪最新研究成果和学术动态；

（4）提供操作保存（recent actions）服务，详细记录最近100次操作历史，方便保留检索记录，进行回顾和下载；

（5）帮助用户进行检索历史和操作历史的追踪，及时通报最新检索结果；

（6）增加"我最喜爱的文章"收藏夹，方便读者整合自己的检索资源；

（7）在主页面提供常用页面的快速链接，既可以从主页直接访问，也可以添加其他任何自己喜欢的网站链接；

（8）Top-25 Articles 可以向读者推荐所在学科领域下载量最高的文章，使信息需求者对学科的发展一目了然；

（9）数据库提供 HTML 和 PDF 两种获取检索结果的方式。

（四）ScienceDirect 的使用

1.检索方式

（1）简单检索。

ScienceDirect 主页面如图6-7所示，在页面上方"Keywords"（关键词）、"Author name"（作者姓名）、"Journal/book Title（期刊/图书题名）"、"Volume（卷）"、"Issue（期）"、"Pages（页码）"字段检索框中输入相应检索词，点击 Search（检索）按钮，即可快速检索文章或期刊。

（2）高级检索。

点击"Advanced search"按钮进入高级检索界面，可以按照"全部资源""期刊""图书""图像"等文献类型进行限定，还可以利用逻辑算符、是否订购资源、学科领域、出版时间等字段限定检索结果。

可检索的字段有：文摘、篇名、关键词（Abstract, Title, Keywords），作者（Author），刊名（Journal Name），篇名（Title），关键词（Keywords），文摘（Abstract），参考文献（References），国际标准刊号（ISSN），作者单位（Affiliation），全文（Full Text）。

单词检索与词组检索：默认的是单词（word）检索，如果要检索一个词组（phrase），就必须使用引号。例如，键入"hypermedia database"，检索结果只包含这个词；如果键入

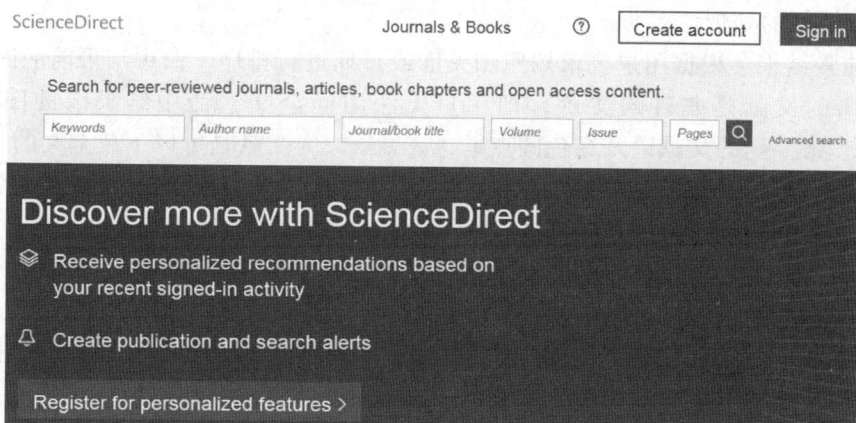

图 6-7　ScienceDirect 主页面

的是 hypermedia database，没有引号，检索结果则是将 hypermedia 和 database 处理为不连续的两个单词，词与词之间为 and 关系。读者也可以利用自己制定的检索式进行"专家检索"。

（3）浏览检索。

点击检索框上方"Journal & Books"按钮，系统跳转至按题名首字母浏览及按学科浏览两种方式，读者可以自由选择，还可以按照"Publication type"和"Access type"筛选检索结果。ScienceDirect 浏览页面如图 6-8 所示。

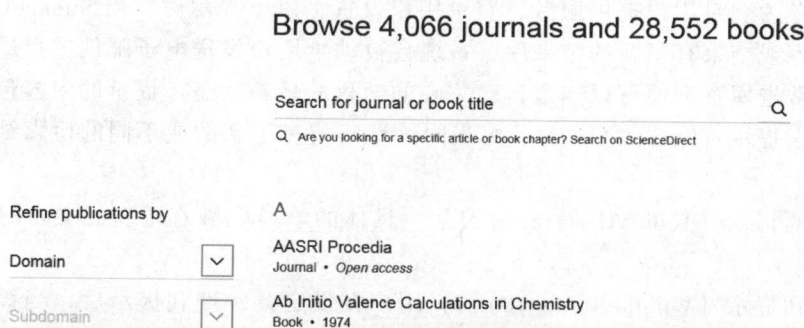

图 6-8　ScienceDirect 浏览页面

（4）检索语言与检索技巧（见表 6-1）。

表 6-1　　　　　　　　　　　　　　　　　　　常用检索语言

AND	默认算符，要求多个检索词同时出现在文章中
OR	检索词中的任意一个或多个出现在文章中
AND NOT	后面所跟的词不出现在文章中
通配符*	取代单词中的任意个（0，1，2，…）字母，例：transplant*，可以检索到 transplant，transplanted，transplanting…
通配符?	取代单词中的1个字母，例：wom? n，可以检索到 woman，women
W/n PRE/n	两词相隔不超过n个词，词序不定，例：quick w/3 response 两词相隔不超过n个词，词序一定，例：quick pre/2 response
" "	宽松短语检索，标点符号、连字符、停用字等会被自动忽略，例："heart-attack"
{ }	精确短语检索，所有符号都将被作为检索词进行严格匹配，例：{c++}
（ ）	定义检测词顺序，例：（remote OR satellite）AND education

2. 检索结果的处理

（1）检索结果会根据用户要求按照相关度或日期进行排序，命中结果前的图标为白色 ○ Abstract only 的文献是非订购文章，即用户无法访问全文，命中结果前的图标为绿色 ● Full text access 的文献以及绿色圆点 ● Open access 的文献是可以下载全文的。

（2）检索结果可以通过"日期或相关度排序""在结果中检索""文献类型""题名或刊名""主题""年代"等进行精确化。

（3）确定某篇文献后即可通过文献下方按钮进行快速查看摘要、下载 PDF 全文、补充材料、查看相关文章、查看相关参考工具书。如需要同时处理多篇文献，可以通过页面上方的"发送文章""引文输入""批量下载（最多同时选定 20 篇）""自动打开摘要"按钮进行批量处理。

3. 个人设置（My Settings）

这项功能主要为登录用户提供编辑个人的使用需求而设定，用户可以进行如下操作：

• 增加或删除定题服务项目（Add/Remove Alerts）；

• 修改个人资料和收藏夹（Modify Personal Details and Preferences）；

• 更换密码（Change Password）；

• ScienceDirect 数据库电子资源报告（ScienceDirect Electronic Holdings Reports）。

4. 定题服务（Alerts）

本功能专为登录用户提供服务，登录用户设置了以下提示后，当 ScienceDirect 数据库对相应的内容或结果有了新的结果后，系统会自动给用户发送电子邮件进行通知，使用户可以不用经常进库查询便可以知道自己关心的学科的最新动态。提示的内容包括：

（1）检索提示（Search Alerts），每当同一检索式有了新的或不同的检索结果时，对用户进行通知；

（2）主题提示（Topic Alerts），每当某一具体的学科领域有了新的文章时，对用户进行通知；

（3）期刊提示（Volume/Issue Alerts），用户在设定某一期刊提示后，当该期刊出版了新的一卷或刊时，对用户进行通知；

（4）引文提示（Citation Alerts），当被用户选择的文章又被一篇新的文章引用后，对用户进行提示，但仅限于这篇文章也是被 ScienceDirect 数据库收录的。

5. 购物车（Shopping Cart）

如果用户需要获取本单位没有订购的文章或书籍，可以把该文献放入购物车，通过另行付费的方式获得该文献的全文。

6. 帮助（Help）

本功能提供了 ScienceDirect 数据库的使用指南和一些常见问题的解决方法。也可参见主页面右侧的"infosite"。

7. 远程访问（Remote Access）

ScienceDirect 数据库的远程访问方式是近几年才推出的一项服务，用户可以在机构 IP 内注册登录并激活远程访问账户的功能，激活后用户便能够随时随地使用数据库资源。具体步骤如下：

（1）打开 ScienceDirect 主页，点击页面上方"Create account（注册）"，已经注册过

的用户可以直接"Sign in（登录）"，用自己的用户名密码登录后，点击页面下方"Remote Access"；

（2）进入到"Submit Your Email"界面输入所属单位邮箱并点击"Continue"；

（3）进行身份确认，并选择远程登录；

（4）系统显示成功发送"confirmation email"到输入的邮箱；

（5）到邮箱里点击"Activate my remote access now"激活"Remote Access"，远程访问设置成功。

需要注意的是，"Remote Access"一经设置有效期为180天（6个月），过期后需要用户回到本机构重新激活。

四、Springer Link 全文数据库

（一）数据库概述

Springer Link 全文数据库是德国施普林格科技出版集团的产品，该集团通过 Springer Link 系统向用户有偿提供电子学术期刊及图书的全文在线检索服务。Springer Link 平台整合了 Springer 的出版资源，收录文献超过800万篇，包括图书、期刊、参考工具书、实验指南和数据库，其中收录电子图书超过16万种，最早可回溯至19世纪40年代。平台每年新增超过8 400种图书及3 300份实验指南，且每月新增超过12 000篇期刊文章，可访问 Springer 出版的1 800余种电子期刊，超过60%以上的期刊被 SCI、SSCI 收录，很多期刊在相关学科拥有较高的排名，涵盖学科包括：数学、化学和材料科学、计算机科学、地球和环境科学、工程学、物理和天文学、医学、生物医学和生命科学、行为科学、商业和经济、人文、社科和法律。

数据库网址：https：//link.springer.com/。

（二）Springer Link 新平台特点

（1）可在单一整合平台中快速浏览超过400万篇文献；

（2）以大量的使用研究为基础，全面提升用户界面和功能；

（3）先行预览文献内容，以确定下载内容；

（4）强大的搜索引擎，可同时检索电子期刊、电子图书和电子参考工具书等各类文献；

（5）提供语义链接，用户可获得更多相关文献；

（6）提供 Springer Alerts 提醒服务。

（三）Springer Link 数据库的使用

1.数据库主页面及其功能介绍

Springer Link 采用 IP 地址控制，在任意一台联网计算机上，不需要用户名和密码即可登录。登录后用户的 ID 显示在页面的左上角，此时，可以对数据库内所有电子出版物进行浏览、检索、查阅文章标题和文摘，在授权范围内进行阅读和下载。下面对该数据库的主页面（如图6-9所示）上的各项功能逐一介绍。

语言选择（Language）——Springer Link 数据库提供中文简体、中文繁体、英语、德语等10种语言界面，目前新版开通的有英语和德语界面，用户输入中文检索词也能检索到相应结果。

图6-9　Springer Link 主页面

快速检索（Quick Search）——这项功能会显示在 Springer Link 数据库的每一页面上方，用户可以在检索框内输入想查询的关键词，可以点击在检索框与"提交"按钮之间的灰色按钮后出现的系统提供的构造检索表达式对话框里选择输入的关键词，构造好检索式后点击"提交"即可实现简单检索。检索结果界面将在下面详细介绍。

高级检索（Advanced Search）——点击这一按钮可以把用户引到高级检索页面。

内容类型（Content Type）——用户可以选择在所需要的文献内容类型，即全部内容类型、出版物、期刊、丛书、图书及参考工具书中进行浏览或检索。

学科类型（Subject Type）——同上，提供在 Springer Link 的12个学科中进行浏览和检索的功能。

个人设置和收藏条目——二者都是对用户的个性化服务，需要用户注册并登录后才能够使用，主要提供标记条目、提醒、订购历史、全部收藏条目及珍藏条目等项服务。

2.Springer Link 数据库检索

（1）算符含义及举例（见表6-2）。

表6-2　　　　　　　　　　　　　　　算符含义及举例

算符	表示方法	含义	举例
逻辑算符	and	两个检索词必须同时出现	education and college
	or	两个检索词任一出现即可	education or college
	not	只可出现第一个检索词	education not college
截词符	*	*代表一个字符串，检索与输入词起始部分一致的词	key*=key，keying，keyhole，keyboard
	**	在某个动词后加**，将检索出该动词的所有形态	sink**=sink，sinking，sank，sunk
位置算符	near	按两词位置接近度排序	输入 sediment near heavy metal，检索结果按 sediment 和 heavy metal 两词的位置接近度进行排序

（2）快速检索。

Springer Link 的快速检索框显示在每一页面上方，方便用户在任何时候进行查询，只需用户根据自己的需要输入关键词（关键词可以点击检索框旁边的按钮进行选取，然后点击"提交"即可完成一项简单检索）。

另外，快速检索还可以对文献的以下字段进行选择：

①检索范围是在全部文献中还是只在已有的结果之内；

②文献的起始字母；

③文献的时间、内容、发行状态、语种、学科、版权、出版刊物、作者及图书类型。

（3）高级检索。

在数据库主页面右上方点击"高级检索（Advanced Search）"即进入高级检索界面，在这一界面可以实现以下功能：

①对文献的全文、标题、摘要、作者、编辑、ISSN、ISSBN、DOI等项进行限定；

②对文献的出版日期（全部或某一时间段）进行限定；

③对文献的排序方法（相关性或出版日期）进行限定；

④在页面上方的"内容类型"和"学科"选项中进行高级检索、快速检索及浏览的转换。

（4）Springer Link 的检索结果页面和获取原文方式。

Springer Link 的每次检索结果页面都以列表形式返回，在该页面可以选择文献的列表方式：

①平台检索结果可以限定是否"Include Preview-Only Content（包含仅预览内容）"，如用户不勾选此项则所显示的检索结果均为机构已订购内容；

②"Content Type（文献类型）"，平台同时收录期刊和图书，读者可以选择"Article（文章）"和"Chapter（章节）"；

③"Discipline（学科）"、"Subdiscipline（学科分支）"及"Language（语种）"。

所有检索结果前面无标记的文献可点击阅读并下载全文，有黄色小锁头标记的为限制访问内容。

点击某篇文献的题名链接，即可进入详细记录页面。该页面具有如下功能：

①个性化设置：用户可以选择将记录添加到标记条目中，添加到购物车中，添加到收藏条目中或推荐此文章。

②再次进行检索：如果用户发现此文献并非所需，可由此进入再次检索。

③输出此文章：可以选择将文章输出为 RSS 或文本格式。

④获得全文：点击"全文"可以获得该文章的 PDF 全文，注意有全文标记的文章才可以。

⑤被引用文献：Springer Link 提供引文链接（CrossRef），用户可以从这里得知此文被哪些文献引用并通过引文链接直接进入该文献。

3.Springer Link 的个性化服务

Springer Link 为用户提供个人设置服务，通过注册并登录数据库，用户可以进入个人首页（https: //www.springerlink.com/identities/me/），并实现以下操作：

（1）修改个人账户信息：让用户能变更自己的个人账户信息。

（2）管理会员资格：可以管理用户与机构、协会或编辑委员会的关联。请注意订阅刊物不包括所属机构的订阅刊物。用户应该在这个部分观看自己所属机构的订阅刊物。

（3）查看合约：合约规定访问订阅刊物的协定和条件。合约由 Springer Link 公司的权限管理系统实时评估。

（4）查看订阅刊物：用户所有的订阅刊物将被列在这里。请注意关于用户所属机构的详情，需选择左上角的认同名单。

（5）查看试阅刊物：所有的试阅刊物将被列在这里。同上，关于所属机构的详情，需选择左上角的认同名单。

（6）查看标记条目：标记条目让用户能标记在检索期间发现的感兴趣的条目。用户可通过点击网页中无处不在的"添加入标记条目中"链接来标记条目。

（7）管理提醒：每当一提醒收藏条目内容发生改变时，用户就会收到一电子邮件提醒。例如，如果用户今天收藏一检索结果为提醒，在将来每当有新内容满足用户的检索条件，用户就会收到一电子邮件提醒。

（8）查看历史记录：历史记录部分将允许用户浏览其使用此系统的记录。浏览网页、查看全文、网上购买及其他活动将保存在自己的历史记录中。

（9）查看收藏条目：收藏条目可分为单一条目和多个条目。单一条目是固定的，如期刊、期刊文章或图书。多个条目是动态的，如检索结果。

（10）管理标签：标签允许用户组织管理自己的收藏条目。可给予一个收藏条目任意多个标签名称，然后通过标签查看自己的收藏条目。

第五节 外文各类专业信息的检索与获取

一、物理类数据库

（一）IOP（https：//iopscience.iop.org/）

英国物理学会是国际性的学术协会和专业机构。英国物理学会出版社是全球领先的专注于物理学及相关学科的科技出版社，是英国物理学会的重要组成部分。

（二）OSA（https：//www.osapublishing.org）

美国光学学会（The Optical Society of American）数据库是世界上最大的光学和光子学信息同行评审集合，数据库包括14种期刊、7种合作出版期刊、OSA会议记录及2012年推出的Optics Image Bank（光学影像图库）。

（三）APS（https：//www.aps.org/）

美国物理学会（The American Physical Society）全文数据库通过APS期刊平台访问，收录了8种物理领域的核心期刊，此外还有5种免费出版物。

（四）AIP（https：//publishing.aip.org/）

美国物理联合会（American Institute of Physics）电子期刊收录12种物理学术期刊。

（五）BDL（http：//dl.begellhouse.com）

BDL出版社提供工程技术与生物医药科学应用方面最新的研究成果及相关信息，数据库覆盖的学科领域包括动力工程、热物理等，收录44种同行评审的权威期刊、12种热物理电子书、国际传热传质中心会议录论文集、第13届国际传热大会年报、热百科全书和热交换器设计手册等。

二、化学类数据库

（一）RSC（https：//pubs.rsc.org/）

英国化学学会（The Royal Society of Chemistry）网络数据库收录44种同行评审期刊，

逾 1 500 种图书。

（二）ACS（https：//pubs.acs.org.ccindex.cn/）

美国化学学会（The American Chemical Society）是世界上最大的科技学会，ACS 数据库包含 50 种期刊，所有期刊回溯至第 1 卷第 1 期，涵盖 20 多个与化学相关的学科。

（三）CSJ（https：//www.journal.csj.jp/）

CSJ 是日本化学学会（Chemical Society of Japan）数据库。

三、数学类数据库

（一）EMS（https：//www.ems-ph.org）

欧洲数学学会电子期刊涵盖了整个数学领域，既有基础理论研究，也有应用研究，在高等研究领域非常著名，80% 被 SCI 收录为核心期刊，目前共出版 21 种期刊。

（二）MSP（https：//msp.org）

美国数学科学出版社电子期刊，共收录 9 种数学类期刊及 2 种开放获取期刊，收录时间从 2003 年至今。

（三）SIAM（https：//www.siam.org/）

美国工业和应用数学学会电子期刊，出版发行应用与计算数学方面的 13 种期刊，其中现刊提供 1997 年以来的数据，过刊提供 1952—1996 年的过刊存档数据。

（四）AMS（http：//www.ams.org）

美国数学学会电子期刊，共收录 25 种期刊，另有 13 种为开放获取期刊。

（五）Project Euclid（https：//projecteuclid.org/）

数据库收录几十种涵盖数学、应用数学、统计学和计算机科学等领域期刊，最早可回溯至 1935 年。

四、法律类数据库

（一）LexisNexis（https：//www.lexisnexis.com）

Lexis 数据库是世界上最大的法学全文库之一，包括各类法律、案例、专题论文、新闻、相关评论及各种文献资料。

（二）Westlaw（http：//www.westlawchina.com）

世界上最大的法律出版集团 Thomson Legal and Regulator's 为国际法律专业人员开发的互联网搜索工具，资源来自法律、法规、税务和会计信息出版商，收录了 1 200 多种法学相关期刊及法学相关教育资料。

（三）HeinOnline（https：//home.heinonline.org/）

HeinOnline 收录了 2 100 多种法学期刊及法学文献，全球排名前 500 的综合类法学核心期刊均收录到创刊号，法学各学科全球排名前 20 的法学核心期刊基本收录，最早可回溯至 1788 年，大部分期刊可以检索到当前册，收录近 4 000 种法学专著。

五、人文社科类数据库

（一）Literature Online（http：//www.online-literature.com/）

英美文学在线数据库收录了大量的全文内容，包括约 35 万部从 8 世纪以来的诗歌、散文、小说与戏剧等英语文学著作；312种精选的全文文学期刊以及传记与作家作品集、语言学参考工具书、词典、英美文学评论与书目信息等。

（二）SAGE（https：//journals.sagepub.com/）

每年出版1 000余种学术期刊、800余种人文社科类学术参考书籍和教科书，以及一系列创新的馆藏参考资源，如期刊数据库、研究方法数据库、视频数据库、商业案例集等。重点学科包括：教育学、心理学、研究方法、商业管理、传播传媒、社会学、政治与国际关系、犯罪学与刑事司法、地理与环境、健康与护理、科技医药等。数据库以1998年为界分为现刊库和过刊库。

（三）Journal Storage（JStor）（https：//www.jstor.org/）

Journal Storage是一个对过期期刊进行数字化的非营利性机构，目前以政治学、经济学、哲学、历史等人文社会学科主题为中心，是兼有一般科学性主题共十几个领域的代表性学术期刊的全文库。从创刊号到最近三至五年前过刊都可阅览PDF格式的全文。有些过刊的回溯年代早至1665年。

六、经济统计类数据库

（一）BvD系列数据库

Bureau van Dijk（简称BvD）是欧洲著名的全球金融与企业资信分析数据库电子提供商。BvD为各国政府金融监管部门、银行与金融机构、证券投资公司等提供国际金融与各国宏观经济走势分析等专业数据，主要包括Bank Focus（全球银行与金融机构分析库）、Osiris（全球上市公司分析库）、Oriana（亚太企业分析库）、Zephyr（全球并购交易分析库）、EIU Countrydata（国家数据）等系列子库。

（1）Bank Focus（https：//bankfocus.bvdinfo.com）提供了全球4万多家主要银行及世界重要金融机构与组织的经营与信用分析数据。收录的每一家银行的分析报告包含历年财务分层数据、全球及本国排名、标普/穆迪/Markit的银行个体评级（长短期、外汇、独立性、支持力、商业债券等评级）、国家主权与风险评级、各银行详细股东与分支机构、董监高管、评级报告、原始财务报表、新闻与并购记录等信息。

（2）Osiris（http：//osiris.bvdinfo.com）提供155个国家超过8万多家上市公司的大型专业财务数据（包括中国深/沪及海外上市公司数据），以及深入分析各国上市公司所需的详细财务经营报表与分析比率、股权结构、企业评级数据、历年股价系列、企业行业分析报告等（含已下市公司数据）。可以进行上市公司的证券投资分析、企业战略经营分析、跨国企业转让定价、公司财务分析等研究领域中广泛使用的知名实证分析。为适合不同用户的需求及准确开展跨国、跨行业检索与分析，该库将各上市公司的财务数据按不同财务格式分层呈现，由标准模板深入至原始财务数据。

数据库中也收录了全球近3 200家重要的非上市公司的历年经营分析数据。财务会计准则具有国家和行业的差异，为正确反映出一家公司的财务情况，并同时提供准确的跨国检索与对比分析，Osiris中的公司分为工业、银行、保险公司三大类，共计七大模板。在每份公司报告中，数据按深度分为5个层次，分别以两种预设的货币——美元、欧元显示。Osiris含合并与非合并财务报表。每家公司报告中含有一份默认的标准同业对比报告，用户可将任何一家公司与其同行业对比组进行比较。此外，用户也可自选同业公司组成员进行比较。

（3）Oriana（http：//oriana.bvdinfo.com）提供亚太和中东地区60多个国家和地区共计5 000多万家公司的企业财务信息、经营信息、贸易投资信息以及各行业发展情况。可按亚太地区各国家、所在城市、所在行业、产品类别、雇员人数、企业资产规模、企业盈利状况、企业在行业排名等指标快速查询，或筛选出符合开展贸易与合作条件的亚太目标企业，并详细了解目标企业的当前与历史经营状况、公司组织结构及背后的控股公司等重要商业信息。中国企业可据此了解亚太市场，开展投资与贸易合作经营。同时，Oriana也可为中国企业与各地政府部门开展针对亚太地区进出口商的资信背景调查、跨国企业并购战略分析、竞争对手行业分析。更为重要的是，Oriana在企业经营信息的基础上提供了亚太地区各国各行业最新的整体发展分析报告，使用户可及时了解所关注行业的整体发展动态，提升中国企业的国际竞争力与风险回避能力，快速、稳健地开拓国际市场。

（4）Zephyr（https：//zephyr.bvdinfo.com）是国际并购研究领域知名的M&A分析库，每天在线向用户发布全球并购（M&A）、首发（IPO）、计划首发、机构投资者收购（IBO）、管理层收购（MBO）、股票回购（share buyback）、杠杆收购（LBO）、反向收购（reverse takeover）、风险投资（VC）、合资（JV）等交易的最新信息。快速更新的全球数据来自欧洲著名并购信息专业提供商Zephus公司，并集成BvD的增值软件。目前Zephyr收录了全球各行业100余万笔并购记录，每年新增约10万笔。数据可回溯至1997年，并涵盖亚太地区（包括中国）的交易记录。

（5）EIU Countrydata（https：//eiu.bvdep.com）是全面获取全球各国宏观数据分析的工具，提供全球201个国家与地区宏观经济历史与预测数据，每个国家320个指标系列，含年度、季度、月度数值，数据从1980年到2035年（提供5～25年预测值）。同时，还提供全球45个地区和次地区的经济总量数据、各国近期经济展望综述报告。数据库内每个国家的数据分为7大类，即：人口统计和收入类、国内生产总值类、财政及货币指标类、国际支付类、外部债务存量类、外贸类与外债偿还类。EIU Countrydata还提供全球28种大宗商品的分析数据及5年价格预测，以及影响价格因素的预测分析，包括产量、消费量和库存水平。为帮助企业了解大宗商品交易趋势，EIU Countrydata还计算大宗商品价值指数，并定期更新。

（二）BSC（http：//search.ebscohost.com）

Business Source Complete（BSC）是BSCOhost数据库的子库之一，是世界权威的学术类商业数据库，也是书目和全文内容很有价值的汇总资源。它含有最早可回溯到1886年的最重要学术类商业期刊的索引和摘要。此外，还收录有1 300多种期刊的可检索参考文献。

第六节　外文多媒体及学习类数据库的检索与获取

一、MeTeL国外多媒体教学资源库

（一）访问网址

MeTeL访问网址为：http：//www.metel.cn/。

（二）数据库简介

MeTeL（Multimedia eTeaching & eLearning）多媒体教学资源库收录国外 300 余所著名高校（含 QS 排名前 50 院校的 80%），26 000 余个教师或教学小组讲授的 30 000 余门课程、30 万余课节、约 130 万个教学资源，涵盖 13 大学科门类，每门课程都包括课程介绍、课程须知、课程表、教学大纲、参考教材、任课教师等；每个课节可能有讲义、课件、音频、视频、教学图片、教学案例、阅读材料、作业、习题答案、试卷等几类资源；部分课节为独立的专题研讨会（seminar）、项目教学（project）、在线实验实习（online lab）、外出考察、演讲讲座、会议报告等；个别课节会有相关的程序代码、数据等资源。部分课程或课节采用了翻转课堂（flipped classroom）教学模式，完整真实地再现国外先进高校课堂教学过程及育人理念。此外，MeTeL 还提供诸多增值功能，如将英文课程与全部 MOOC 课程、中文资源共享课、视频公开课建立关联链接，便于用户获取知识。

二、ASP 世界音乐在线

（一）访问网址

ASP 访问网址为：https：//search.alexanderstreet.com。

（二）数据库简介

世界音乐在线（Music Online）是美国 Alexander Street Press 出版社的在线音乐数字资源，拥有超过 600 万首世界各地各个时期的音乐，由 EMI、Sanctuary Classics、Hyperion、The Sixteen、The Royal Philharmonic Orchestra、CRD、The London Symphony Orchestra、Hänssler、Vox 等数百家国际著名唱片公司提供完全版权。读者可以在线欣赏全部内容。世界音乐在线同时还向读者提供约 50 万页的音乐参考资料。数据库由音乐欣赏和音乐参考两大部分组成。其中音乐欣赏包含古典音乐图书馆、当代世界音乐爵士乐图书馆、美国歌曲集、Smithsonian 全球音乐图书馆；音乐参考包含古典音乐乐谱图书馆、古典音乐参考资料图书馆、Garland 世界音乐百科全书、非裔美国人音乐参考资料集。

三、WGSN 国际时尚趋势市场专业库

（一）访问网址

WGSN 访问网址为：https：//www.wgsnchina.cn/。

（二）数据库简介

WGSN 是权威的趋势预测机构，1998 年在伦敦成立，WGSN 将科技与人类创意相结合，满足不同行业对创意的个性化需求。只需点击鼠标，即可获取来自世界各地的灵感和理念。超过 350 位的趋势预测人士和数据专家遍布 14 个国家，倾力为客户提供本地化与全球化的趋势情报。WGSN Fashion 板块提供提前 2 年的趋势和色彩预测，以及超前 2 ~ 5 年的消费者情报，每年更新超过 6 000 篇的专业报告，并提供每季 1 300 场 T 台秀图片，网站内有超过 2 000 万张可供搜索的图片，数以万计的免版税印花、图像和 CAD。同时每年会深入报道超过 200 场展会。Fashion 板块提供中、英、日、韩等 6 国语言以供客户浏览。数据库内容囊括设计、消费形态、零售等的前瞻性趋势预测，助力企业展望未来市场。

本章小结

网络及现代信息技术的飞跃发展促使数字信息资源的需求和使用呈现指数级增长。国外数据库的成功引进缓解了我国高校外文文献长期短缺、无从获取或迟缓的问题，对高校科研和教学起到了极大的推动作用。从某种意义上说，外文数据库是我国学者和研究人员了解世界先进科技和研究成果的窗口。因此，对外文数据库内容的了解将对我们的学习和研究起到重要的作用。外文数据库起步较早，发展也相对完善一些，尤其是一些规模较大的出版社和集成商很注意用户的个性化服务，极大地方便和满足了读者的使用和需求。

外文数据库从专业类到综合类、从全文型到文摘型、从文献的单纯检索工具到提供详细信息的百科全书，内容相当丰富，所涵盖学科极为广泛，使用和检索的方式也非常快捷和简单。

思考题

1.请举例说明外文数据库分为哪几种类型及各自的特点。

2.EBSCO 数据库中，我国高校使用最广泛的是哪两个数据库？它们各自的侧重点是什么？

3.ScienceDirect 数据库有哪些个性化功能？

4.Springer Link 电子期刊数据库提供哪些个性化服务？

5.试列举几个与自己所学专业相关的数据库并简要介绍其使用方法。

第七章

特种文献信息资源检索与利用

特种文献是指普通图书、期刊之外，出版发行和获取途径都比较特殊的科技文献。特种文献一般包括会议文献、科技报告、专利文献、学位论文、标准文献、科技档案、政府出版物等几大类。特种文献特色鲜明、内容广泛、数量庞大、参考价值高，是非常重要的信息源，也是代表当前最高水准的文献资源，以下将分别介绍各类特种文献的检索与获取。

| 第一节 | 会议文献信息的检索

一、会议信息与会议文献①

会议文献是指在各种学术会议上宣读的论文、产生的记录及发言、论述、总结等形式的文献，包括会议前参加会议者预先提交的论文文摘、在会议上宣读或散发的论文、会上讨论的问题、交流的经验和情况等经整理、编辑加工而成的正式出版物。许多学科中的新发现、新进展、新成就以及新的研究课题和新设想，都是以会议论文的形式向公众首次发布的。

会议文献具有以下特点：内容新颖，及时性强，学术水平高，专业性强，数量庞大，内容丰富，可靠性强，出版形式多种多样。因此，会议文献在主要的科技信息源中的重要性和利用率仅次于期刊。

（一）会议文献的类型

按出版时间的先后，会议文献有以下三种：

（1）会前文献：会前文献一般是指在会议进行之前预先印发给与会代表的论文、论文摘要或论文目录。会前文献具体有四种：会议论文预印本、会议论文摘要、议程和发言提要、会议近期通讯或预告。大约50%的会议只出版预印本，会后不再出版会议录。在此情况下，预印本就是唯一的会议资料。

（2）会中文献：包括开幕词、讲演词、闭幕词、讨论记录、会议简报、决议等。

（3）会后文献：主要指会议结束后正式发表的会议论文集。会后文献有许多不同的名

---

① 佚名. 会议文献和学位论文及其检索 [EB/OL]. [2014-11-02]. http://www.docin.com/p-543263330.html.

称：会议录（proceeding）、会议论文集（symposium）、学术讨论论文集（colloquium papers）、会议论文汇编（transactions）、会议记录（records）、会议报告集（reports）、会议论文集（papers）、会议出版（publications）、会议纪要（digest）等。

（二）会议文献的出版形式

会议文献的出版形式很多，主要有以下几种：

（1）图书：多数以会议名称作为书名，或另加书名，将会议名称作为副书名。一般按会议届次编号，定期或不定期出版。

（2）期刊：除图书形式外，相当一部分会后文献以期刊形式发表。它们大都发表在有关学会、协会主办的学术刊物中。有些会议文献作为期刊的副刊或专号出版。

（3）科技报告：有一部分会议论文被编入科技报告。

（4）视听资料：会后文献出版较慢，因此国外有的学术会议直接在开会期间进行录音、录像，会后以视听资料的形式发表。

（三）会议文献的检索

会议文献的获取途径有很多，比如通过网络搜索引擎检索；通过相关学会、专业网站查找；通过会议文献数据库检索；通过专业期刊获得；也可以通过新闻组、论坛等获取。以下介绍几种可以获取会议文献的数据库：

（1）中国重要会议论文全文数据库（知网）（http://kns.cnki.net），重点收录1999年以来，中国科协系统及国家二级以上的学会、协会，高校、科研院所，政府机关举办的重要会议以及在国内召开的国际会议上发表的文献。其中，国际会议文献占全部文献的20%以上，全国性会议文献超过总量的70%，部分重点会议文献回溯至1953年。目前，已收录出版国内外学术会议论文集3万余本，累积文献总量300万余篇。

（2）中国学术会议文献数据库（万方）（http://www.wanfangdata.com.cn），会议资源包括中文会议和外文会议，中文会议收录始于1982年，收录中文会议论文共计538万多篇，年搜集4 000多个重要学术会议，年增20万篇全文，每月更新；外文会议主要来源于外文文献数据库，收录了1985年以来世界各主要学协会、出版机构出版的学术会议论文，共计766万多篇。

（3）国家科技图书文献中心（https://www.nstl.gov.cn），收藏世界上所有科技类重要学协会出版的会议文献，涵盖基础科学、工程技术、农业科学、医学科学等领域的科技文献信息资源。

（4）工程索引（The Engineering Index，EI）（https://www.engineeringvillage.com）是供查阅工程技术领域文献的综合性情报检索刊物，收录1万多种自然科学、工程技术与社会科学领域国际会议文献的文摘与引文。

（5）科技会议录索引（Conference Proceedings Citation Index，CPCI）（http://www.cpci-istp.com），原名也叫ISTP检索，科技会议录索引是ISI（美国科学信息研究所）出版的会议录索引数据库，CPCI检索被列入"三大文献索引"之一。ISI基于Web of Science的检索平台，将Conference Proceedings Citation Index - Science（科技会议录索引，简称CPCI-S）和Conference Proceedings Citation Index - Social Science & Humanities（社会科学与人文会议录索引，简称CPCI-SSH）两大会议录索引集成为ISI Proceedings，两大会议录共用一个检索平台Web of Science Proceedings（WOSP）。平台主要收录生命科学、物理与

化学科学，农业、生物和环境科学，临床医学，工程、技术和应用科学等领域的会议论文，每年报导论文近13万篇，占重要会议论文的75%～90%。

|第二节| 专利文献信息的检索

一、专利文献信息概述

专利是国家按专利法授予申请人在一定时间内对其发明创造成果所享有的独占实施的权利。

专利文献是实行专利制度的国家及国际性专利组织在审批专利过程中产生的官方文件及出版物的总称。广义的专利文献包括申请说明书、专利说明书、专利公报、专利分类表等；从狭义上来说，专利文献指的是申请说明书和专利说明书。在专利文献的各种出版物中，专利说明书出版量最大，世界上年出版量为100万～110万件。目前专利说明书总累积出版量为4 000多万件。

二、专利文献信息的检索

（一）中国专利文献

1. 专利公报

专利公报是检索近期中国专利的有效工具，如图7-1所示。

A01					发明专利申请公开
国际专利分类号	公开号	申请号	申请人	发明名称	卷期号
A01N 47/38	CN 1202172A	96197871.6	纳鲁尔杜邦公司	具有除草作用的磺酰脲	14-50
A01N 47/38	CN 1195475A	98104081.0	拜尔公司	基于1（2-氯基基）4（N-环已基 N-乙基氧基取代基）-1,4二氯 5H 四唑 5 酮和杀神的选择性除莠剂	14-41
A01N 47/40	CN 1198889A	98102055.0	李南松	一种消杀菌去行片	14-46
A01N 47/42	CN 1198736A	96197334.X	拜尔公司	用于保护植物和材料的 N-磺酸苯氨基二硫化合物	14-45
A01N 47/44	CN 1194778A	96104850.6	先灵民	适于型电话专用的磺清洁剂	14-40
A01N 47/44	CN 1196178A	97105783.4	山东农业大学	吡虫啉增效农药助合物	14-42
A01N 53/00	CN 1198657A	96197416.8	拜尔公司	含拟除虫菊酯和昆虫生长抑制剂的协性化合物助合物	14-45

图7-1　专利公报样页

国家知识产权局从1985年9月10日起，陆续出版发行《发明专利公报》《实用新型专利公报》《外观设计专利公报》。当年共公布专利申请1.1万件，到1998年，全年公布的专利申请总量已达12.1989万件。自1985年4月我国受理第一件专利申请以来，据国家知识产权局权威数据，2018年我国三大专利授权量分别是：发明专利43.2万件，占比18%；实用新型专利147.9万件，占比60%；外观设计专利53.6万件，占比22%。

①《发明专利公报》：文摘型周刊。国家知识产权局自1985年9月10日起开始公开出版，1986年7月前为月刊，1986年7月起改为周刊。

②《实用新型专利公报》：文摘型周刊。国家知识产权局自1985年9月10日起开始公开出版，1986年1月前为月刊，1986年1月起为周刊。

③《外观设计专利公报》：文摘型周刊。国家知识产权局自1985年9月10日起开始公开出版，1987年12月前为月刊，1988年1月起为半月刊，1990年1月起为周刊。

每期公报后附有三种索引：国际专利分类号索引、号码索引（公开号、申请号、审定号或专利号）、申请人/专利权人索引。

2. 中国专利年度索引

中国专利年度索引自 1986 年由专利文献出版社出版，是按年度累积出版的题录型专利文献检索工具。该索引将当年在三种专利公报上发布的发明专利申请公开、发明专利权授予、实用新型专利权授予和外观设计专利权授予等有关内容汇集在一起，出版分类年度索引，申请人·专利权人年度索引，申请号、专利号索引三种。1986—1992 年每年出版一次，1993—1996 年改为每半年出版一次，从 1997 年起改为每季度出版一次。

3. 中国专利分类文摘

该文摘分两个分册出版，即《中国发明专利分类文摘》和《中国实用新型专利分类文摘》，均为年度累积本。其编排形式是按 IPC 分类号顺序将全年公开的专利申请以题录加文摘形式予以报道，它是深度检索中国专利信息的重要工具。

（二）德温特世界专利文献检索

英国德温特出版公司（Derwent Publication Ltd.）是一家专门从事专利文献报道的私营出版机构，它成立于 1951 年，20 世纪 50 年代仅从事少数国家的专利文献报道，60 年代扩大了报道范围，并开始按行业报道部分专业的专利文献。德温特出版公司检索体系出版速度快，载体形式多样，一般国家的专利公布后 4～5 周内，即在其出版物中给予报道。目前德温特出版公司的检索体系是世界上最著名、规模最大的专利检索系统。

德温特世界专利的网络检索：http：//www.patentexplorer.com。

德温特出版公司 1997 年 11 月在网络上推出了专利服务站点，收录了 1974 年以来美国专利文献 200 万条、1978 年以来欧洲专利文献 100 万条，是因特网上第一家用全文和图像方式同时提供美国和欧洲专利服务的系统。Patent Explorer 上的检索全部免费，并允许用户保存检索结果，同时它还提供一整套文献传送服务。

（三）检索专利文献的数据库

目前国内外各数据库商都很重视专利文献信息的收录，有专门的专利检索数据库，也有综合数据库收录的专利文献频道，有中文专利检索系统，也有国外专利文献检索系统。

（1）欧洲专利数据库（https：//worldwide.espacenet.com/），该网站主要搜集在欧洲地区申请的专利，可以精确查找，也可以二次检索、高级检索等，同时支持同族专利检索。

（2）PatSnap 智慧芽（https：//www.zhihuiya.com），依托全球 116 个国家/地区，1.3 亿专利数据库，其收录的数据大部分向各国专利局进行直接购买，另有一部分通过正规渠道向数据供应商购买。

（3）Innojoy 全球专利搜索引擎系统（http：//www.innojoy.com），收录全球 105 个国家/地区专利数据，60 个国家/地区的法律状态，19 个国家/地区的代码化全文，14 个国家/地区的小语种优质英文翻译，并且具备独有的美国增值数据，可以为公开专利提供预测专利权人、同族专利数据、引证数据等。

（4）SooPAT 专利数据库（http：//www.soopat.com），该数据库可以进行表格检索、IPC 分类检索和语句检索，还可以查看专利法律状态，并且可以进行专利号的批量导出、专利扉页批量导出、专利全文批量打包下载功能。

（5）WIPO世界专利数据库（http：//patentscope.wipo.int），数据库可以对不同国家和地区专利局的专利文献进行查询，检索时可以用多种文字输入关键字、申请人名称、国际专利分类等字段进行检索。

（6）国家科技图书文献中心（https：//www.nstl.gov.cn），中心收录包括16个国家和地区的专利，包括中国国家知识产权局从1985年以来的所有公开（告）文献。

（7）中国专利全文数据库（知网版）（http：//dbpub.cnki.net），涵盖从1985年至今的中国专利，目前共计收录专利2 200余万条。

（8）万方国内外专利数据库（http：//g.wanfangdata.com.hk/），包括发明专利、实用新型及外观设计专利，总计290余万项。

|第三节| 标准文献信息的检索

一、标准信息概述

我国的国家标准GB3935-1-83中对标准所作的定义是：标准是对重复性事物和概念所做的统一规定，它以科学、技术和实践经验的综合成果为基础，经有关方面协商一致，由主管机构批准，以特定形式发布，作为共同遵守的准则和依据。标准不仅是从事生产、建设工作的共同依据，而且是国际贸易合作、商品质量检验的依据。

（一）标准的类型

按标准的适用范围划分：国际标准、区域标准、国家标准、专业标准、企业标准。

按照标准化对象划分：技术标准、管理标准、工作标准。

按标准的成熟度划分：强制标准、推荐标准（保障人体健康，人身、财产安全的标准和法律、行政法规规定强制执行的标准是强制标准，其他标准是推荐标准）。

（二）标准文献及其作用

标准文献是按照规定程序编制并经过一个公认的权威机构（主要机关）批准的，供在一定范围内广泛而多次使用，包括一整套在特定活动领域必须执行的规格、定额、规划、要求的技术文件，通常统称为"标准"。标准文献与图书、期刊、专利、学位论文、科技报告、会议文献等完全不同，标准文献的制定要通过起草、提出、批准、发布等，并规定实施时间与范围。

标准文献有利于企业或生产实现经营管理统一化、制度化、科学化。标准文献反映的是当前的技术水平，国外先进的标准可以为我们提高工艺技术水平、开发新产品提供参照。另外，标准文献还可以为进口设备的检验、装配、维修和配置零部件提供参考。因此，标准文献可以说是世界重要的情报资源，它为整个社会提供了协调统一的标准规范，起到了解决混乱和矛盾的整序作用。

二、标准文献的检索

（一）国内标准文献的检索

（1）《中华人民共和国国家标准目录》，由国家标准局编、中国标准出版社出版，包括顺序目录和分类目录两部分。

（2）《中国国家标准汇编》，由中国标准出版社出版，自1983年至今已出版近200卷，收录了公开发布的全国现行的国家标准，其各卷及正文按国家标准号顺序排列，在已知标准号情况下，可直接查到标准全文。

（二）国外标准文献的检索

1.ISO国际标准的检索

ISO国际标准是国际标准化组织（International Organization for Standardization，ISO）颁布的标准。ISO成立于1947年，是世界上最大的国际标准化机构，目前已有成员100多个，任务是制定国际标准，协调世界范围内的标准化工作，促进标准的开发及有关活动，在全球实现交流和合作，负责除电工领域外的一切国际标准化工作。ISO的所有标准每隔5年重新审定一次，应注意利用最新版本。

ISO国际标准的网络检索：http：//www.iso.ch。

2.IEC国际电工标准的检索

IEC国际电工标准是由国际电工委员会（International Electrotechnical Commission，IEC）统一制定的。IEC成立于1906年，1947年曾合并于ISO，目前IEC与ISO相互独立，并列为两大国际性标准化组织。IEC专门负责研究和制定电工电子技术方面的国际标准，包括综合性基础标准、电工设备标准、电工材料标准、日用电器标准、仪器仪表及工业自动化标准、安全标准等。IEC设有79个技术委员会（TC）和27个分委员会（SC），1975年以前IEC公布的是推荐标准，1975年以后为IEC国际标准。

IEC国际电工标准的网络检索：http：//www.iec.ch。

（三）检索标准文献的数据库

（1）国家标准全文公开系统（http：//www.gb688.cn），本系统收录现行有效强制性国家标准1977项，其中非采标1334项可在线阅读和下载，采标643项只可在线阅读；收录现行有效推荐性国家标准34382项，其中非采标21671项可在线阅读，采标12711项只提供标准题录信息。系统公开了国家市场监督管理总局、国家标准委2017年1月1日前已批准发布的所有强制性国家标准、推荐性国家标准（非采标），系统对国家市场监督管理总局、国家标准委自2017年1月1日后新发布的国家标准，将在《国家标准批准发布公告》发布后20个工作日内公开标准文本，其中涉及采标的推荐性国家标准的公开，将在遵守国际版权政策前提下进行。

（2）《标准数据总库（知网版）》（http：//epub.cnki.net），分为《中国标准题录数据库》（SCSD）、《国外标准题录数据库》（SOSD）、《国家标准全文数据库》和《中国行业标准全文数据库》。《中国标准题录数据库》（SCSD）收录了所有的中国国家标准（GB）、国家建设标准（GBJ）、中国行业标准的题录摘要数据，共计标准约13万条；《国外标准题录数据库》（SOSD）收录了世界范围内重要标准，如国际标准（ISO）、国际电工标准（IEC）、欧洲标准（EN）、德国标准（DIN）、英国标准（BS）、法国标准（NF）、日本工业标准（JIS）、美国标准（ANSI）、美国部分学协会标准（如ASTM、IEEE、UL、ASME）等标准的题录摘要数据，共计标准约31万条。《国家标准全文数据库》收录了由中国标准出版社出版的、国家标准化管理委员会发布的所有国家标准，占国家标准总量的90%以上。《中国行业标准全文数据库》收录了现行、废止、被代替以及即将实施的行业标准，全部标准均获得权利人的合法授权。标准的内容来源于中国标准化研究院国家标准馆，相关的文献、专利、成果等信息来源于CNKI各大数据库。可以通过标准号、中文标题、英文标题、中文关键词、英文关键词、发布单位、摘要、被代替标准、采用关系等检索项进行检索。

（3）国家科技图书文献中心（https：//www.nstl.gov.cn），标准数据库涵盖英国、德国、法国、日本、美国重要学协会标准数据库和中国国家标准数据库，内容涉及科学研究、社会管理以及工农业生产的各个领域，约157 507条数据。

（4）万方中外标准数据库（http：//www.wanfangdata.com.cn），数据库收录了所有的中国国家标准（GB）、中国行业标准（HB），以及中外标准题录摘要数据，共计200余万条记录。其中，中国国家标准全文数据内容来源于中国质检出版社（现中国质量标准出版传媒有限公司）；中国行业标准全文数据收录了机械、建材、地震、通信标准以及由中国质检出版社（现中国质量标准出版传媒有限公司）授权的部分行业标准；中外标准题录摘要数据内容来源于中国标准化研究院。

|第四节| 学位论文信息的检索

一、学位论文概述

（一）学位论文的定义

学位论文指高等学校、科研单位等学员和有关人员为获得某种学位而撰写的论文，包括学士论文、硕士论文和博士论文等。高水平的学位论文大多包含重要情报和新颖的观点，具有较高的参考价值，特别是硕士论文、博士论文。学位论文在英国被称为thesis，在美国被称为dissertation。

（二）学位论文的特点

学位论文学术性强，内容比较专一，引用材料比较广泛，阐述较为系统，论证较为详细，一般不公开发表，获取比较困难。[①]

（三）学位论文的收藏

学位的授予是从欧洲的中世纪开始的，在学位论文的处理上，各个国家的学校和研究机构不尽相同，只有少数国家将学位论文集中保存，统一报道和提供。

美国学位论文由美国大学缩微品国际出版公司（University Microfilms International，UMI）收藏，该公司还搜集、报道和提供其他国家的学位论文。

英国的学位论文被统一收藏于英国图书馆的国家外借图书馆（NLL）内，对读者提供复印服务。

日本规定国立大学的学位论文统一收藏于日本国家图书馆内。

在中国，除了原授予学位的各大学和研究机构图书馆收藏本单位的学位论文以外，收藏学位论文的主要机构有：国家图书馆、中国科学技术信息研究所（主要收藏自然科学学位论文，同时也收藏部分国外学位论文）和北京文献服务处。目前国内外也有很多数据库与高校协议将其毕业生的学位论文收录于统一的数据库平台，便于检索和共享。

---

① 王细荣，等. 文献信息检索与论文写作［M］. 上海：上海交通大学出版社，2006：64.

二、学位论文的获取途径

一般来说，读者可通过以下方式获取学位论文原文：

（一）直接从原学校、机构获取

作为学术价值较高的特种文献之一的学位论文，特别是博士、硕士论文，作者所申请学位单位（所在大学、研究所等）的图书情报部门（主要为图书馆）一般都收藏其印刷版的原始资料及相应的电子版，所以学位论文原文可以通过申请学位所在单位图书情报收藏部门获取。

（二）通过各种学位论文商业数据库获取

目前有多种中外学位论文数据库，如CNKI的优秀硕士学位论文全文数据库、中国博硕士论文数据库、万方学位论文数据库、ProQuest学位论文数据库等。通过网络检索相应的全文数据库，可以获取电子版学位论文。

（1）CNKI的中国优秀硕士学位论文全文数据库（http：//www.cnki.net/），重点收录全国"985""211"重点院校，中国科学院、社会科学院等研究院所的优秀硕士论文及重要特色学科（如通信、军事学、中医药等专业）的优秀硕士论文。目前，该数据库收录来自654家培养单位的优秀硕士学位论文2 147 863篇。中国博士学位论文全文数据库收录全国"985""211"重点院校，中国科学院、社会科学院等研究院所的博士学位论文。目前，该数据库收录来自419家培养单位的博士学位论文246 541篇。

（2）万方数据的中国学位论文全文数据库（http：//new.wanfangdata.com.cn），精选全国重点学位授予单位的硕士、博士学位论文以及博士后报告，内容涵盖理学、工业技术、人文科学、社会科学、医药卫生、农业科学、交通运输、航空航天和环境科学等各学科领域，是我国收录数量最多的学位论文全文数据库。该数据库收录自1980年以来的学位论文，每年增加约30万篇。

（3）国家科技图书文献中心（https：//www.nstl.gov.cn）。中文学位论文，收录1984年至今我国高校、科研院所授予的硕士、博士学位论文和博士后报告220多万篇，每年增加论文近20万篇。学科涉及自然科学各专业领域，涵盖全国1 093所高校及科研机构。经济（F）、医药卫生（R）及自动化技术、计算机技术（TP）的学位论文馆藏量分列前三位。外文学位论文，收藏ProQuest公司出版的2001年以来的电子版优秀硕博士论文30多万篇，每年新增约4万篇，涉及自然科学和社会科学领域，涵盖924所国外高校及科研机构。工程类、生物学、化学学科的学位论文馆藏量分列前三位。

（4）数字化博硕士论文文摘数据库（ProQuest Dissertations & Theses，PQDT）（https：//www.proquest.com/products-services/dissertations/），收录有欧美1 000余所大学文、理、工、农、医等领域的博士、硕士学位论文，是学术研究中十分重要的信息资源。

（三）通过文献传递获取

目前各图书馆及图书情报机构基本都提供文献传递服务，文献传递也是学位论文获取的一种有效手段。关于文献传递，请参照本书第四章第二节内容。

（四）国家图书馆学位论文检索

国家图书馆是教育部指定的全国博士论文、博士后研究报告收藏机构，并收藏我国海外留学生的部分博士论文，提供论文阅览、复制等服务。国家科技图书文献中心中文学位论文，收藏我国高等院校、研究生院及科研院所的硕士、博士论文和博士后研究报告，涉及自然科学各专业领域，并兼顾人文社科。读者检索到需要的论文后，可自己联系获取，或通过图书馆的文献传递服务获取。

|第五节| 科技报告信息的检索

一、科技报告概述

（一）科技报告的定义

科技报告是对科学、技术研究结果的报告或研究进展的记录。它可以是科研成果的总结，也可以是科研进展情况的实际记录。许多最新的研究成果，尤其是尖端学科的最新探索往往出现在科技报告中。

科技报告是报道研究工作和开发调查工作的成果或进展情况的一种文献类型，注重详细记录科研进展的全过程。大多数科技报告都与政府的研究活动、国防及尖端科学技术领域有关。其撰写者或提出者主要是政府部门、军队系统的科研机构和一部分由军队、政府部门与之签订合同或给予津贴的私人公司、大学等。

科技报告所报道的内容一般必须经过有关主管部门的审查与鉴定，因此具有较强的成熟性、可靠性和新颖性，是一种非常重要的学术信息资源。

（二）科技报告的类型

1.按内容划分

科技报告按内容可分为两类：基础理论研究报告和工程技术报告。

2.按形式划分

科技报告按形式可分为：技术报告（technical reports，TR）、技术札记（technical notes，TN）、技术论文（technical papers，TP）、技术备忘录（technical memorandum，TM）、通报（bulletin）、技术译文（technical translations，TT）、合同户报告（contractor reports，CR）、特种出版物（special publications，SP）、其他（如会议出版物、教学用出版物、参考出版物、专利申请说明书及统计资料）等。

3.按研究进度划分

科技报告按研究进度可分为以下几种：

初期报告（primary report），研究单位在进行某研究项目时的计划性报告。

进展报告（progress report），报道某项研究课题或某研究机构的工作进展情况。

中间报告（interim report），报道某项研究课题某一阶段的工作小结以及对下一阶段的建议等。

最终报告（final report），科研工作完成后所写的报告。

4.按保密性划分

科技报告按保密性可分为以下几种：

保密报告（classified report），按内容分成绝密、机密和秘密三个级别，只供少数有关人员参阅。

非保密报告（unclassified report），分为非密限制报告和非密公开报告。

解密报告（declassified report），保密报告经一定期限，经审查解密后，成为对外公开发行的文献。

（三）科技报告的特点

1.反映新的科技成果迅速

由于有专门的出版机构和发行渠道，科研成果通过科技报告的形式发表通常比期刊早一年左右。

2.内容新颖、专深具体

科技报告报道的题目大都涉及尖端科学的最新研究成果，对问题研究的论述包括各种研究方案的选择和比较，各种可供参考的数据和图表、成功与失败的实践经验等，内容很具体。

3.种类多、数量大

科技报告几乎涉及整个科学技术领域以及社会科学、行为科学和部分人文科学。据统计，全世界每年出版的科技报告数量达100万件以上。其中，最多的是美国，约占83.5%；其次为英国，占5%；德国、法国各占1.5%。此外，日、俄、加等国也都有一定数量的科技报告。

4.出版形式独特

每篇科技报告都是独立的、特定专题的技术文献，独自成册，以单行本形式出版发行。但是同一单位、同一系统或同一类型的科技报告都有连续编号，每篇报告一个号码。科技报告一般无固定出版周期，报告的页数多少不等，多至八九百页，少至几页。除一部分科技报告可直接订购外，多数不公开发行。

二、科技报告信息检索

（一）国家科技报告服务系统（http：//www.nstrs.cn）

系统提供4 000余份科技报告，并开通了针对社会公众、专业人员和管理人员三类用户的服务。向社会公众无偿提供科技报告摘要浏览服务，社会公众不需要注册，即可通过检索科技报告摘要和基本信息，了解国家科技投入所产出科技报告的基本情况。向专业人员提供在线全文浏览服务，专业人员需要实名注册，通过身份认证即可检索并在线浏览科技报告全文，但不能下载保存全文。科技报告作者实名注册后，将按提供报告页数的15倍享有获取原文推送服务的阅点。向各级科研管理人员提供面向科研管理的统计分析服务，管理人员通过科研管理部门批准注册，免费享有批准范围内的检索、查询、浏览、全文推送以及相应统计分析等服务。

（二）国家科技图书文献中心（https：//www.nstl.gov.cn），

中心收藏了美国著名的四大科技报告全文数据库（AD、PB、NASA、DOE）、行业报告、市场报告、技术报告等，侧重于军事工程技术、民用工程技术、航空和空间技术、能源技术及前沿技术的战略预测等内容报告。

（三）万方数据资源科技报告（http：//new.wanfangdata.com.cn）

中文科技报告，收录始于1966年，源于中华人民共和国科学技术部，共计20 000余份；外文科技报告，收录始于1958年，美国政府四大科技报告全文数据库（AD、PB、NASA、DOE），共计1 100 000余份。

（四）美国国家技术情报服务局（NTIS）（http：//www.ntis.gov），

主要是美国的四大报告，另外包括美国农业部、教育部等的科技报告；同时也收录世界其他许多发达国家，如日本、欧洲各国以及一些国际组织的报告。

本章小结

本章主要介绍了除图书、期刊外的一些特种文献的定义、类型及检索方法，虽然大众对于特种文献的需求可能不及对图书、期刊文献信息需求多，但是特种文献在文献资源大家庭中起到的作用也是不可忽视的，它以自身鲜明的特色、庞大的数量、宽泛的内容等特点，为社会进步和科学研究等方面都提供了重要的信息资料，是不可或缺的文献类型。

思考题

1. 什么是特种文献？特种文献有哪些类型？
2. 学位论文的几种获取方式都是什么？
3. 简述会议论文可以提供给人们什么样的信息。

第八章

学术信息整合及发现平台

中、外文数据库数量众多，且各自的收录范围、学科领域及检索方式又各具特点，用户在查找资源时难免存在无从选择或不得不多次检索的情况，一旦所选择的数据库不合适就很难查全查准。针对这种问题，数据商们开发了发现系统平台，即通过挂接技术将各数据库的检索入口统一起来，建立一个类似搜索引擎一样的一框式检索平台，用户只需一次输入便可以获得在众多数据库中进行检索的全部命中结果，并直接跳转至文献下载页面或提供可以获取文献的途径，有些发现平台不仅揭示数据库收录的文献资源状况，还能够按照资源信息进一步整理分析数据，使用户在获取单一文献的同时还能了解到相关资源之间的关系和相应的数据。本章将介绍几个常用发现系统平台及其使用方法。

第一节 超星百链及发现系统

一、百链云服务

（一）概述

百链数据库是超星公司的产品，该数据库可实现一键式检索全部中外文资源，一次检索相当于在全国1 800余所高校，近400个中、外文数据库中同时进行检索。在校内使用时，本机构已购买的资源可以直接跳转至相应数据库页面进行下载，本校未购资源可以利用数据库系统本身提供的"文献传递"服务，输入邮箱和验证码，一般文献会在24小时内发送至邮箱。利用百链检索文献，中文资源文献满足率可达96%，外文文献满足率可达90%。另外，本数据库还提供校内进行用户认证，校外漫游账号登录使用的服务，账号一经注册适用于超星各产品（读秀、百链、学习通）且终身使用，用户在机构外下载资源一律通过"文献传递"方式进行。

网址：www.blyun.com。

（二）使用方法

1.检索

在检索框上部选择文献类型，输入检索词，点击下方"中文搜索"或"外文搜索"（如图8-1所示），"中文搜索"会跳转至读秀页面进行多种类型中文文献的检索（前提是机构已经购买了读秀），"外文搜索"主要检索的是外文的电子期刊。百链"外文搜索"结果页面如图8-2所示。

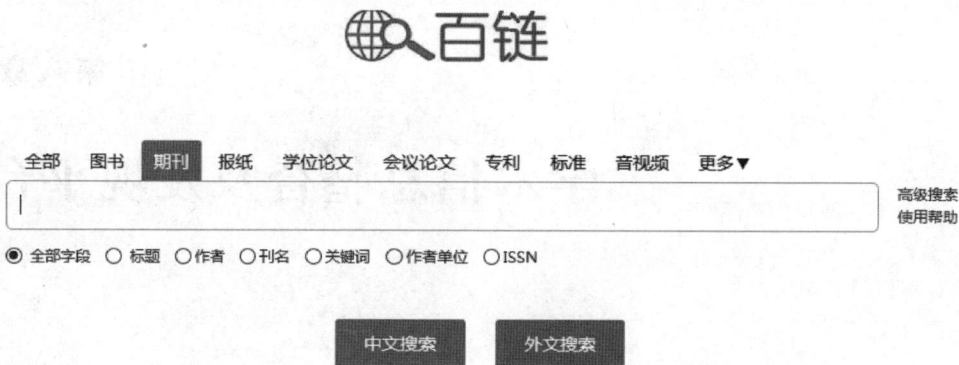

图 8-1　百链主页

找到与 (所有字段=cell) 相关的 外文期刊 11027945 篇,用时 0.229 秒

类型

本馆电子(3532799)

□ **A Cell-ebration of Induced Pluripotency.**
　作者 : editorial teams of Cell and Cell Stem Cell.　刊名 : Cell　出版日期 : 2016　卷号 : Vol.164　期号 : No.3　页码 : 331
　doi : 10.1016/j.cell.2016.01.017
　获取途径 : OA资源　ScienceDirect　邮箱接收全文

年代

2019(772)

2018(306664)

2017(417048)

□ **Cells**
　作者 : SC Fry　刊名 :《Encyclopedia of Applied Plant Sciences》, 2017 :174-184　出版日期 : 2017
　获取途径 : ScienceDirect　邮箱接收全文

2016(461787)

2015(473786)

2014(457859)

□ **Cells.**
　作者 : Benson, Fiona　刊名 : New Statesman　出版日期 : 2018　卷号 : Vol.147　期号 : No.5423　页码 : 40
　获取途径 : EBSCO(asp/bsp)　邮箱接收全文

2013(452111)

2012(413089)

2011(410886)

□ **Cells.**
　作者 : Benson, Fiona　刊名 : New Statesman　出版日期 : 2018　卷号 : Vol.147　期号 : No.5423　页码 : 40
　获取途径 : EBSCO(asp/bsp)　邮箱接收全文

2010(431432)

更多...

学科

图 8-2　百链"外文搜索"结果页面

2.检索结果

在文章题名下方会列出获取全文的方式，一般有 OA 资源、具体数据库（如 ScienceDirect 等）、邮箱接收全文等途径，前两种可以直接点击链接跳转到相应下载页面直接下载文章，如果下载文章遇到问题，或者只有邮箱接收全文一种途径，请直接点击进入文献传递页面，输入邮箱及验证码即可，文章一般会在 24 小时内发送至邮箱。文献传递表单页面如图8-3所示。

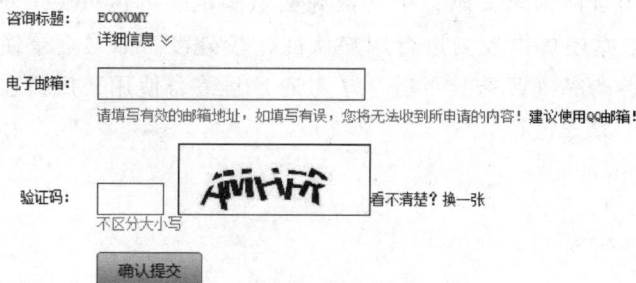

咨询标题：　ECONOMY
　　　　　　详细信息 ≫

电子邮箱：　[　　　　　　　　]
　　　　　　请填写有效的邮箱地址,如填写有误,您将无法收到所申请的内容! **建议使用QQ邮箱!**

验证码：　[　　　]　[验证码图片]　看不清楚? 换一张
　　　　　不区分大小写

　　　　　[确认提交]

图 8-3　文献传递表单页面

3.机构外访问

本数据库在机构内注册并认证后在机构外也可使用，不但可以查询外文期刊，也可查询中文期刊和图书，非常方便，方法如下：登录www.blyun.com，在网页右下角会出现一个对话框，如图8-4所示，点击"我要注册"，按说明注册并绑定即可，这个注册需要在学校的IP范围之内进行，认证成功后便可终身使用该数据库。用户注册页面如图8-5所示。

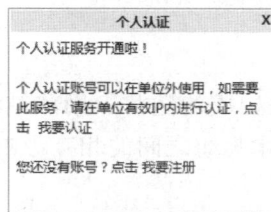

图8-4　个人认证服务页面

图8-5　用户注册页面

二、超星发现

（一）概述

超星发现以近十亿海量元数据为基础集成统一的学术资源搜索，进而通过分面聚类、引文分析、知识关联分析等实现高价值学术文献发现、纵横结合的深度知识挖掘、可视化的全方位知识关联。超星发现系统除了具有一般搜索引擎的信息检索功能外，其最大的功能是提供了深达知识内在关系的强大知识挖掘和情报分析功能。为此，发现的检索字段大大增加，更具备大到默认支持全库数据集范围的空检索，细到可以通过勾选获取非常专指主题的分面组合检索，从而实现了对学术宏观走向、跨学科知识交叉及影响和知识再生方向的判断，具备了对任何特定年代，或特定领域，或特定人及机构的学术成果态势进行大尺度、多维度的对比性分析和研究。超星发现系统是学者准确而专业地进行学术探索和激发创新灵感的研究工具。

网址：ss.zhizhen.com。

（二）主要功能

1.多维分面聚类

搜索结果按各类文献的时间维度、文献类型维度、主题维度、学科维度、作者维度、机构维度、权威工具收录维度等进行任意维度的聚类。

2.智能辅助检索

借助内置规范知识库与用户的历史检索发现行为习惯，自动判别并切换到与用户近期行为最贴切的领域，帮助实时把握所检索主题的内涵。

3.立体引文分析

实现图书与图书之间、期刊与期刊之间、图书与期刊之间以及其他各类文献之间的相互参考、相互引证关系分析。

4.考镜学术源流

通过单向或双向线性知识关联构成的链状、网状结构，形成主题、学科、作者、机构、地区等关联图，从而反映出学术思想之间的相互影响和源流。

5.展示知识关联

集知识挖掘、知识关联分析与可视化技术于一体，发现知识与知识、人与知识、知识与机构、机构与机构以及人与人之间的相互关系，能够将发现数据及分析结果以表格、图形等方式直观展示出来。

6.揭示学术趋势

揭示出任一主题学术研究的时序变化趋势图，在大时间尺度和全面数据分析的高度洞察该领域研究的起点、成长、起伏与兴衰，从整体把握事物发展的完整过程和走向。

|第二节| EDS/FIND+文献发现系统

一、概述

EDS/FIND+包含国外出版商授权提供的元数据和先进的多语种搜索技术，结合本地化功能和服务，搭建国内领先的、适合中国地区图书馆用户的一站式检索服务平台。系统覆盖全球9万多家期刊和图书出版社的资源总量达14亿多条，覆盖的学术期刊超过17.7万种，其中全文资源近7000万条，包含学科期刊、会议报告、学术论文、传记、音视频、评论、电子资源、新闻等几十种类型的学术资源。学术资源的语言种类有近200种，非英语的出版社资源超过3000家。中文资源总量也达到近2亿条，期刊论文篇目数据达到8000万条，书目信息资源800万条，电子书资源200万条；图书超过1200万种，同时EDS/FIND+平台也扩展了期刊导航、学科导航、数据库期刊浏览、期刊检索、参考引文检索等功能。

系统包含外文资源发现、中文资源发现、馆藏资源发现、全文导航四大模块。其中，外文资源发现是基于合法授权的内容及部署于美国的元数据仓和外文检索技术来实现的；中文资源发现采用不属于中国的元数据仓储和检索技术，内容涵盖所有主流中文数据库；馆藏资源发现在揭示OPAC信息的基础上，扩展提供封面、目录、简介、评论、图书馆导购等多种书目增值服务信息。系统为读者提供统一的检索界面和检索方式，使读者能对图书馆所拥有的各种资源系统，包括电子期刊、电子图书、馆藏书目、机构典藏、开放存取数据库等资源进行一站式整合检索。

网址：该数据库网址需根据具体使用机构单独构建。

二、使用方法

（一）检索

EDS/FIND+的检索非常简单，只需在检索框中输入检索词再点击"检索"即可，很方便的一点是这个平台支持中、英文检索，输入中文检索词便检索中文数据库，输入英文检索词便检索英文数据库。

（二）检索结果

1.限定检索结果

平台的检索结果页面一般会出现命中文献列表，检索结果页面左侧会有一些限定选项供读者选择以精确检索结果，诸如资源范围（电子资源/馆藏目录）、限定显示范围（在线全文资源/同行评审期刊）、扩展结果范围（同时在全文中检索/提供关联词汇结果）、年份、资源类型、主题词、出版商、出版物、语言、地区等。

2.获取全文途径

检索结果中每一篇文献下方都会揭示获取文献全文的方式，对于本机构有馆藏的文献（即机构购买的其他数据库中已经收录的文献），EDS/FIND+会直接显示"阅读全文"的标识，由于各数据库机制不同，点击"阅读全文"后可能是直接打开文献全文，也可能是跳转到相应的数据库文献下载页面供用户自行下载；对于本机构没有馆藏的文献（本机构未购买该数据库或者只购买了该数据库的部分专辑但不包含该篇文献），EDS/FIND+会给出"Full Text Finder"和"文献传递"两种途径，前者指引用户该文献收录于哪个数据库，后者直接链接到CALIS文献信息服务中心，用户可以通过读者账号登录CALIS文献传递系统提交申请并最终获取文献全文（具体文献传递方法可以参见本书第四章"文献传递"部分）。

|第三节| 百度学术发现系统

一、概述

百度学术于2014年6月上线，是百度旗下的免费学术资源搜索平台，致力于将资源检索技术和大数据挖掘分析能力贡献于学术研究，百度学术收录了包括知网、维普、万方、Elsevier、Springer、Wiley、NCBI等的120多万个国内外学术站点，索引了超过12亿个学术资源页面，建设了包括学术期刊、会议论文、学位论文、专利、图书等类型在内的4亿多篇学术文献，在此基础上，构建了包含400多万个中国学者主页的学者库和包含1万多个中外文期刊主页的期刊库。

百度学术的服务功能主要分为学术搜索和学术服务两大模块。学术搜索包含：文献检索、期刊检索、学者检索及图书馆定制检索；学术服务包含：订阅、收藏、开题分析、查重检测、文献互助等。

网址：http：//xueshu.baidu.com。

二、百度学术使用方法

(一) 检索

百度学术支持多种检索方式。

1.关键词/主题检索

当用户的输入词是某关键词或主题时，搜索结果会综合考虑文献的相关性、权威度、时效性等多维度指标，提供与输入词最相关的多篇文献。

2.标题检索

当用户输入某篇文献的标题（title）时，搜索结果能够识别出用户寻找唯一目标的需求，直接返回该文献的详情页，让用户快速获取所需内容。

3.DOI检索

当用户的输入词为DOI时，搜索结果能够直接识别到目标文献，返回该文献的详情页。

4.参考文献串检索

当用户的输入词为参考文献格式表示的一串内容时，搜索结果能够自动分析该格式，找到用户寻找的目标文献。

5.高级检索

除以上基础检索外，还支持用户进行高级检索，百度学术首页和搜索结果页的搜索框的右侧均可进入高级检索界面，可以利用高级语法直接进行检索。

6.期刊检索

在百度学术的搜索框直接输入期刊名称或访问期刊库即可进行期刊检索，用户可以了解期刊的影响因子、发文周期，或者查看刊载文献等。

(二) 检索结果

百度学术的检索结果页面与其他数据库的检索结果页面类似，分为检索结果排序、筛选和检索结果获取、分析，百度学术的特色是"引用"和"翻译"功能。下面将详细介绍：

1.排序

支持按相关性、被引量、时间降序三种方式将文献进行排序，默认为按相关性排序。

2.筛选

支持按发表时间、所属研究领域、核心数据库收录情况、包含关键词、文献类型、作者、发表期刊、发表机构八种方式将文章进行细粒度的筛选，缩小搜索范围，找到所需文献。

3.研究点分析

将输入的功能点从研究走势、关联研究、学科渗透、相关学者、相关机构五个方面进行可视化分析，帮助用户全方位了解该研究方向的历史研究进展、交叉学科及重点研究学者&机构等。此项功能有三个入口：其一，通过检索结果页面右侧"研究点分析"选择进入；其二，通过百度学术首页底部导航——开题分析进入；其三，微信关注"百度学术"，在页面底端点击"论文助手"即可进入后使用。图8-6所示为百度学术"环境保护"研究走势。

4.功能区

每篇文献均在功能区提供"免费下载""批量引用""引用""收藏"四种功能。

#环境保护#研究走势

"环境保护"从1975年开始出现相关研究，2008年达到最热，至今共有108660篇相关论文。

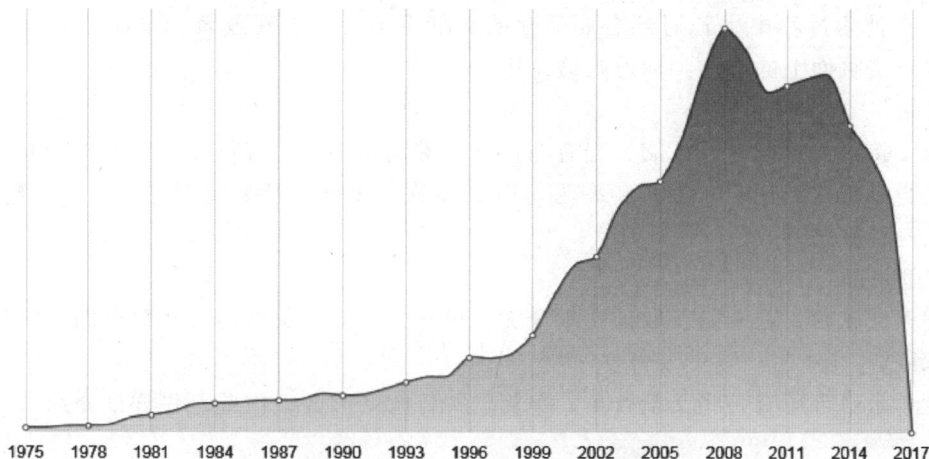

图8-6 百度学术"环境保护"研究走势

为方便用户引用文献做参考文献等使用，在文献功能区提供了单篇"引用"功能，用户可以根据所需格式进行选择；若用户需要对一批文献同时进行导出使用，可使用批量引用功能，在文献功能区将文献加入到批量引用文件夹，并在文件夹选择所需操作。

三种引用格式分别是GB/T 7714、MLA、APA。

五种文献管理软件导入格式分别是BibTex、EndNote、RefMan、Notefirst、NoteExpres。

5. 翻译功能

当用户输入中文关键词时，只需在页面上方点击⊕ 英文，系统便转换至相应的英文文献检索页面，无须翻译和二次输入。百度学术"翻译功能"如图8-7所示。

图8-7 百度学术"翻译功能"

（三）个性化功能

百度学术还设置了一系列的个性化功能，供用户注册并登录后使用一些个人感兴趣的功能。

1.首页面设置

点击搜索框下面的"+"号可以进行常用数据库设置。

2.收藏

用户在搜索过程中，若遇到需要保存的文献用于后续查看或者记录阅读思路等情况时，可以点击页面上的心形♡标志收藏待用。

3.订阅

目前支持对关键词进行订阅，当有与订阅关键词相关且符合订阅设置的新研究成果出现时，会自动推送给用户，推送频率为每周2～3次，推送包括系统消息推送、邮箱推送、微信推送三种推送方式。

4.文献求助

在搜索文献后，若未能获取到文献全文，可在文献详情页点击"我要求助"向其他用户发起求助。

百度学术平台还有一些文献查重、单篇购买等收费服务，在此不做详细介绍。

|第四节| 国家科技图书文献中心

一、概述

国家科技图书文献中心（National Science and Technology Library，NSTL）是一个虚拟的科技文献信息服务机构，成员单位包括中国科学院文献情报中心、工程技术图书馆（中国科学技术信息研究所、机械工业信息研究院、冶金工业信息标准研究院、中国化工信息中心）、中国农业科学院图书馆、中国医学科学院图书馆。

NSTL的宗旨是根据国家科技发展需要，采集、收藏和开发理、工、农、医各学科领域的科技文献资源，面向全国开展科技文献信息服务。其发展目标是建设成为国内权威的科技文献信息资源收藏和服务中心、现代信息技术应用的示范区、同世界各国著名科技图书馆交流的窗口。

与上面讲到的学术信息发现系统不同，国家科技图书文献中心所提供的文献服务除检索文献之外还可以提供文献，换句话说上面所述三种平台都只是提供文献的检索入口和获取线索，平台本身并不收录资源，而NSTL向用户提供的则是自身收录的文献库的检索，某种意义上来说它应该是一个超大的外文数据库。截至2017年，外文印本文献订购品种稳定在2.4万～2.6万种，其中外文期刊16 719种，外文会议录等文献8 134种；面向全国开通网络版外文现刊680种，回溯期刊总量达3 027种，事实型数据库3个，OA学术期刊7 000余种。

网址：https：//www.nstl.gov.cn。

二、NSTL功能介绍

（一）特色资源

1.外文回溯数据库

目前全国已开通回溯数据库19个，免费为全国非营利学术型用户提供服务，共有

1 122种期刊，分20大类，文章总数300多万篇，具体列表可参看网页：https：//www.nstl.gov.cn/help/zyyfw_qwwx.html。

2.外文现刊数据库

目前全国开通现刊数据库49个，17 531种，加工文摘约16 000种，免费为全国非营利学术型用户提供服务，具体列表可参看网页：https：//www.nstl.gov.cn/help/zyyfw_qwwx.html。

3.开放获取资源

NSTL组织开发了大量免费获取的全文文献，供全国各界用户使用。

4.外文科技图书

主要提供科技图书、科技报告、工具书等资源的书名、简介、目录及部分专著内容评价。

（二）用户类型

国家科技图书文献中心的"文献传递""代查代借""我的图书馆"等服务只向注册用户提供，用户可根据自身情况，选择注册为个人用户、公益/教育类集团用户、企业集团用户及试用用户。其中公益/教育类集团用户仅适用于公益性、非营利性的团体机构（公共文化机构、大学图书馆、公立医院图书馆、事业性科研或管理机构的图书馆或文献信息机构等），必须拥有从属于该团体机构的个人用户；公益/教育类集团用户账户为管理账户，只可为从属于该团体机构的普通个人用户设置全文请求许可，不能直接用于全文请求；公益/教育类集团用户负责按照国家科技图书文献中心对普通个人用户注册的有关要求和《NSTL文献传递服务合理使用声明》对从属的普通个人用户的身份和全文请求目的及是否符合合理使用进行审核。

目前NSTL已经与CALIS达成合作关系，CALIS用户可以通过NSTL检索文献并通过文献传递的方式获取到全文文献。

本章小结

本章介绍了学术信息整合及发现平台，随着越来越多数据库产品的不断涌现，用户需要面对和学习的系统也越来越多，而众多的资源很容易造成用户选择上的迷惘，比如同一检索式需要在不同系统中多次检索，或者因为不了解检索工具而漏检等，信息整合平台则很好地解决了这一问题，可以大大节省用户的检索时间和步骤，通过一次检索获取全部所需资源，而且目前的集成检索平台技术正日趋完善并智能化，这在我们实际使用检索平台的过程中也得到了很好的印证。

本章主要以超星公司的百链云服务和发现系统、百度公司的百度学术、EDS/FIND+发现系统及国家科技图书文献中心（NSTL）为例介绍了学术信息整合及发现平台的使用方法。

思考题

1.什么是学术信息整合及发现平台？

2.百链云服务对中外文献的满足率分别为多少？

3.利用EDS/FIND+平台检索获取全文的途径有哪几种？

4.如何利用百度学术预测某一学科的发展趋势？

5.国家科技图书文献中心（NSTL）与百链、EDS/FIND+和百度学术的不同之处是什么？

第九章

外文引文分析评价数据库

| 第一节 | 检索类数据库概述

一、什么是检索类数据库

检索类数据库主要提供查找原文文献的途径和方法，它收录的是书目、索引、文摘等二次文献，也就是仅仅提供包括题名、作者、期刊名、文摘等描述一次文献特征的信息，读者可以依靠这些信息找到原文。检索类数据库一般可以分为索引类数据库和文摘类数据库。随着网络技术和知识集成技术的发展，检索类数据库往往能够实现和全文数据库的动态链接，如果用户购买了电子全文的权限，就可以通过检索类数据库直接访问到全文，从而极大地方便了用户。

由于检索类数据库往往对收录的期刊以及论文有严格的标准，从而保证了这些数据库提供的是最新、最前沿、最权威的学术信息，而被这些数据库收录的论著及其作者，则体现了较高的科研水平。就学术评价而言，我们知道，科学家个人、学术团体乃至一个国家的科学地位、学术声望取决于获得世界范围内科学家团体的专业性承认的程度，而得到承认是如何确定的呢？最重要的方式是看其学术成果在著名科学期刊的发表情况和文章被其他科学家引用情况。所谓的著名期刊一般可以通过两种方法确定：一种通过刊载文章被权威文摘性和题录性工具收录情况，比如被 CA（《化学文摘》）、BA（《生物学文摘》）、EI（《工程索引》）、SA（《科学文摘》）收录情况等；另一种通过其刊载文章被引用情况，比如被 SCI 引用和收录情况。由于检索类数据库的这些特点，此类数据库也同时作为学术评价的重要参考。

本章将重点对著名的检索类数据库 SCI 进行详细介绍，而对其他检索工具进行简要介绍。

二、四大检索工具简介

一般认为有四大综合性的检索工具，包括 SCI、ISR、ISTP、EI，这四种检索工具因其收录文献广泛、检索途径多、查找方便、创刊历史悠久而备受科研人员及科研管理部门的青睐，其收录论文的状况是评价国家、单位和科研人员的成绩、水平以及进行奖励的重要依据之一。

（一）SCI（Science Citation Index，科学引文索引）

SCI创刊于1963年，是美国科学情报研究所（ISI，http://www.isinet.com）出版的世界著名的期刊文献检索工具。SCI是一部国际性索引，包括自然科学、生物、医学、农业、技术和行为科学等，主要侧重于基础科学。所选用的刊物来源于94个类、40多个国家、50多种文字，这些国家主要有美国、英国、荷兰、德国、俄罗斯、法国、日本、加拿大等，也收录一定数量的中国刊物。SCI收录期刊主要运用科学的引文数据分析和同行评估相结合的方法，综合评估期刊的学术价值，截至目前其收录了10 000余种期刊，覆盖了国际上大多数有重要影响的刊物。

ISI通过严格的选刊标准和评估程序挑选刊源，而且每年略有增减，从而做到其收录的文献能全面覆盖全世界最重要、最有影响力的研究成果。所谓最有影响力的研究成果，是指报道这些成果的文献大量地被其他文献引用，即通过先期文献被当前文献引用来说明文献之间的相关性及先前文献对当前文献的影响力。这使得SCI不仅作为一种文献检索工具使用，而且成为对科研进行评价的一种依据。科研机构被SCI收录的论文总量，可以反映出整个学术团体的研究水平，尤其是基础研究的水平；个人的论文被SCI收录的数量及被引用次数，可以反映出个人的研究能力与学术水平。

（二）ISR（Index to Scientific Reviews，科学评论索引）

ISR创刊于1974年，也是由美国科学情报研究所编辑出版，收录世界各国2 700余种科技期刊及300余种专著丛刊中有价值的评述文章。高质量的评述文章能够提供本学科或某个领域的研究发展概况、研究热点、主攻方向等重要信息，是极为珍贵的参考资料。由于ISR收录的内容和SCI有重复，且收录中国论文较少，现在国内并不常见。

（三）ISTP（Index to Scientific & Technical Proceedings，科技会议录索引）

ISTP也是由美国科学情报研究所出版，是世界著名的综合性科技会议文献检索工具，于1978年创刊，其出版形式包括印刷版期刊、光盘版及联机数据库。ISTP收录了世界科技各领域内用各种文字出版的会议文献，内容涵盖生命科学、物理、化学、农业、环境科学、临床医学、工程技术和应用科学等各个领域。ISTP收录会议文献齐全，每年报道最新出版的10 000多种会议的逾17万篇论文，占每年全球主要会议论文的80%～95%。ISTP的会议论文资料丰富，有会议信息（主题、日期、地点、赞助商）、论文资料（题目、作者、地址）、出版信息（出版商、地址、ISSN）。ISTP出版时差短，从ISI收到材料到索引出版，仅6～8周，比其他索引都快。在中国，ISTP与SCI、EI一起，被列为三大文献索引，为众多研究人员所使用。

ISTP印刷版包括12期月刊和1年累计索引，每年索引4 700种会议，总计203 000篇会议论文。ISTP光盘版可一次性检索5年来的会议文献资料，每年首期包括过去4年28 000种会议的960 000篇论文，每季更新，新增来自2 500种会议最近出版的53 000篇会议论文资料。

ISTP检索途径多、速度快，提供分类索引、著者/编者索引、会议主办单位索引、会议地点索引、轮排主题索引、著者所在单位索引或团体著者索引。

当你需要一份会议论文但只知道这一会议何时或在何地召开时，当你希望了解研究领域内最新的研究动态和趋势但无法参加相关的会议时，当你想了解某一位研究人员所发表的会议论文时，用 ISTP 可以达到目的。

（四）EI（Engineering Index，工程索引）

EI 由美国工程信息公司（简称 EI 公司）创建于 1884 年，迄今已有 100 多年的历史，是世界上最早提供工程技术文献的信息服务机构。该公司早期曾隶属于"美国机械工程师学会"（American Society of Mechanical Engineers），并与"工程学会图书馆"（The Engineering Society Library）协作编辑出版著名的检索刊物《工程索引》（Engineering Index，EI），这为 EI 收录世界上重要机械工程文献奠定了基础。1934 年"工程信息公司"正式成立，EI 及其数据库成为 EI 公司的核心产品。

EI 选用世界上工程技术类几十个国家和地区 15 个语种的 3 500 余种期刊和 1 000 余种会议录、科技报告、标准、图书等出版物。年报道文献量 16 万余条。收录文献几乎涉及工程技术各个领域，例如，动力、电工、电子、自动控制、矿冶、金属工艺、机械制造、土建、水利等。它具有综合性强、资料来源广、地理覆盖面广、报道量大、报道质量高、权威性强等特点。每年报道与机械工程有关的文献累积达 24 000 篇，成为查找世界范围内机械工程及相关领域文献的主要检索工具。

目前 EI 公司在我国的"机械信息研究院"及世界 50 多个国家和地区设有工程文献数据服务机构，负责及时地提供 EI 文献数据。

EI 公司在 1992 年开始收录中国期刊。1998 年在清华大学图书馆建立了 EI 中国镜像站。

EI 报道的文献都经过了 EI 公司编辑专家的严格挑选，以保证 EI 的质量，现已成为国际上评价大学和科研机构学术水平及科研能力的重要指标之一。

（1）EI Compendex Plus 数据库：EI 公司从 20 世纪 70 年代开始开发电子版数据库，每周更新，借助国际商业联机检索系统 Dialog、STN、OBIT 等，提供在线检索服务，检索方便、快捷。

（2）EI Compendex CD-ROM 数据库：20 世纪 80 年代以来，EI 公司以光盘的方式出版发行 EI Compendex（1986 年至今），季度更新，每年累积为一张盘，极大地方便了局域网络用户的检索。

（3）EI Compendex Web 网络版数据库：从 20 世纪 90 年代开始，EI 公司在世界各主要地区建立镜像站点，形成基于 Internet 网的检索服务，文献数据为 1970 年至今，每周更新，适应了现代信息查询方式。

Compendex 数据库是全球最全面的工程检索二次文献数据库，包含选自 5 100 多种工程类期刊、会议论文集和技术报告的超过 7 000 000 篇论文的参考文献和摘要，涵盖工程和应用科学领域的各学科，涉及核技术、生物工程、交通运输、化学和工艺工程、光和激光技术、农业工程和食品技术、计算机和数据处理、应用物理、电子和通信、控制工程、土木工程、机械工程、材料工程、石油、宇航、汽车工程以及这些领域的子学科与其他主要的工程领域。

网上可以检索到 1970 年至今的文献，数据库每年增加选自超过 175 个学科和工程专业的大约 250 000 个新记录。Compendex 数据库每周更新数据，以确保用户可以得到其所在领域的最新信息。

目前该数据库的访问是通过 EI Village2 平台。该平台上还包括 EI thesaurus，为用户提供了通过规范化的主题词检索的途径。

三、化学文摘（Chemical Abstract，CA）简介

化学文摘是化学和生命科学研究领域中不可或缺的参考和研究工具，也是资料量最大、最具权威的出版物。它由美国化学学会（ACS）旗下的化学文摘服务社 CAS（Chemical Abstract Service）出版，其网络版 SciFinder Scholar 是化学文摘在线数据库学术版，它除了可查询每日更新的 CA 数据回溯至 1907 年外，而且可供读者自行以图形结构式检索。它是全世界最大、最全面的化学和科学信息数据库。SciFinder Scholar 更整合了 Medline 医学数据库、欧洲和美国等近 50 家专利机构的全文专利资料以及化学文摘 1907 年至今的所有内容。它涵盖的学科包括应用化学、化学工程、普通化学、物理、生物学、生命科学、医学、聚合体学、材料学、地质学、食品科学和农学等诸多领域。它可以通过网络直接查看化学文摘 1907 年以来的所有期刊文献和专利摘要，以及 4 000 多万条的化学物质记录和 CAS 注册号。

SciFinder Scholar 可检索数据库包括：

（1）CAPLUSSM（>2 150 万条参考书目记录，每天更新 3 000 条以上，始自 1907 年）。

（2）CAS REGISTRYSM（>2 000 万条物质记录，每天更新约 4 000 条，每种化学物质有唯一对应的 CAS 注册号，始自 1957 年）。

（3）CASREACT®（>570 万条反应记录，每周更新 600～1 300 条，始自 1974 年）。

（4）CHEMCATS®（>390 万条商业化学物质记录，来自 655 家供应商的 766 种目录）。

（5）CHMLIST®（>22.7 万种化合物的详细清单，来自 13 个国家和国际性组织）。

（6）MEDLINE（National Library of Medicine 数据库，>1 200 万个参考书目记录，来自 3 900 多种期刊，始自 1958 年）。

它有多种先进的检索方式，比如化学结构式（其中的亚结构模组对研发工作极具帮助）和化学反应式检索等，这些功能是 CA 光盘中所没有的。它还可以通过 Chemport 链接到全文资料库以及进行引文链接（从 1997 年开始）。其强大的检索和服务功能，可以让你了解最新的科研动态，帮助你确认最佳的资源投入和研究方向。根据统计，全球 95% 以上的科学家们对 SciFinder Scholar 给予了高度评价，认为它加快了他们的研究进程，并在使用过程中得到了很多启示和创意。

第二节　引文索引概述

一、什么是引文和引文索引

在科学著述活动中，作者往往要直接或间接地引用他人的著述，以提供文章的佐证或历史背景材料，来加强论述的可信度，帮助读者更好地理解作者的观点。引用他人的著述就是引文。

引文是学术论著的一个很重要的部分，包括引证文献和被引文献，如果在文献 A 中提到或描述了文献 B，并以文后参考文献或注释的形式列出文献 B 的出处，其目的在于指出

信息的来源，提供某一观点的依据，借鉴、陈述某一事实等。这时，我们称文献B为文献A的引文，称文献A为文献B的引证文献。引文通常也被称为被引文献或参考文献，引证文献通常也被称为来源文献。

引文索引作为一种检索方法，是将文献的引文也就是参考文献作为检索入口的一种检索方法。

二、引文索引的编制原理和用途

引文索引的基本原理是，根据文献的相互引用关系建立索引系统。文献之间的相互引用构成文献网络。使用这种方法建立的索引系统，可以检索到一组文献，且可通过不断追溯检索，获得更多的相关文献。因此，引文索引最核心的部分是引证索引和来源索引。

引文索引，以语义稳定的引文作为文献的标引词，建立起能够展示文献之间内在联系的索引系统。标引词的选择可以是题名、作者、刊名等。引文索引系统打破了传统的学科分类界限，既能揭示某一学科的继承与发展关系，又能反映学科之间交叉渗透的关系。因此，引文索引在文献检索、科学计量、科学管理等方面有着其他检索工具无法替代的独特作用。

总的来说，引文索引一方面具有检索工具的功能，为查找信息开辟了新途径；另一方面具有科学计量工具的功能，为进行引文分析提供了有力的保障。

作为检索工具的引文索引，能够对被引文献进行标引，链接引用的文章。检索时允许用唯一的方式——导航来查找所需文献。使用的检索入口，可以是被引文献的题名、作者、刊名等。

作为科学计量工具的引文索引，其主要用途是引文分析，分析引文的各种特征，以资评价文献。引文分析就是利用各种数学及统计学的方法，以及比较、归纳、抽象、概括等逻辑学方法，对科学期刊、论文、著者等各种分析对象的引用或被引用现象进行分析，以便揭示其数量特征及内在规律的一种文献计量研究方法。目前，引文分析主要从三个方向入手：①从引文入手，用于评价期刊和论文；②从引文之间的立体网络关系着眼，研究将这种关系用于揭示科学发展、沿革、历程和前景；③进行引文分析，反映主题相似性的研究，用于描述科学结构和文献检索。

引文索引，作为一种检索工具，鲜为用户熟悉，并不流行；作为一种科学计量工具，广为科学计量人员应用，十分广泛。引文索引的编制也经历了从手工到机器辅助再到自动索引的过程。

三、SCI（科学引文索引）

最早也是最著名的引文索引是SCI。1958年，尤金·加菲尔德受"谢泼德引文"的启发，正式创办美国科学情报研究所（ISI），并开始编制引文索引。ISI隶属于Thomson Corporation集团。ISI总部设于美国费城，并在世界各地设有办事处。SCI于1961年开始编制索引，1963年编辑出版；摘录了1961年出版的重要期刊613种，来源文献113 318篇，引文137万条。1979年起改成双月刊，并有了年度累积本和5年度累积本。目前国内各图书馆常见的SCI印刷版收藏多为双月刊或年度累积索引。除了印刷本之外，1990年起SCI光盘版开始出版。SCI光盘有两种：一是带文摘的，每月更新；二是不带文摘的，季度或半年更新。

SCI作为一种独特的检索工具与其他的检索工具如CA、BA、EI、SA等有着本质区别。SCI是从论文被引用的角度，即知识的继承性和相关性角度来确定学术成果的重要性。SCI对收录期刊采用两个重要测度指标，即"影响因子"（Impact Factor）和"即时指数"（Immediacy Index）。"影响因子"的计算方法为：某刊过去2年中发表论文被引用的总次数，除以这2年内该刊发表文章的总数。它提示了期刊中每篇文章的平均被引证程度，此值越高，影响越大。

例如，1984年JCR（Journal of Citation Reports）定义的期刊影响因子为：所有SCI、SSCI（Social Science Citation Index，社会科学引文索引）和A & HCI（Art & Humanities Citation Index，艺术及人文科学引文索引）源期刊对该刊1982年和1983年论文在1984年的引用次数除以该刊1982年、1983年发表的源论文总数，其公式为：

影响因子=某刊过去2年中发表论文被引用的总次数/过去2年内该刊发文总数

"即时指数"则为当年某刊被引用的程度，即某刊当年发文被引用的总数除以该刊当年发文总数，此值越高，说明论文被引用速度越快。其公式为：

即时指数=某刊当年发文被引用总数/该刊当年发文总数

其他权威性检索工具，比如CA的来源出版物的排序是根据论文总数一个指标来排序的，发文量大，即可入选。而SCI远胜出CA（及其他权威性检索工具），不仅收录期刊的标准更严，而且其评价期刊的方法也更为科学严谨。

可见，SCI和其他检索工具的本质不同在于：它是一种引文索引，它把参考文献也就是引文作为标引的对象，而一般的文摘和索引都是以一篇文章作为对象，通过题名、作者、摘要等各个检索点进行标引，引文索引通过这一独特的方式，可以方便快捷地追踪和发现知识在时间之中的互相关联、知识在不同学科之间的关联等，从而可以为知识创新、新领域的发现提供有价值的参考依据。通过这种方式，我们可以更为有效地测定某一作者、某一学术机构的论著在整个知识体系中的地位和影响，所以SCI的评价更权威。

四、Web of Science平台

随着Internet的普及，网络数据库以其独特的优势受到越来越多用户的青睐。ISI的网络数据库服务系统叫作Web of Science（WOS），是ISI公司于1997年推出的，囊括了SCI、SSCI和A & HCI三大数据库的网络版检索系统。WOS与其相对应的光盘版比较，信息资料更加翔实，收录期刊更多，同时WOS充分利用万维网网罗天下的强大威力，检索功能更强大，更新更加及时。

2002年，ISI推出包括ISI自建资源、合作资源以及其他外部资源的大型知识整合平台WOK（Web of Knowledge），旨在向用户提供多学科、多类型资源的统一平台，使用户能够实现一站式的检索。SCI网络数据库的全称是SCI Expanded（SCIE）。在我国，如果某位作者的论文被2000年版以后的SCIE收录，就算是被三大检索刊物之一的SCI收录了。

但自2014年起，Web of Knowledge（WOK）平台更名为Web of Science（WOS）平台，原Web of Science则更名为Web of Science Core Collection，故以下均称为WOS。WOS作为基于因特网建立的新一代数字化学术研究环境，将多种类型文献、各种统计数据集合在同一系统内的数据检索平台，可实现跨库检索，极大地提高了检索的范围和效率。目前，通

过 WOS 平台可以使用的数据库有:

(1) ISI Web of Science,包括 SCI 的扩展版(Science Citation Index Expanded,SCIE),《社会科学引文索引》(Social Science Citation Index,SSCI)和《艺术与人文科学引文索引》(Arts & Humanities Citation Index,A&HCI);

(2) ISI Current Contents Connect;

(3) ISI Proceedings(即 ISTP Web 版);

(4) BIOSIS Previews;

(5) INSPEC;

(6) Derwent Innovations Index;

(7) ISI Essential Science Indicators(ESI,基本指标数据库)。

WOS 不仅将各学科、各类型的资源整合到一个平台内(以 WOS 为中心),还通过各资源之间基于内容的单向或双向的链接,建立各个资源之间的基于知识的整合,实现一站式的信息获取。此外,WOS 还可与 NCBI、全文电子期刊系统以及全文数据库等建立单向的链接,帮助用户快捷地寻找原始文献。

WOS 通过支持通用协议、提供接口等方式实现 WOS 平台与其他平台之间的整合,如 OPAC、ILL(馆际互借)等。

WOS 为了真正实现一站式检索的目标,还开发了跨库检索软件:Cross Search,实现对 WOK 平台中的所有资源的检索,包括外部资源的跨库检索。

WOS 还有其他一些功能,如最新目次报道、定题服务和信息定制等。WOK(现 WOS)的网址为:http://apps.webofknowledge.com/。

五、引文索引的限度

虽然说引文索引对于学术评价和知识创新具有非常重要的参考价值,不过我们在使用的时候也不能太过迷信这一方法,引文索引也有它的一些局限。早在 20 世纪六七十年代,美国对用引文分析测度、表示科学的绩效,曾经引发过一场很大的争论。当人们用引文分析去测度某些科研人员、科研机构时,争议变得越来越激烈。加菲尔德撰写过大量的文章详细地答复过对引文分析和引文测度的种种非议和批评。为了增进和拓宽人们对引文测度的了解,后来他把上述答复的所有要点集中地写入他的专著《有关科学家的引文分析》的第十章[①],详细地、富有预见性地分析了争论中的一些重大问题。对于引文统计究竟测度什么,引文统计究竟不能测度什么,他指出:

"盲目地作出被引频次最多的著者就该得诺贝尔奖奖金的结论是荒谬可笑的。"

"被引频次作为一种解释性的工具却是确定的,它要求对使用这些数据的人们作出周全而精微的判断。"

"对于人们用引文统计去发展一种对个人或团体绩效进行公正、客观和有用的测度来说,没有任何一种批评的理由会成为不可逾越的障碍。"

"对于这场争论,其中有两个事实是基本的:其一,当科研机构变得越来越大,它们在社会上的作用越来越重要时,确认机构中作出最大贡献的人员和小组的评价工作,就变

① 加菲尔德. 引文索引法的理论及应用[M]. 侯汉清,等,译. 北京:北京图书馆出版社,2004.

得越加困难、越加昂贵和越加必要。其二，引文测度被证明是一种同行专家评议的有效方式，它把一些有用的、客观的因素引入到评价过程中，只涉及少量的使用调查技术的费用。而引文分析与凭直觉判断相比，有时花费的时间和功夫，则显然要多得多。但是，专业的评价肯定是十分重要的，足以表明这种投入是正确的。"

通过加菲尔德的这些话，我们知道，引文索引的确是一种有效便捷、不可替代的进行学术评价的方式，然而，他并不认为这种评价方法是完美无缺的，在使用的时候一定要注意到这些局限性，才能够更好地发挥引文索引的作用。

第三节 SCI的使用方法及实例

在了解了引文索引和SCI的相关知识后，本节将以图示的形式演示其使用方法。由于美国科学情报研究所以WOS为平台将SCI和其他一些重要的数据库整合在一起，所以本节首先对其他一些重要数据库进行简要介绍，之后重点讲解SCI的使用方法。

一、WOS平台数据库简介

我们以天津教育网用户为例，从天津商业大学图书馆主页进入WOS平台（http://apps.webofknowledge.com），如图9-1所示。天津教育网用户订购了WOS平台中Web of Science Core Collection、INSEPEC、KCI-朝鲜语期刊数据库、MEDLINE、SciELO Citation Index几个产品，故当用户选择在ALL DATABASES中进行检索时即是在以上几个数据库中进行检索。

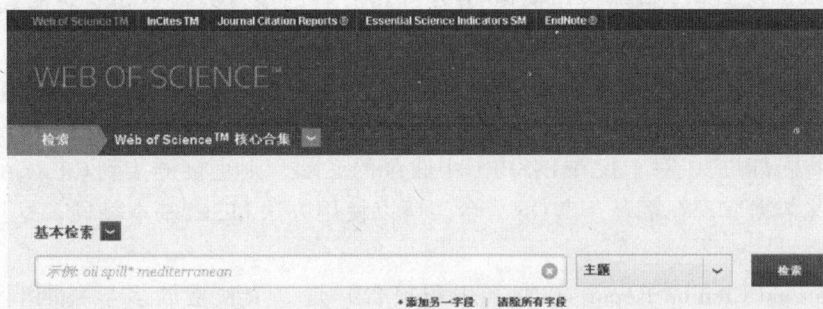

图9-1 WOS平台

个性化服务，指用户可以在WOS主页上注册并设置自己的密码，然后每次登录后即可浏览自己定制的相关信息，比如：保存检索策略，建立并编辑自己经常阅读的期刊列表；浏览保存的检索策略，及时了解一个定题服务是否有效及过期时间。

电子邮件定题服务可让用户方便地跟踪最新的研究信息。新的定题服务功能允许用户通过Web of Science中的任一种检索途径（普通检索、被引参考文献检索、化学结构检索）创建定题服务的服务策略，将检索策略保存并转化为用电子邮件通知的定题服务。

INSEPC由英国电气工程师学会（IEE）出版，是目前全球在物理和工程领域中最全面的二次文献数据库之一，它的前身是《科学文摘》（Science Abstract，SA，始于1898年）。它涵盖了理论应用物理、电气和电子工程、计算机科学、控制技术、通信与信息技术及生产和制造工程等专业的科学技术文献，并且对光学技术、材料科学、海洋学、核能工程、交通运输、地理、生物医学工程、生物物理和航空航天等领域也有很广泛的覆盖，是理工科院校最受欢迎的文献数据库之一。INSEPC 数据来源于世界上 80 个国家和地区的 3 400 种科学与技术期刊、2 000 种会议录以及大量的工作报告和论文。INSEPC 的所有文献都含有目录和摘要，数据每周更新。INSEPC 除了以广而深的学科覆盖、准确的目录标引广受使用者欢迎外，还以专业而完善的主题索引而著称，其中包括自由词/重要概念索引、INSEPC 叙词表中的控制词索引、INSEPC 分类系统分类编码索引、处理代码索引、化学物质控制词索引及航空航天对象索引。为了满足广大用户的需求，IEE 将早期收录的 1898—1968 年全部纸本的《科学文摘》数字化。2003 年，ISI 与 IEE 合作将 INSPEC 建立在 ISI Web of Knowledge 平台上。

有些高校则采用 EI 公司的 EI Village2 平台，和 Web of Knowledge 平台一样，两者均可完整、准确地揭示 INSEPC 对数据的深度加工，从而为专业人员全面、准确地检索特殊专业文献信息资源提供便利。两者均具有较强的系统整合、服务与管理功能，是整合图书馆资源与服务的良好技术平台。[①]

MEDLINE 是当前国际上最权威的生物医学文献数据库。它是由美国国立医学图书馆（The National Library of Medicine，NLM）开发的国际性综合生物医学信息书目数据库，内容包括美国《医学索引》（Index Medicus，IM）的全部内容和《牙科文献索引》（Index to Dental Literature）、《国际护理索引》（International Nursing Index）的部分内容，涉及基础医学、临床医学、环境医学、营养卫生、职业病学、卫生管理、医疗保健、微生物、药学、社会医学等领域。MEDLINE 收录 1966 年以来世界 70 多个国家和地区出版的近 5 000 种生物医学期刊的文献，目前每年递增 30 万～35 万条记录，以题录和文摘形式进行报道，其中 75% 是英文文献，70%～80% 的文献有英文文摘。

WOS 平台对于同时在 INSPEC 和 ISI Web of Science 中收录的文献，直接从 INSPEC 的文献记录链接到 Cited References、Times Cited 和 Related Records（由 ISI Web of Science 提供，适用于共同订户），对于仅在 INSPEC 中收录的文献，则直接链接到 Citing Articles。

由于这些数据库现在都基于 WOS 平台，所以使用方法和 SCI 基本相同，这里就不再做过多的说明。

JCR（Journal Citation Reports，期刊引用报告）是一个独特的多学科期刊评价工具，JCR 是唯一提供基于引文数据的统计信息的期刊评价资源。通过对参考文献的标引和统计，JCR 可以在期刊层面衡量某项研究的影响力，显示出引用和被引期刊之间的相互关系。我们经常提到的用以显示期刊权威程度的 "影响因子"，其依据主要来自于 JCR。

JCR 包括自然科学（Science Edition）和社会科学（Social Sciences Edition）两个版本。其中，JCR-Science 涵盖来自 83 个国家和地区，约 2 000 家出版机构的 8 500 多种期刊，覆盖 176 个学科领域。JCR-Social Sciences 涵盖来自 52 个国家和地区，713 家出版机构的 3 000 多种期刊，覆盖 56 个学科领域。新平台上的 JCR 在旧版的基础上开发并加强了数据及其呈现方式，使其更加全面、易用。JCR 与 Web of Science 核心合集的数据无缝链接、自由切换，并采用更加清晰、准确的可视化方式来呈现数据，用户可以更加轻松地创建、存储并导出报告。

---

① 张捷，等. INSPEC 数据库检索平台之比较研究 [J]. 图书馆工作与研究，2006 (3).

JCR 的首页面可以选择直接输入期刊题名或者按期刊、按目录进行浏览（如图 9-2 所示）。

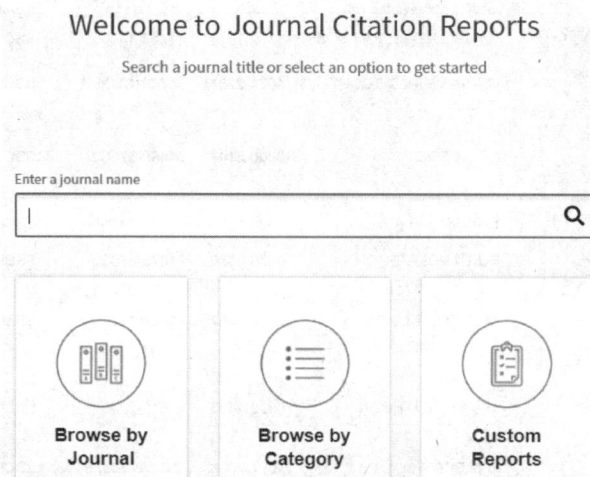

图 9-2　JCR首页面

点击"Browse by Journal"进入数据库筛选页面（如图 9-3 所示），在该页面用户可以根据多个选项来筛选期刊数据集，包括学科、JCR 版本、年份、分区、出版社、国家/地区、影响因子区间等；可以查看期刊的更名历史（View Title Changes）；选择期刊排名模式或学科排名模式浏览数据。还可以在图示区了解期刊或学科的网络关系视图，在结果区得到数据和相应的指标。

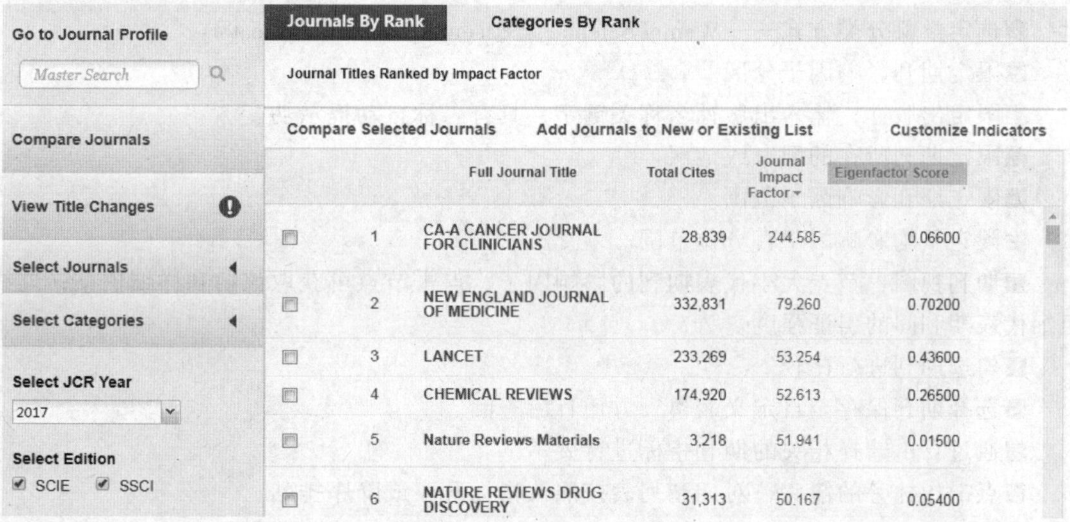

图 9-3　筛选区进一步选择

点击"SUBMIT"后，即显示所有经济学期刊（如图 9-4 所示），这种通过期刊排名方式浏览期刊可以实现以下功能：

■通过键入期刊全称、期刊缩写、刊名关键字或 ISSN 号检索期刊，具有自动提示刊名功能。

■对期刊进行多角度比较。

■查看过去 2 年中刊名发生变化的期刊列表。

Search Journals	JCR Abbreviated Title	ISSN	eISSN	Edition	JCR Coverage Years
Full Journal Title ▲					
Cambridge Journal of Regions Economy and Society	CAMB J REG ECON SOC	1752-1378	1752-1386	SSCI	2011, 2012, 2013, 2014, 2015, 2016, 2017
China & World Economy	CHINA WORLD ECON	1671-2234	1749-124X	SSCI	2008, 2009, 2010, 2011, 2012, 2013, 2014, 2015, 2016, 2017
ECONOMY AND SOCIETY	ECON SOC	0308-5147	1469-5766	SSCI	1997, 1998, 1999, 2000, 2001, 2002, 2003, 2004, 2005, 2006, 2007, 2008, 2009, 2010, 2011, 2012, 2013, 2014, 2015, 2016, 2017
Environment and Planning A-Economy and Space	ENVIRON PLANN A	0308-518X	1472-3409	SSCI	2017
European Journal of Political Economy	EUR J POLIT ECON	0176-2680	1873-5703	SSCI	2010, 2011, 2012, 2013, 2014, 2015, 2016, 2017
HISTORY OF POLITICAL ECONOMY	HIST POLIT ECON	0018-2702	1527-1919	SSCI	1997, 1998, 1999, 2000, 2001, 2002, 2003, 2008, 2009, 2010, 2011, 2012, 2013, 2014, 2015, 2016, 2017
JAPAN AND THE WORLD ECONOMY	JPN WORLD ECON	0922-1425	1879-2006	SSCI	1997, 1998, 1999, 2000, 2001, 2002, 2003, 2004, 2005, 2006, 2007, 2008, 2009, 2010, 2011, 2012, 2013, 2014, 2015, 2016, 2017
JAPANESE ECONOMY	JPN ECON	1097-203X	Not Available	SSCI	1998
Journal of Australian Political Economy	J AUST POLIT ECON	0156-5826	1839-3675	SSCI	2009, 2010, 2011, 2012, 2013, 2014, 2015, 2016, 2017

图9-4 经济学期刊浏览

■选定多本需要查看的期刊。

■限定 Web of Science 或 Essential Science Indicators 两种学科分类方式下的具体学科。

■选择 JCR 年份与版本。

■限定开放获取的期刊。

■选定学科分类方式——Web of Science 或 Essential Science Indicators。

■限定期刊影响因子分区。

■限定出版社，输入出版社名称关键字，具有名称自动提示功能。

■限定期刊所在的国家或地区。

■限定期刊影响因子范围。

■限定平均影响因子百分位范围。

■期刊视图：节点大小代表期刊的影响因子，点击节点可获取该期刊详细信息；连线粗细代表期刊间的引证强度。

■勾选期刊进行比较。

■选择期刊保存至自定义表单，方便日后查阅。

■通过自由选择相关的期刊指标进行展示。

■点击指标旁的箭头，对期刊列表按照该指标升序或降序排列。

二、SCI的具体使用方法

进入 Web of Science 后，检索界面如图9-5所示。SCI有（普通）检索、被引参考文献检索、化学结构检索、高级检索等不同检索类型，最常用的是普通检索。

检索方法是在前面的空栏中填入需要检索的英文关键词，比如禽流感要输入"Avian influenza"或者"Bird* flu"，然后选择这个词在哪些范围内检索。SCI可提供的检索范围，或者说是检索入口是很多的，主要检索字段见表9-1。

图 9-5　检索界面

表 9-1　　　　　　　　　　　　　主要检索字段

Topic（主题）	文献标题、摘要、作者关键字、附加关键词
Author（作者）	检索论文的任一位作者
Group Author（团体作者）	作为作者的团体或组织
Publication Name（出版物名称）	出版物标题
Publication Year（出版年）	文章被发表的年份
Address（地址）	检索作者机构

　　比如我们选择检索范围是"Topic"，点击"检索"，就可以得到主题为禽流感的相关文献，进一步利用其强大的分析功能，可以了解禽流感在不同学科的分布情况，根据被引用频次确立与本课题相关的有高影响力的论文、作者和机构，也可以通过一篇文献的引用和被引用关系来了解本课题的最新进展及其应用，拓展研究的思路（如图 9-6 所示）。

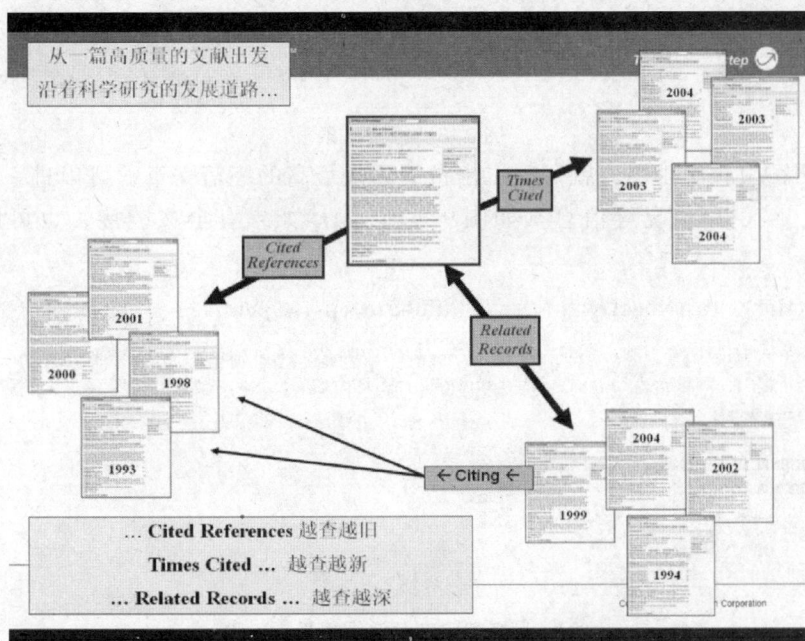

图 9-6　从一篇文献的引用和被引用关系来了解最新研究进展

由于禽流感对应有两个英文单词，为了防止漏检，我们在检索框输入如图9-7所示的检索式。

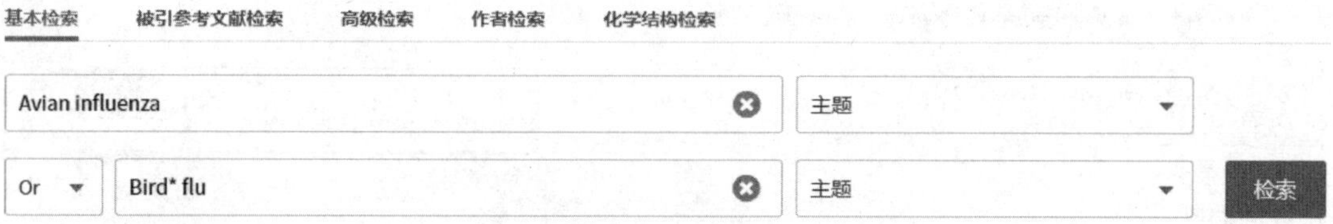

图9-7 输入检索式

点击"检索"，结果如图9-8所示。默认方式是按照出版日期最新的显示在最前面，可以按照被引频次、相关性等重新进行排序，以迅速获得被引频次最高的作者和文章、最相关的文章。如果文章太多，也可以根据左边边框中的聚类，如出版年、文献类型、机构、作者等字段进一步限定检索结果。

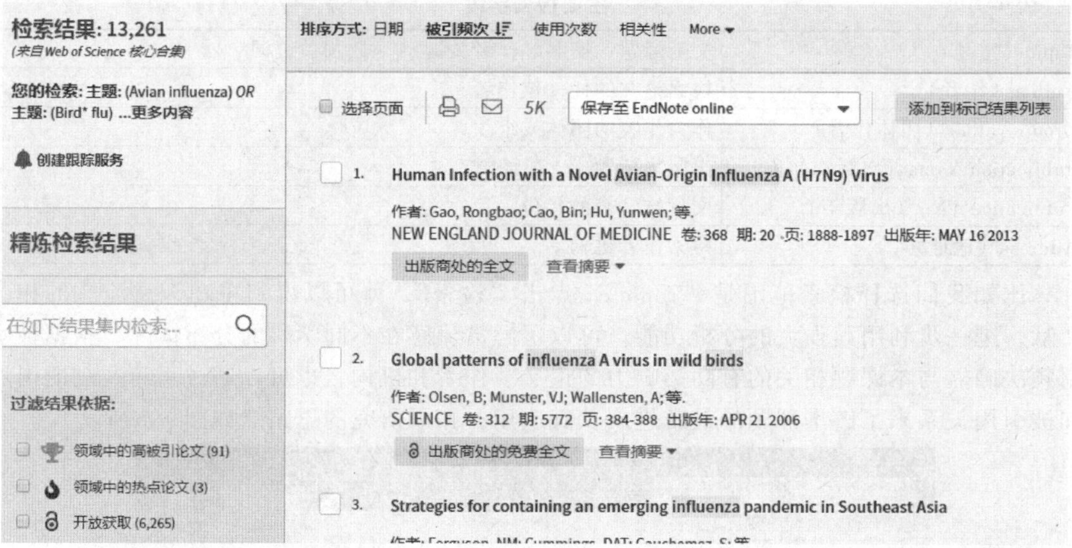

图9-8 检索结果

比如按照被引频次排序，就可以点击被引频次最高的一篇文章，可以进一步获得作者的通信地址、被引用情况等信息（如图9-9所示）。如果有全文链接，也可以直接访问全文。

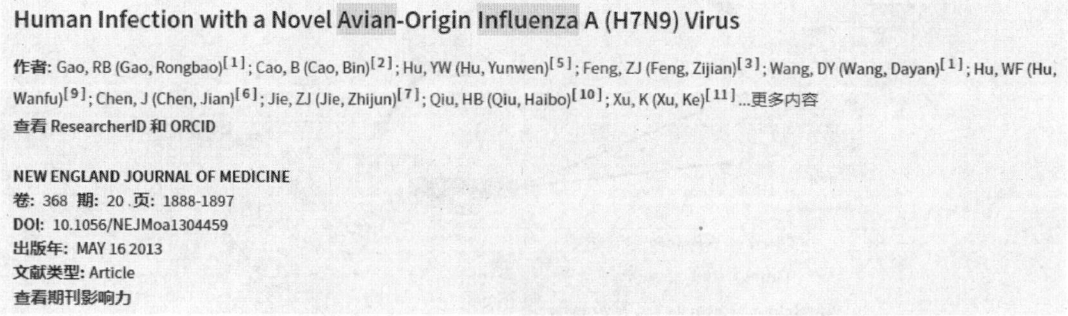

图9-9 文献详细信息

最重要的是，我们还可以进一步对所获得的全部文献进行分析，以了解本课题的作者分布、出版时间分布情况等相关信息（如图9-10所示）。

图9-10 分析检索结果

除了就某一个课题进行检索外，我们还可以查询一个作者被收录情况，某一机构总体SCI发表情况。比如我们查找一下南开大学被SCI所收录的文章综合情况，就可以检索地址为"nankai univ"的文章（如图9-11所示），也可以通过分析来了解这些论文的学科分布情况、核心作者等信息。

图9-11 查找南开大学被SCI所收录的文章

收录的文章显示有33 471篇，如果想了解收录的年代、学科分布等具体情况则可以利用Web of Knowledge强大的分析功能（如图9-12所示）。

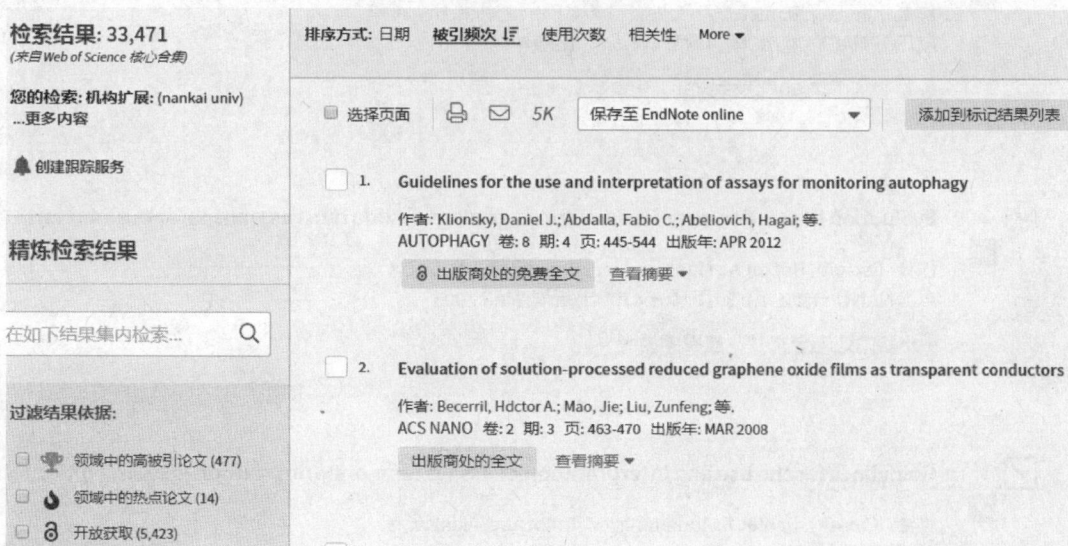

图9-12 对结果进行分析

使用WOS平台的结果分析功能，就可以了解南开大学历年来各个学科发表论文被SCI收录的情况，就可以评估南开大学的学科研究水平（如图9-13所示）。同样，我们还可以通过其他限定字段，比如出版的年代、作者、文献类型等来进行发文结果分析。

结果分析
<<返回上一页
显示 33,471 记录 机构扩展: (nankai univ)
Web of Science 类别
出版年
文献类型
机构扩展
基金资助机构
作者
来源出版物
丛书名称
国家/地区
编者
团体作者
可视化图像 树状图
检索结果数 10
下载
隐藏
5,632
CHEMISTRY MULTIDISCIPLINARY
3,096
MATERIALS SCIENCE MULTIDISCIPLINARY
1,857
PHYSICS APPLIED
1,846
OPTICS
2,549
CHEMISTRY ORGANIC
1,645
MATHEMATICS
1,462
3,333
CHEMISTRY PHYSICAL
2,497
CHEMISTRY INORGANIC NUCLEAR
1,487
BIOCHEMISTRY MOLECULAR BIOLOGY

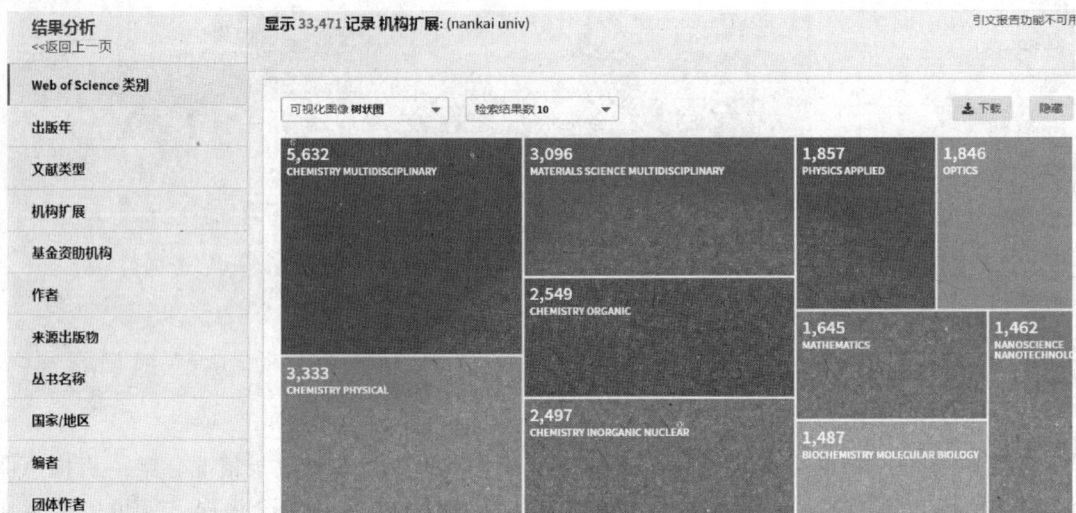

图9-13　分析结果

可以打印、保存或E-mail检索结果，在进行这些操作前，首先要选择需要的记录。

第一步：选择记录的输出内容，可根据需要在方框内作标记（如图9-14所示）。

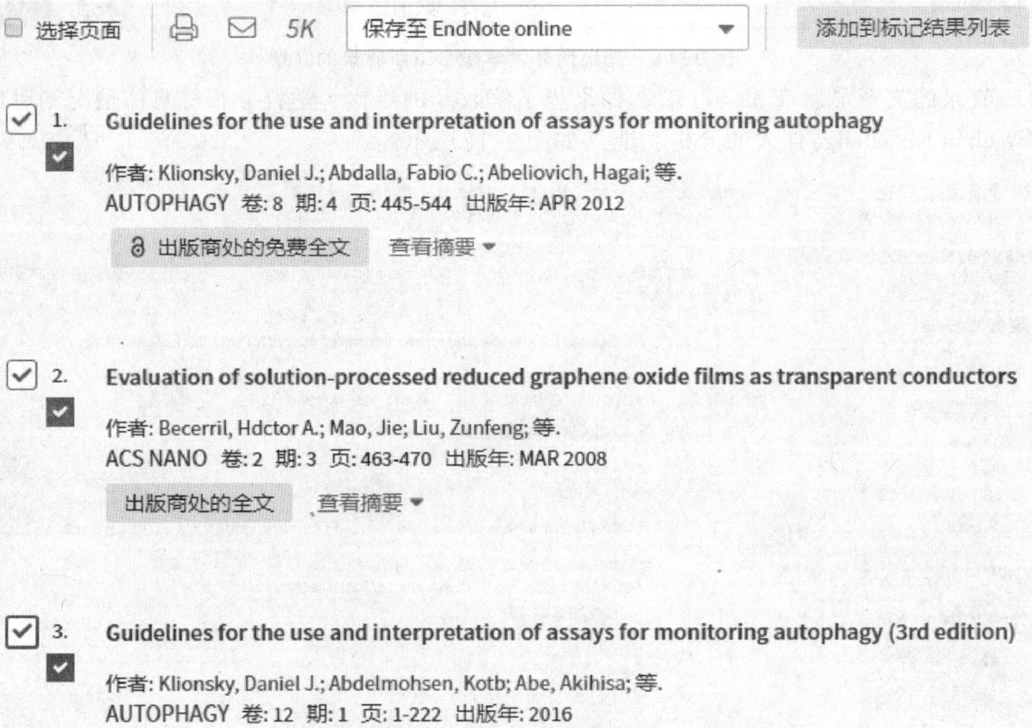

选择页面
5K
保存至 EndNote online
添加到标记结果列表
1. Guidelines for the use and interpretation of assays for monitoring autophagy
作者: Klionsky, Daniel J.; Abdalla, Fabio C.; Abeliovich, Hagai; 等.
AUTOPHAGY 卷: 8 期: 4 页: 445-544 出版年: APR 2012
出版商处的免费全文
查看摘要
2. Evaluation of solution-processed reduced graphene oxide films as transparent conductors
作者: Becerril, Hdctor A.; Mao, Jie; Liu, Zunfeng; 等.
ACS NANO 卷: 2 期: 3 页: 463-470 出版年: MAR 2008
出版商处的全文
查看摘要
3. Guidelines for the use and interpretation of assays for monitoring autophagy (3rd edition)
作者: Klionsky, Daniel J.; Abdelmohsen, Kotb; Abe, Akihisa; 等.
AUTOPHAGY 卷: 12 期: 1 页: 1-222 出版年: 2016

图9-14　选择记录的输出内容

第二步：选择结果处理方式，保存、打开/管理、清除结果列表等（如图9-15所示），可以将编辑后的检索结果保存或导入到文献管理软件中进行管理使用。

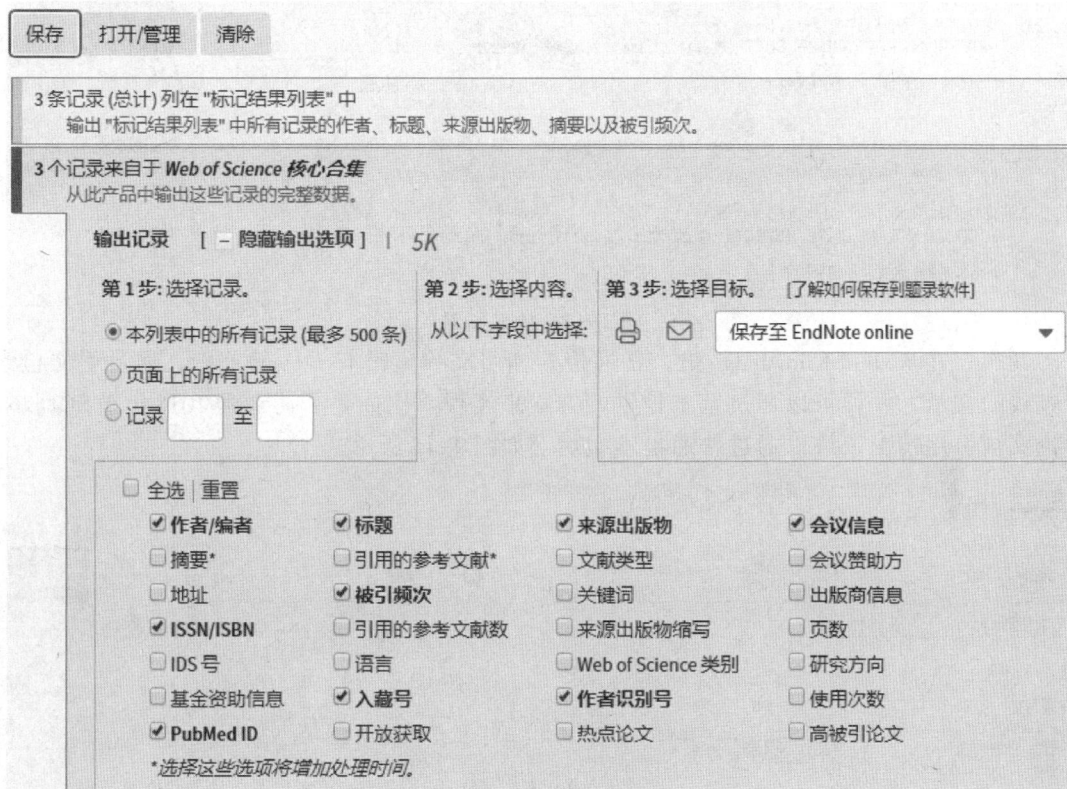

图9-15　选择结果处理方式

三、引文检索

点击"被引参考文献检索"，进入引文检索界面。

比如要查找天津商业大学姜子涛老师2018年被SCI收录的论文被引用情况，就可以进行被引文献检索。在被引作者栏输入作者，选择时间为2018年（如图9-16所示）。

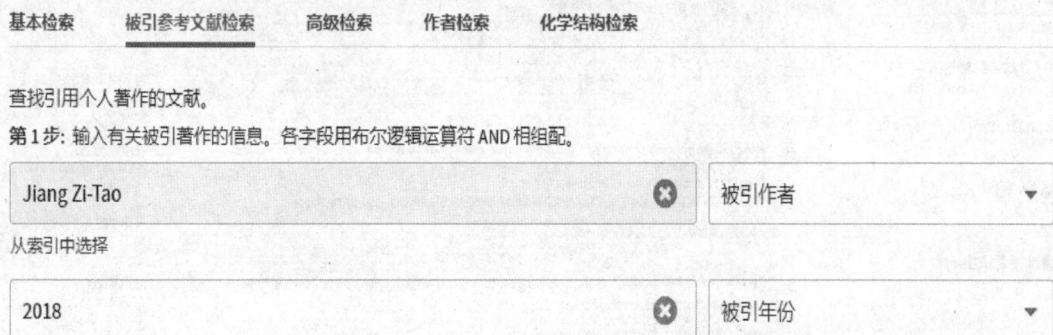

图9-16　引文检索界面

检索结果如图9-17所示。姜子涛老师2018年被SCI收录的论文共有5篇，分别列出了被引用的次数，用户可以点击施引文献看到是哪些文章引用了本文。

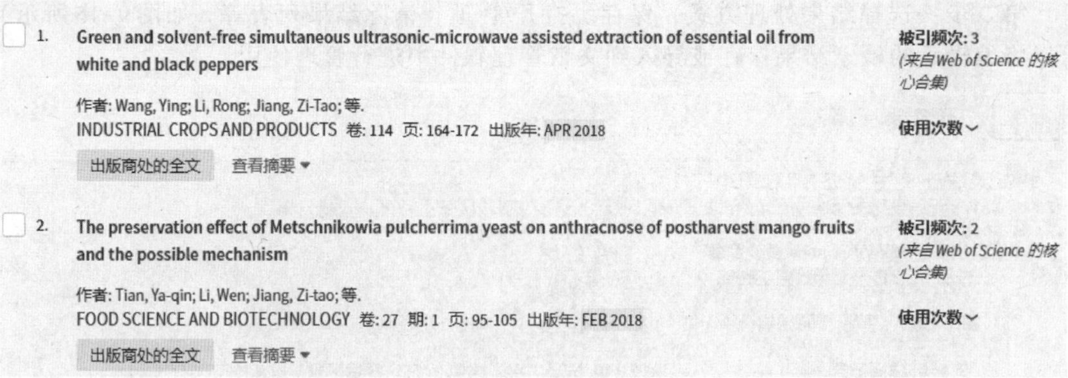

1. Green and solvent-free simultaneous ultrasonic-microwave assisted extraction of essential oil from white and black peppers

作者: Wang, Ying; Li, Rong; Jiang, Zi-Tao; 等.
INDUSTRIAL CROPS AND PRODUCTS 卷: 114 页: 164-172 出版年: APR 2018

出版商处的全文　查看摘要▼

被引频次: 3
(来自 Web of Science 的核心合集)

使用次数∨

2. The preservation effect of Metschnikowia pulcherrima yeast on anthracnose of postharvest mango fruits and the possible mechanism

作者: Tian, Ya-qin; Li, Wen; Jiang, Zi-tao; 等.
FOOD SCIENCE AND BIOTECHNOLOGY 卷: 27 期: 1 页: 95-105 出版年: FEB 2018

出版商处的全文　查看摘要▼

被引频次: 2
(来自 Web of Science 的核心合集)

使用次数∨

图 9-17　检索结果

其实，在 Web of Knowledge 里，普通检索和引文检索没有太大的差别，通过引文检索所查找的文献，一样可以通过基本检索的方式来实现。比如姜子涛老师 2018 年被 SCI 收录的论文被引用情况，可以通过普通检索实现（如图 9-18 所示）。

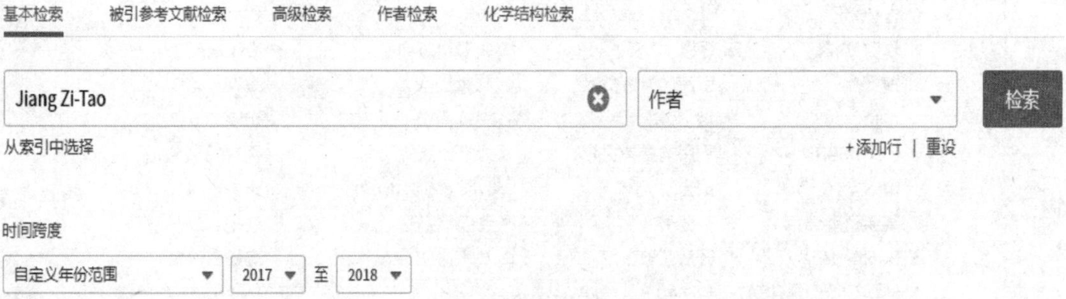

基本检索　　被引参考文献检索　　高级检索　　作者检索　　化学结构检索

| Jiang Zi-Tao ⊗ | 作者 ▼ | 检索 |

从索引中选择　　　　　　　　　　　　　　　　　　　　　　　　+添加行 ｜ 重设

时间跨度

自定义年份范围 ▼　2017 ▼ 至 2018 ▼

图 9-18　基本检索

天津商业大学姜子涛老师被 SCI 收录的论文共有 50 余篇，检索结果如图 9-19 所示。按"被引频次"排列，可以看到排在第一位的 2012 年 10 月发表的"Molecularly-imprinted monoliths for sample treatment and separation"被引频次为 49 次，我们可以点击被引频次查看系统里收录的 48 篇施引文献的详细信息（如图 9-20 所示），据此我们可以继续追踪该课题的发展趋势。

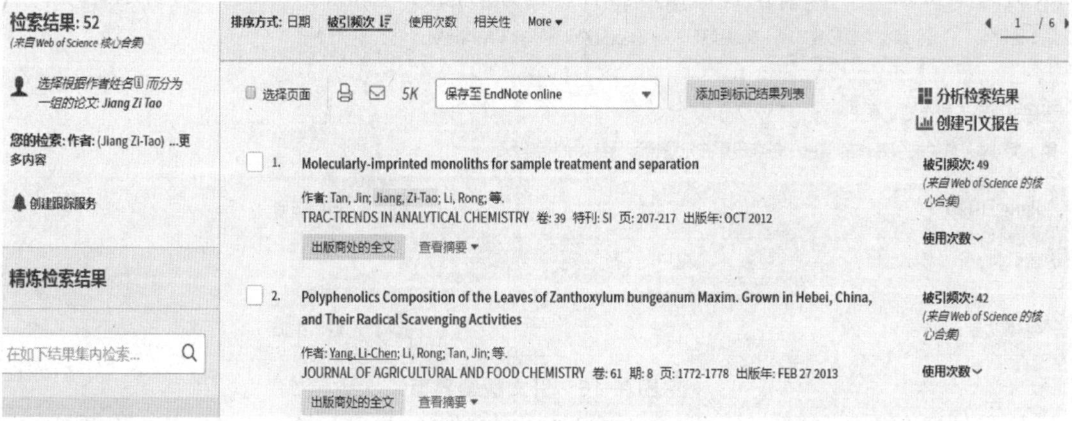

检索结果: 52
(来自 Web of Science 核心合集)

排序方式: 日期　被引频次 ↓↑　使用次数　相关性　More ▼　　　　◀ 1 /6 ▶

选择报据作者姓名①而分为一组的论文: Jiang Zi Tao

您的检索: 作者: (Jiang Zi Tao) ...更多内容

□ 选择页面　🖨 ✉ 5K　保存至 EndNote online ▼　添加到标记结果列表

📊 分析检索结果
📈 创建引文报告

创建跟踪服务

1. Molecularly-imprinted monoliths for sample treatment and separation

作者: Tan, Jin; Jiang, Zi-Tao; Li, Rong; 等.
TRAC-TRENDS IN ANALYTICAL CHEMISTRY 卷: 39 特刊: SI 页: 207-217 出版年: OCT 2012

出版商处的全文　查看摘要▼

被引频次: 49
(来自 Web of Science 的核心合集)

使用次数∨

精炼检索结果

2. Polyphenolics Composition of the Leaves of Zanthoxylum bungeanum Maxim. Grown in Hebei, China, and Their Radical Scavenging Activities

作者: Yang, Li-Chen; Li, Rong; Tan, Jin; 等.
JOURNAL OF AGRICULTURAL AND FOOD CHEMISTRY 卷: 61 期: 8 页: 1772-1778 出版年: FEB 27 2013

出版商处的全文　查看摘要▼

被引频次: 42
(来自 Web of Science 的核心合集)

使用次数∨

在如下结果集中检索... 🔍

图 9-19　检索结果

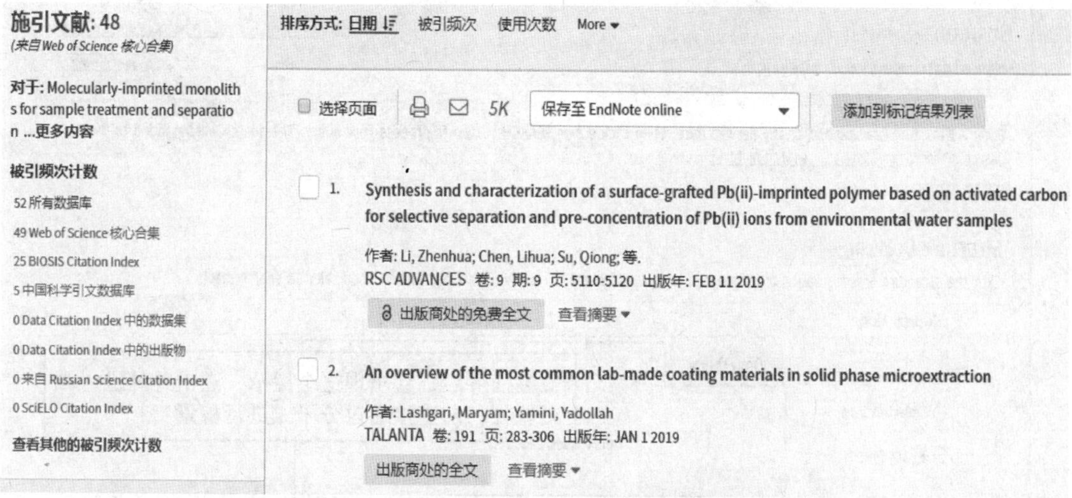

图9-20　原文献的施引文献详细信息

点击被引频次最高的原文章标题，出现这篇文章的详细信息及其所引用的参考文献，就此我们可以溯源作者研究课题的来源和基础（如图9-21所示）。

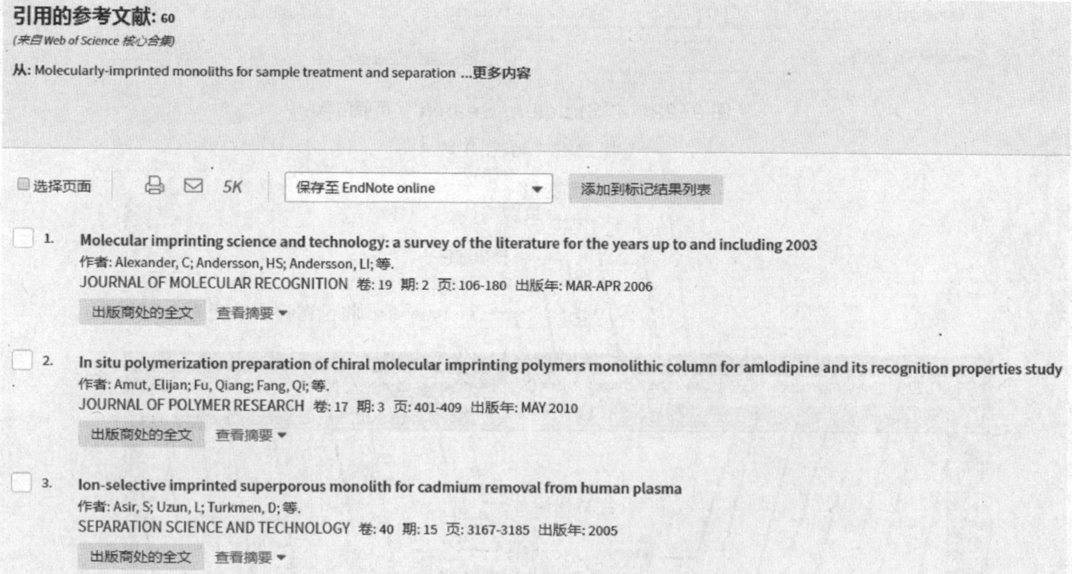

图9-21　原文献的参考文献详细信息

四、化学结构检索

使用 ISI Chemistry，除了进行主题检索的方式以外，还可以绘制化合物结构或化学反应式。用反应物结构式或其亚结构、产物结构式或其亚结构以及反应式进行检索，甚至可以用反应条件和化合物参数进行检索，以迅速准确地发现相关的化学信息。

绘制和显示反应式或结构式都需要下载并安装插件 Chemistry Plugin，点击"化学结构检索"后，如果系统没有安装插件，网站会提示你下载。下载并安装后，进入化学结构检索会出现如图9-22至图9-25所示页面。

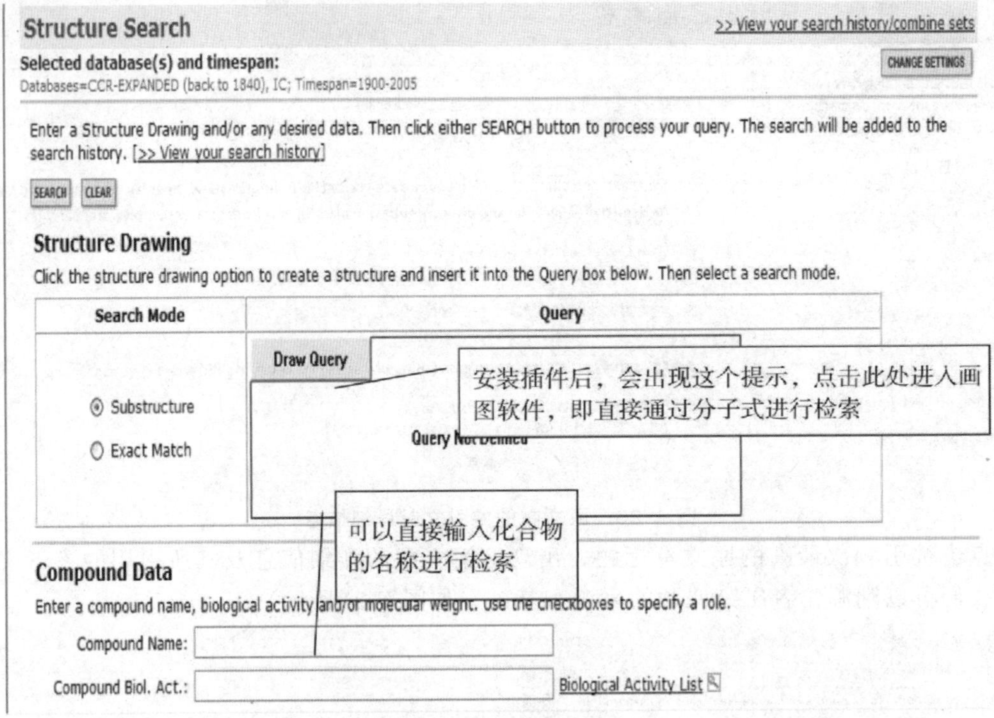

图 9-22 “Structure Search”页面

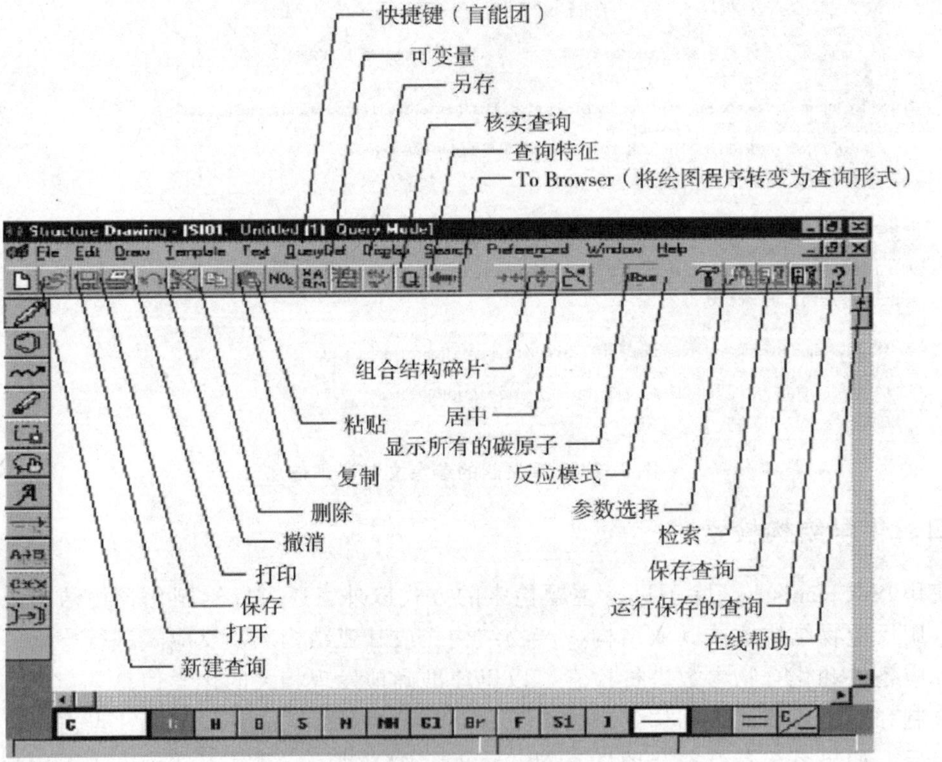

图 9-23 “Structure Drawing”页面

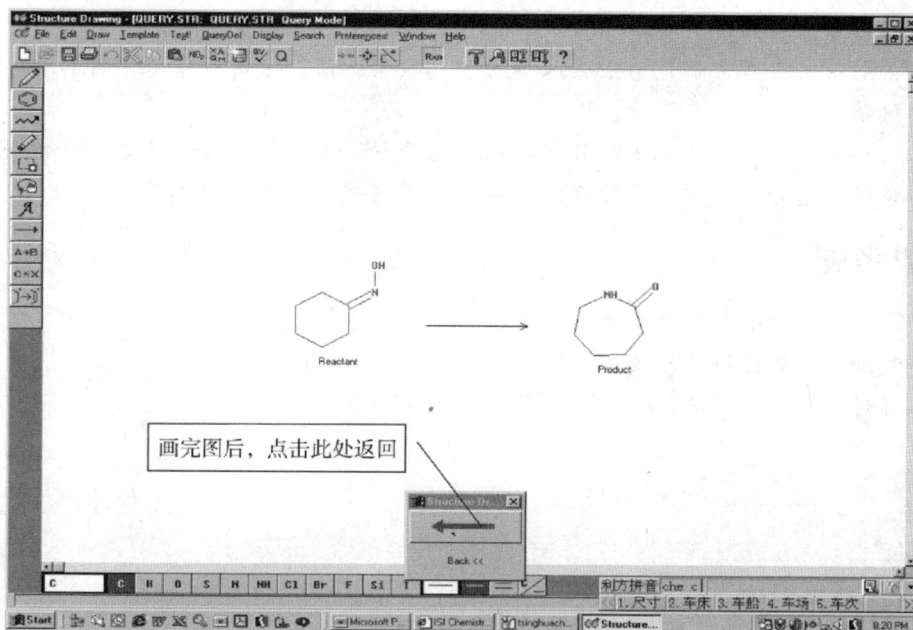

图9-24　绘制反应式

图9-25　"Full Record"页面

本章小结

　　检索类数据库作为二次文献数据库，主要是提供查找原文的线索。另外，检索类数据库还具有进行学术评价、促进科学研究的作用。

常用的检索类数据库有SCI、CA、EI、INSPEC（科学文摘）等。

引文索引是将参考文献作为检索入口的一种检索方法，它对于学术评价和科学研究具有独特的价值。

Web of Science（WOS）（原 Web of Knowledge）是ISI推出的基于因特网的新一代检索平台，整合了大量资源，掌握其使用方法对于科学研究具有重要的作用。

思考题

1.请简要论述检索类数据库的主要作用。

2.四大检索工具指的是什么？

3.如何利用 Web of Science（WOS）开展科学研究？

| 第十章 |

网络搜索引擎

| 第一节 | **网络搜索引擎概述**

一、搜索引擎

除大型的期刊、图书等全文数据库之外，因特网也包含了大量零散的、无序的信息资源。在信息时代，因特网就相当于一个大型的信息宝库、一个超大规模的图书馆，包含各种各样的信息资源。因特网作为世界上一种增长最快的新兴媒体，其资源以每天 7 300 万页、每 8 个月翻一番的速度增长。即使如此，有专家指出因特网尚未到其最快增长期，由此可见未来因特网信息资源之丰富。

不过，问题接着就来了，因特网巨大的信息资源如何得到有效利用呢？我们如何能找到所需要的信息呢？搜索引擎便是帮助我们在浩瀚的信息海洋中能够畅游自如的导航员，通过搜索引擎，我们可以迅速地获取到各种各样的信息，夸张点说，在因特网上只有你想不到的，没有找不到的。当然，前提是我们能够正确掌握搜索引擎的使用方法。在具体介绍搜索引擎使用方法之前，有必要了解一下搜索引擎的定义、原理和分类。

搜索引擎（search engine）是指根据一定的策略、运用特定的计算机程序从互联网上搜集信息，在对信息进行组织和处理后，为用户提供检索服务，将用户检索相关的信息展示给用户的系统。搜索引擎包括全文索引、目录索引、元搜索引擎、垂直搜索引擎、集合式搜索引擎、门户搜索引擎与免费链接列表等。一个搜索引擎由搜索器、索引器、检索器和用户接口四个部分组成。搜索器的功能是在互联网中漫游，发现和搜集信息。索引器的功能是理解搜索器所搜索的信息，从中抽取出索引项，用于表示文档 以及生成文档库的索引表。检索器的功能是根据用户的查询在索引库中快速检出文档，进行文档与查询的相关度评价，对将要输出的结果进行排序，并实现某种用户相关性反馈机制。用户接口的作用是输入用户查询、显示查询结果、提供用户相关性反馈机制。

大致来讲，搜索引擎通过运行一个软件，这种软件在网络上通过分析索引网页本身的内容，分析索引所有指向该网页的链接的 URL、AnchorText，甚至链接周围的文字各种链接，自动获得大量站点页面的信息，并按照一定规则进行归类整理，从而形成数据库，以备查询。这样的站点（获得信息→整理建立数据库→提供查询），我们就称之为"搜索引擎"。

从发布形式上说，搜索引擎有两种：软件式搜索引擎和网站式搜索引擎。

软件式搜索引擎本身是一个软件，采用多线程快速检索技术，准确查找各类网站、网页信息，从而提高了上网效率、节省了搜索时间、降低了上网费用。限于人们的使用习惯，加之目前一部分流氓软件也以软件式搜索引擎的面目出现，因此人们对于软件式搜索引擎还不是很接受。

大多数搜索引擎都是以一个网站的形式出现的，如大家熟悉的 Google、百度、搜狗、360搜索、Yahoo 等，这类网站专门为人们提供信息"检索"服务，它使用特有的程序把因特网上的所有信息归类，以帮助人们在浩如烟海的信息海洋中搜寻到自己所需要的信息。网站式的搜索引擎按其工作的方式分为两类：

一类是分类目录型的检索，也叫引擎目录式搜索引擎。它是以人工方式或半自动方式搜集信息，由编辑人员查看信息之后，人工编辑信息摘要，并将信息置于事先确定的一层层的分类框架中。人们要找自己想要的信息可按他们的分类一层层进入，最后就能到达目的地，找到自己想要的信息，这类搜索引擎因为加入了人的智能，所以信息准确、导航质量高，缺点是需要人工介入、维护量大、信息量少、信息更新不及时。这类搜索引擎的国外代表是 Yahoo（http：//www.yahoo.cn）、LookSmart（http：//search.looksmart.com）、Dmoz（http：//dmoz.org）等；国内代表有新浪、网易、搜狐等。这种方法类似于传统的中国图书馆分类法。

另一类是全文搜索引擎，也叫基于关键词的检索或基于蜘蛛程序的机器人搜索引擎。用户可以用逻辑组合方式输入各种关键词（keyword），搜索引擎根据这些关键词寻找用户所需资源的地址，然后根据一定的规则反馈给用户包含此关键词信息的所有网址和指向这些网址的链接。这些搜索引擎利用其内部的叫"Spider"（蜘蛛）或"Crawlers"（爬行者）的程序，自动搜索网站每一页的开始，并把每一页上代表超级链接的所有词语放入一个数据库，建立带索引数据库的全文搜索引擎数据库，供用户来查询，当用户查找某个关键词的时候，所有在页面内容中包含了该关键词的网页都将作为搜索结果被搜索出来。在经过复杂的算法进行排序后，这些结果将按照与搜索关键词的相关度高低依次排列。全文搜索引擎是名副其实的搜索引擎，国外代表有 Google，国内则有著名的百度搜索。这类搜索引擎的优点是信息量大、更新及时、无须人工干预，缺点是返回信息过多，有很多无关信息，用户必须从结果中进行筛选。

另外，还有一种叫作 Meta 元搜索引擎，它的特点是本身并没有存放网页信息的数据库，当用户查询一个关键词时，它把用户的查询请求转换成其他搜索引擎能够接受的命令格式，并访问数个搜索引擎来查询这个关键词，把这些搜索引擎返回的结果经过处理后再返回给用户。对于返回的结果系统会进行重复排除、重新排序等处理。服务方式为面向网页的全文检索。这类搜索引擎的优点是返回结果的信息量更大、更全，缺点是用户需要做更多的筛选。这类搜索引擎的代表是 WebCrawler、InfoMarket 等，国内的一网打尽、飓风搜索通等提供类似的功能。目前每个搜索引擎都在不断完善搜索技术，做到更符合要求地提供信息，因此元搜索引擎的应用并不广泛。

除了上述搜索引擎之外，还有集合式搜索引擎、门户搜索引擎、免费链接列表（free

for all links, FFA）等非主流搜索引擎。

二、搜索引擎的历史

搜索引擎至今经历了一段日新月异的发展过程。

在1990年基于HTTP协议的万维网出现之前，互联网上只有冰冷的文字，没有图像和声音，而且网站数量也不多。为了查询散布在各个分散的主机中的文件，曾有过Archie、Gopher等搜索工具。随着基于HTTP访问的Web技术的迅速普及，网络迅速崛起，网站和信息量呈现出突飞猛进的局面，它们逐渐不再能适应用户的需要。

1994年1月，第一个既可搜索又可浏览的分类目录EINet Galaxy（Tradewave Galaxy）上线，它还支持Gopher和Telnet搜索。1994年4月，斯坦福大学的两名博士生——美籍华人Jerry Yang（杨致远）和David Filo共同创办了Yahoo。因其分类目录是手工输入的，所以不能真正被归为搜索引擎，事实上只是一个可搜索的目录。它的缺点是网站收录/更新都要靠人工维护，所以在信息量剧增的条件下，就有些难于应付了。

Lycos是搜索引擎史上又一个重要的进步。Robot（机器人）一词对编程者有特殊的意义。Computer Robot是指某个能以人类无法达到的速度不断重复执行某项任务的自动程序。由于专门用于检索信息的Robot程序像蜘蛛一样在网络间爬来爬去，因此，搜索引擎的Robot程序被称为"Spider"。Lycos除了相关性排序外，还提供了前缀匹配和字符相近限制，Lycos第一个在搜索结果中使用了网页自动摘要，而最大的优势还是它远胜过其他搜索引擎的数据量。Infoseek是另一个重要的搜索引擎，Infoseek友善的用户界面、大量附加服务使它声望日隆。而1995年12月与Netscape的战略性协议，使它成为一个强势搜索引擎：当用户点击Netscape浏览器上的搜索按钮时，弹出Infoseek的搜索服务，而此前由Yahoo提供该服务。

1995年12月才登场亮相的AltaVista推出了大量的创新功能，使它迅速到达当时搜索引擎的顶峰。它是第一个支持自然语言搜索的搜索引擎，具备了基于网页内容分析、智能处理的能力，成为第一个实现高级搜索语法的搜索引擎（如and、or、not等）。同时，AltaVista还支持搜索新闻群组、搜索图片等具有划时代意义的功能。

1998年10月之前，Google只是斯坦福大学的一个小项目BackRub。Google在Pagerank，动态摘要，网页快照，DailyRefresh，多文档格式支持，地图、股票、词典、寻人等集成搜索，多语言支持，用户界面等功能上的革新，像Altavista一样，再一次永远改变了搜索引擎的定义。在2000年以前，Google虽然因搜索准确性高而备受赞誉，但因为数据库不如其他搜索引擎大，缺乏高级搜索语法，所以使用价值不是很高，推广并不快。直到2000年数据库升级后，又借被Yahoo选作搜索引擎的东风，才一飞冲天。2010年3月23日，谷歌宣布其搜索业务退出中国内地，并将搜索服务由中国内地转至中国香港。

在中文搜索引擎领域，1996年8月成立的搜狐公司是最早参与网络信息分类导航的网站，曾一度有"出门找地图，上网找搜狐"的美誉，但由于其人工分类提交的局限性，随着网络信息的暴增，逐渐被基于Robot自动抓取智能分类的新一代信息技术取代。2004年8月3日，搜狐公司推出中文搜索引擎搜狗。

最著名的中文搜索引擎是百度（Baidu）。①它由超链分析专利发明人、前Infoseek资深工程师李彦宏与好友徐勇（加州大学伯克利分校博士）于2001年创立，"百度"二字，来自于800余年前南宋词人辛弃疾的一句词：众里寻他千百度。这句话描述了词人对理想的执着追求。2005年8月5日，百度在美国纳斯达克上市，成为2005年全球资本市场上最为引人注目的上市公司，百度由此进入一个崭新的发展阶段。百度搜索引擎的其他特色包括：网页快照、Flash搜索、视频搜索、地图搜索、图片搜索等。

2017年5月，百度使命更新为"用科技让复杂的世界更简单"。百度的产品及服务包括：以网络搜索为主的功能性搜索，以贴吧为主的社区搜索，针对各区域、行业所需的垂直搜索，以及门户频道、IM等，全面覆盖了中文网络世界所有的搜索需求。根据第三方权威数据，在中国，百度PC端和移动端市场份额总量达73.5%，覆盖了中国97.5%的网民，拥有6亿用户，日均响应搜索60亿次。

搜索引擎的出现给人们信息检索方式带来了革命，一些参考性的信息，比如词的意思、一句唐诗的出处、一个人名、常见疾病的简单信息等，都可以通过搜索引擎来检索到，从而极大地方便了人们的生产、学习和生活。那么，我们会问，它们提供这么好的服务，然而它们靠什么生存呢？在搜索引擎发展早期，搜索引擎靠作为技术提供商为其他网站提供搜索服务赚钱。2001年互联网泡沫破灭，它们大多转向竞价排名方式。现在搜索引擎的主流商务模式（百度的竞价排名、Google的AdWords）都是在搜索结果页面放置广告，通过用户的点击向广告主收费。

三、常用搜索引擎一览

各搜索引擎的能力和偏好不同，所以抓取的网页各不相同，排序算法也各不相同。大型搜索引擎的数据库储存了互联网上几亿至几十亿的网页索引，数据量达到几千G甚至几万G。但即使最大的搜索引擎所建立的超过上百亿网页的索引数据库，也只能占到互联网上普通网页的不到30%，不同搜索引擎之间的网页数据重叠率一般在70%以下。一种搜索引擎找不到的信息，可能会在别的搜索引擎找到；同样的问题，可能在不同的搜索引擎那里会有不同的结果。我们使用不同搜索引擎的重要原因，就是因为它们能搜索到不同的内容。

我们将在下节重点讲解百度的使用方法，这里先列出一些搜索引擎的名称及网址，用户可以尝试使用这些搜索引擎，在实际使用中比较它们的异同，具体使用方法可以参考每个网站的使用帮助。

（一）常用中文综合搜索引擎

1.百度搜索　　　　https：//www.baidu.com/

2.搜狗搜索　　　　https：//www.sogou.com/

3.360搜索　　　　https：//www.so.com/

4.必应所搜　　　　https：//cn.bing.com

5.头条搜索　　　　https：//www.toutiao.com

6.搜搜搜索　　　　http：//www.soso.com/

① 要了解百度公司更多情况，可以参考江苏文艺出版社2010年出版的《壹百度》《壹百度2：人生可以走直线》。

（二）常用英文综合搜索引擎

1.Bing　　　　　　　https：//cn.bing.com

2.Google　　　　　　https：//www.google.com.hk

3.Yahoo　　　　　　 https：//www.yahoo.com/

4.Hotbot　　　　　　https：//www.hotbot.com

（三）常用各类专业搜索引擎

1.微信搜索　　　　　http：//weixin.sogou.com/（搜狗微信）

2.知乎搜索　　　　　http：//zhihu.sogou.com/（搜狗知乎）

3.搜网搜索　　　　　http：//www.sowang.com/（搜网搜索）

　　　　　　　　　　https：//www.qqkk8.net/（搜索引擎大全）

4.比价搜索　　　　　http：//www.b1bj.com/（比1比价）

　　　　　　　　　　http：//www.manmanbuy.com/（慢慢买）

　　　　　　　　　　http：//www.huihui.cn/（惠惠网）

　　　　　　　　　　https：//gouwu.sogou.com/（搜狗购物）

　　　　　　　　　　http：//www.boxz.com/（盒子比价网）

5.网盘搜索　　　　　http：//www.pansou.com/　（盘搜）

　　　　　　　　　　http：//www.pansoso.com/（盘搜搜）

　　　　　　　　　　http：//www.kengso.com/（坑搜）

6.博客搜索　　　　　http：//www.blogso.cn/（博客搜索）

7.微博搜索　　　　　https：//s.weibo.com/（微博搜索）

8.图片搜索　　　　　http：//www.duososo.com/（多搜搜）

　　　　　　　　　　https：//818ps.com（图怪兽）

9.地图搜索　　　　　https：//www.amap.com/（高德地图）

　　　　　　　　　　https：//map.baidu.com/（百度地图）

　　　　　　　　　　https：//www.earthol.com/（地球在线）

　　　　　　　　　　http：//www.google.cn/maps（Google地图）

　　　　　　　　　　http：//map.sogou.com/（搜狗地图）

　　　　　　　　　　https：//map.qq.com/（腾讯地图）

　　　　　　　　　　http：//www.onegreen.net/（地图窝）

　　　　　　　　　　https：//www.meet99.com/map（相约久久）

10.电子书搜索　　　 https：//www.jiumodiary.com/（鸠摩搜索）

　　　　　　　　　　http：//ebook.name/（采书）

　　　　　　　　　　http：//cn.epubee.com/books/（epubee电子书）

　　　　　　　　　　https：//manybooks.net/（many books——外文电子书）

　　　　　　　　　　http：//www.pdfbook.cn/（云海电子图书馆）

　　　　　　　　　　https：//book.shuyuzhe.com/（书语者）

　　　　　　　　　　http：//gen.lib.rus.ec/（libgen——外文电子书、刊）

　　　　　　　　　　https：//www.kgbook.com/（苦瓜书盘）

　　　　　　　　　　http：//www.seo630.com/（kindle178）

四、搜索引擎的检索策略

我们利用搜索引擎进行网络搜索，都希望得到准确、理想的结果，但由于网络信息浩渺、繁杂无序，搜索引擎的索引机制与匹配算法各异，以及对查全率与查准率的要求不同，期望一个检索语句的一次检索就能得到十分确切的结果是不现实的。网络搜索是一个渐进的过程，即分析检索要求—制定、调整检索策略—确定、优化检索语句—逐步接近需求信息—最终得到确切结果。

一般来说，查全率与查准率呈反比关系，查全率愈高，查准率就降低，反之亦然。在检索实践中，我们以扩检和缩检的方法来调整查全率与查准率。

扩检与缩检是网络搜索中为满足查全率和查准率要求而经常使用的两种检索策略与方法。所谓扩检，即用较少的关键词和增加上位概念或同义词的方法扩大检索范围；缩检即用较多的关键词和增加专指性较强的概念或限制概念词来缩小检索范围。

提高检索词的专指度，可以用逻辑乘连接一些进一步限定主题概念的相关检索项，用逻辑非排除一些无关的检索项，利用文献的外表特征（文献的类型、语种、出版年代等）限制输出的检索结果，限制检索词出现的可检字段，并指定邻接和优先关系等，以提高查准率。

在制定检索策略时，对文献量较大或属于成熟学科的课题，应优先考虑查准率，从众多的相关文献中选取针对性较强的文献，对文献较少或新兴学科的课题，可适当扩大检索范围来保证查全率，以免遗漏重要的参考文献。

采用何种方法进行扩检与缩检，何时扩检或缩检，要根据搜索结果满足检索要求的程度而定。无论是扩检还是缩检都需要对前一次搜索结果进行分析，依据具体情况或调整、增减关键词，或使用逻辑"非"与"或"来逐步优化检索式，直至获得满意结果。满意结果的获得有一个渐进的检索过程，其中的策略、技巧只能在经常不断的搜索实践中积累和提高，只要勤于搜索、善于总结，从浩瀚网络资源中获取所需信息亦非难事。

扩检与缩检示例（以百度搜索引擎为例）：

示例1　尽全查找互联网上有关汤显祖《牡丹亭》的资料。

检索式1："牡丹亭 还魂记 汤显祖"，结果 18 900 个。

检索式2："牡丹亭 汤显祖"，结果 3 450 000 个。

分析：检索式1由符合检索要求的基本关键词组成，且将检索范围精确到用布尔逻辑"or"将另一同名《还魂记》并列，检索式2仅使用单一作品名，明显地扩大了检索范围，显著提高了查全率。

示例2　查找汤显祖的《牡丹亭》原文。

检索式1："牡丹亭"，结果 8 140 000 篇。

检索式2："牡丹亭 汤显祖"，结果 3 450 000 篇。

检索式3："牡丹亭 汤显祖 −公园"，结果 144 000 篇。

检索式4："牡丹亭 汤显祖 −公园 −歌曲"，结果 140 000 篇。

检索式5："牡丹亭 汤显祖 −公园 −歌曲 −演出"，结果 125 000 篇。

检索式6："牡丹亭 汤显祖 −公园 −歌曲 −演出 −剧"，结果 97 500 篇。

分析：检索式 1 为首选关键词，检索式 2 为增加关键词进行初步缩检，检索式 3—6 为依次减除无关资料进行进一步缩检以提高查准率。用这种方法可以逐步去掉更多的无关资料，但到检索式 6，《牡丹亭》原文已出现在结果页的首位，无须再行缩检。

五、搜索引擎的限度

搜索引擎适用于读者具有明确的信息需求和关键词的情况，通过搜索引擎可以帮助你找到需要的信息，从而降低信息的含糊性，但是，对扩展视野和知识结构方面作用是有限的。一个不在你的知识结构之内或你从来不知道的关键词如何检索呢？搜索引擎不过是一个检索的工具，其内容最终来自于专题网站，在这样的网站上包含着更为丰富的知识。因此，除了熟练掌握搜索引擎的使用方法之外，在日常学习和生活中，注意积累和使用专业网站，会有助于掌握整体网络信息资源，从而为我所用。

常用学术性资源网站推荐：

◇最权威的免费课程：国家精品课程网，http：//www.jingpinke.com。

◇考研的首选：http：//www.kaoyan.com（考研网）。

◇科研第一站：http：//emuch.net（小木虫网站）。

◇国外免费课程：http：//www.galaaa.com（课乐网）。

◇电子图书网站：http：//bbs.gxsd.com.cn（国学数典）。

◇电子书搜索：http：//ishare.iask.sina.com.cn（爱问知识人之共享资料）。

◇外文资源：http：//gen.lib.rus.ec/（libgen外文电子书、刊）。

|第二节| 搜索引擎的使用方法和技巧

一、百度（https：//www.baidu.com/）

2006 年 Google 开设中国办公室并命名为谷歌，很长一段时间内 Google 与百度成为中国互联网用户搜索英文和中文信息的首选，但是 2010 年 Google 因内容审查问题退出中国内地，转而使用中国香港域名和服务器，导致其搜索服务不稳定，时常出现网页打不开的现象，很多用户转向使用国内的百度、Yahoo、360 导航、搜狗等搜索引擎。

目前对于中国网民使用频率最高的中文信息搜索引擎而言，百度是当之无愧的首选。下面我们将具体介绍一下百度搜索的基本使用方法。本书提到的一些搜索功能和技巧，诸如本地网站搜索、文档搜索等，读者可以举一反三，应用到其他搜索引擎上。

（一）百度的各种产品及服务

1.百度PC端产品及服务

百度自 2001 年成立，其产品也从最初只提供单一的检索服务发展到如今涉及各种类、行业及平台的综合搜索引擎。其具体产品及提供的相应服务如下：

（1）搜索服务（如图 10-1 所示）。

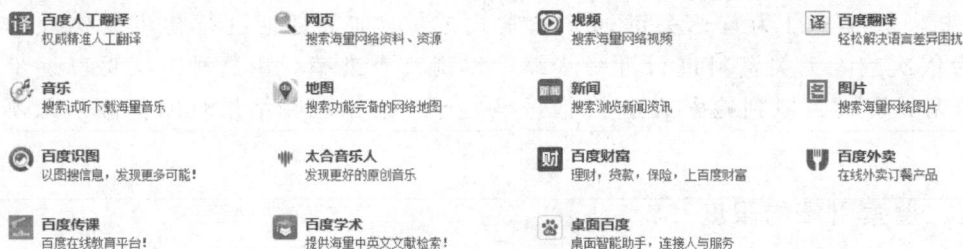

图10-1　百度搜索服务

（2）导航服务（如图10-2所示）。

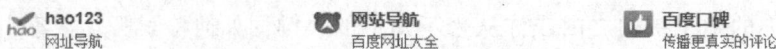

图10-2　百度导航服务

（3）社区服务（如图10-3所示）。

图10-3　百度社区服务

2.百度的移动服务

（1）百度移动客户端：应用商店搜索"百度"或扫描下方二维码（如图10-4所示）。即可下载百度移动客户端，百度移动客户端可以实现全部PC端的服务功能，更加方便使用、定制和随时接收信息。

图10-4　百度移动客户端

（2）百度其他移动产品及服务（如图10-5所示）。

图10-5　百度移动服务

（二）百度的检索技巧

在IE地址栏输入http：//www.baidu.com就可进入百度首页，如图10-6所示。

图 10-6　百度首页

　　另外，在用户注册并登录了之后，百度新版首页还提供了"我的关注"、"推荐"及"导航"等检索框搜索之外的个性化目录式导航，主要为各类资讯的热点时事等，其基本界面如图 10-7 所示。

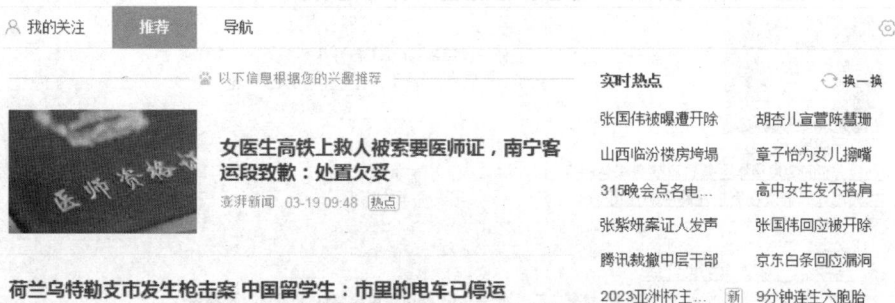

图 10-7　百度个性化导航界面

　　百度的检索功能很多，下面我们结合具体实例主要来演示使用百度进行信息检索的一些技巧和方法，掌握了这些基本方法，大家可以举一反三，逐步在使用过程中活学活用。

1.搜索特定类型、特定范围内的文献资料

（1）在特定文档中搜索。

　　对于一般人而言，最常用的就是搜索网页了，百度也是默认搜索网页，最简单的方式就是输入一个或两个检索词进行搜索，比如查找"马克思 生平"，总共有 300 余万个网页符合条件，你可以浏览并选择需要的信息（如图 10-8 所示）。显然，这有时候看起来很麻烦，那么怎么办呢？可以使用其高级搜索功能进行限定。

图 10-8　搜索特定文献资料示意图

比如搜索网页标题中含有"马克思",但不含有"原理"或"主义"(因为包含这两个词的网页很多,而且价值也不大)的 PPT 格式的文件,可以使用以下检索式"马克思 –原理 –主义 filetype:PPT",检索结果如图 10-9 所示。

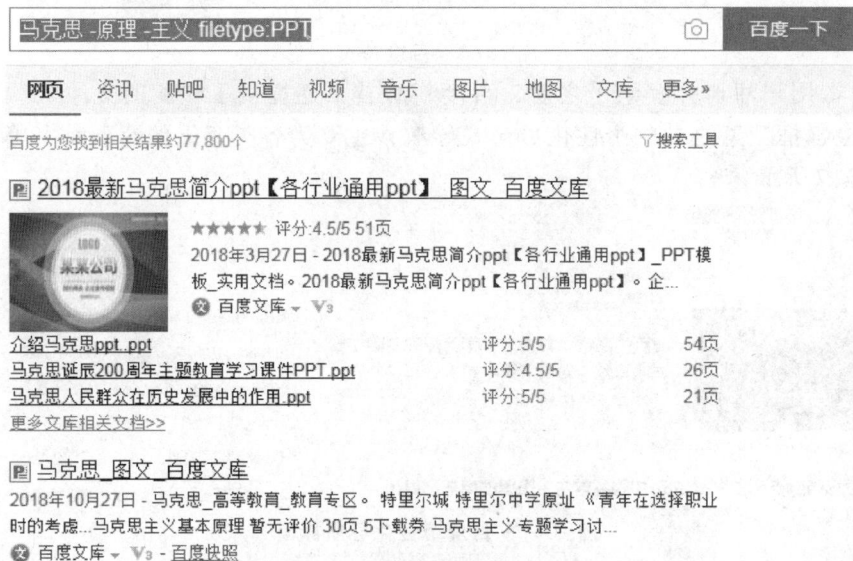

图 10-9 搜索特定文献资料示意图

这个表达式的含义是在标题为"马克思"的网页中去除含有"主义"和"原理"的内容,并将检索结果的文件类型限定为 PPT 格式。"filetype:PPT"限定文件的格式必须是 PPT 格式,当然还可以选择其他的文件格式,如 TXT、DOC、PDF、Excel、rtf 等。

举例来说,如果想搜索包含"商业计划书"关键词的 Word 文档,在检索框中输入"商业计划书 filetype:doc",就可以得到大量 Word 格式的商业计划书了。通过这种界定方式可以把一般网页里的垃圾信息给排除出去,从而保证搜索的结果的精确性。

(2)在特定网页地址中检索。

网页地址简称网址,英文名称是 url(uniform resource locator),换句话说就是网页的家,我们在上网浏览时在地址栏里显示的内容,它可以指出文件的位置以及浏览器应该怎么处理它。任何网站的 url 的设置都是有一定用意的,url 链接和网页内容一般都有着密切的关联,且每一个网页的名称标识都具有唯一性,所以可以利用这种相关性来限定检索范围,快速准确地找到所需信息。使用格式是:"inurl:×××"或"inurl:×××关键词"或"关键词 inurl:×××"(×××可以是任何字符)。

我们来观察一下以下网址(URL):

腾讯电影:http://v.qq.com/movie/

乐视电影:http://movie.le.com/

土豆电影:http://movie.tudou.com/

PPTV 电影:http://movie.pptv.com/

优酷电影:http://movie.youku.com/

搜狐电影:http://tv.sohu.com/movie/

百度电影:http://v.baidu.com/movie/

迅雷看看：http：//movie.kankan.com/

爱奇艺电影：http：//www.iqiyi.com/dianying/

搜狗电影：http：//kan.sogou.com/dianying/

通过观察，我们看到凡是电影类的网址中都有共同的跟电影相关的movie、dianying等字符，这样我们想查询电影时如果只限定在这类网站中检索，那么检索结果一定都是跟电影相关的信息，而不会出现无用的网页信息。图10-10为"无名之辈 inurl：movie"的检索结果页面，全部都是与该电影相关的信息。

图10-10 "无名之辈 inurl：movie"的检索结果页面

使用inurl检索，需要用户留心观察并总结出某类网页url的共同特点，才能做到缩小搜索范围，迅速地找到结果。一般来说，常用资源的url有以下字符：

书籍下载的url：book、ebook、shu、shuji、tushu…

论坛方面的url：bbs、forum、boke、weibo…

新闻相关的url： news、xinwen、xw…

软件相关的url： soft、software、ruanjian…

音乐方面的url： music、yinyue、mp3、midi…

体育相关的url： sports、tiyu…

例如，"英语启蒙 inurl：weibo"是在检索微博中与英语启蒙相关的看法和观点，而"海啸 inurl：news"是想知道关于海啸在新闻中的报道情况。如果我们需要检索单个信息也可以使用inurl这一参数，对于这样的信息我们可以从拼音、英文名、缩写、首字母组合等方面进行多次尝试，比如我们输入"inurl：xiyouji"便可以检索到西游记的图书、动画、游戏等，相关的内容。

另外，如果想在网址里搜索多个关键词，我们可以使用"allinurl：×××"语法。例如"allinurl： etc/passwd "会搜索网址里含有etc和passwd的网页。

（3）在固定网站中检索。

如果只需要在指定的网站查找信息时我们可以使用site指令完成检索，它可以限制只搜索某个具体网站、网站频道，或某域名内的网页，其输入格式为"关键词 site：××××（域名）"或者"site：××××（域名）关键词"，此参数也适用于有时我们在某网站上看到了某条信息后只记得大概内容，当想再次确定内容时却找不到原文了，这时只要我们记得当初浏览的网站，便可以使用 site 指令很快搜到这条信息，比如"肝功能化验单 site：health.sohu.com"这一检索式即是限定只在搜狐健康频道内查找相关的信息，查询结果页面如图 10-11 所示。

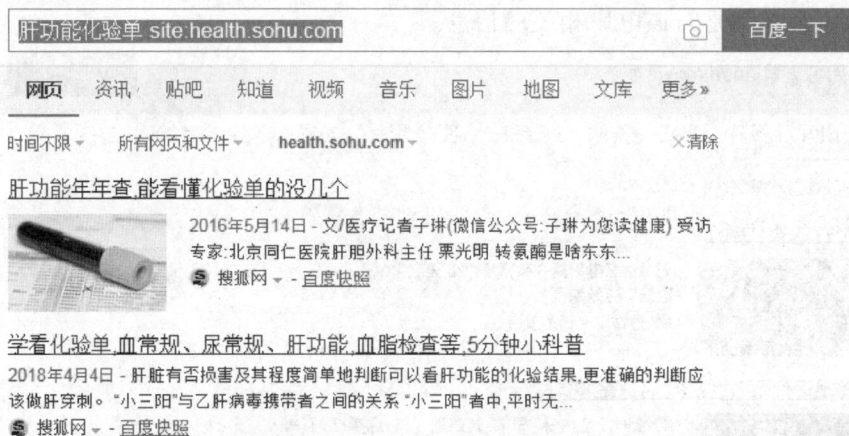

图 10-11 "肝功能化验单 site：health.sohu.com"检索结果

再比如，我们想在百度音乐中检索歌曲《卡路里》的下载路径，那么可以输入检索式"卡路里 下载 site：music.baidu.com"，结果页面如图 10-12 所示。

图 10-12 "卡路里 下载 site：music.baidu.com"结果页面

需要注意的是，使用这一指令时我们先要明确什么是域名，以百度为例，百度的网址（url）为 https：//www.baidu.com/，域名为 baidu.com，而 music.baidu.com 是收录音乐部分的子域名。比如输入"两学一做 site：edu.cn"，我们可以检索"学习强国"在各个教育机构的相关信息，更可以输入"学习强国 site：pku.edu.cn"具体到检索"学习强国"在北京大学的实行情况。

（4）在网页标题中检索。

网页的标题就是我们在浏览网站时每个网页最上方蓝色部分的文字，如图10-13所示。作为网页内容的提炼和概括，对网页标题的检索会使检索结果更加精确。

图10-13　网页标题

intitle的指令适用于在网页标题（title）中进行检索，具体格式为"intitle：关键词"或者"关键词 intitle：关键词"，如果有两个及以上关键词，那就用"allintitle：关键词1 关键词2"。我们可以比较一下"秋葵 intitle：菜谱""菜谱 intitle：秋葵""allintitle：秋葵 菜谱"这三个检索策略的检索结果有什么不同（如图10-14至图10-16所示）。

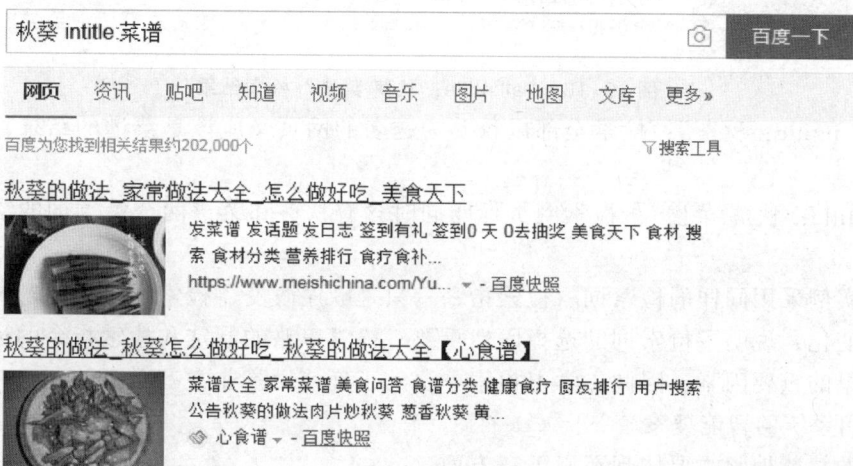

图10-14　"秋葵 intitle：菜谱"检索结果

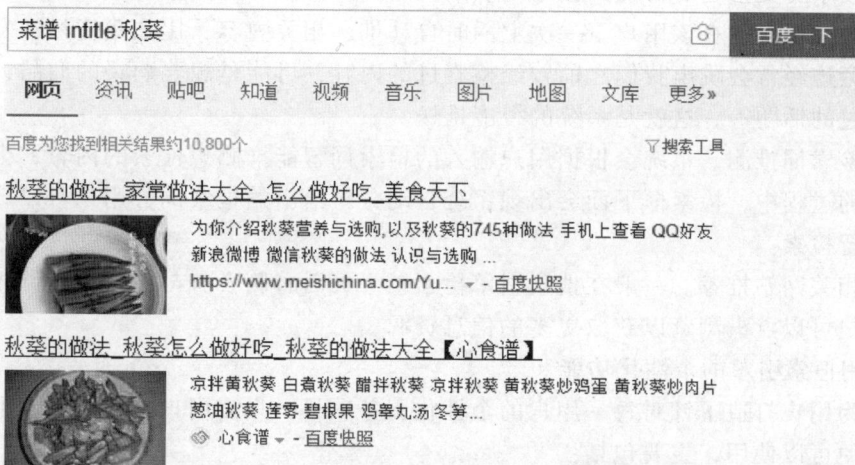

图10-15　"菜谱 intitle：秋葵"检索结果

从上面三个检索结果页面的截图来看，显然三个检索式检索到的命中结果数量差异巨大，下面我们就来对比一下：

"秋葵 intitle：菜谱"：检索所有以菜谱为题名的网页之中含有秋葵的结果，检索结果202 000条。

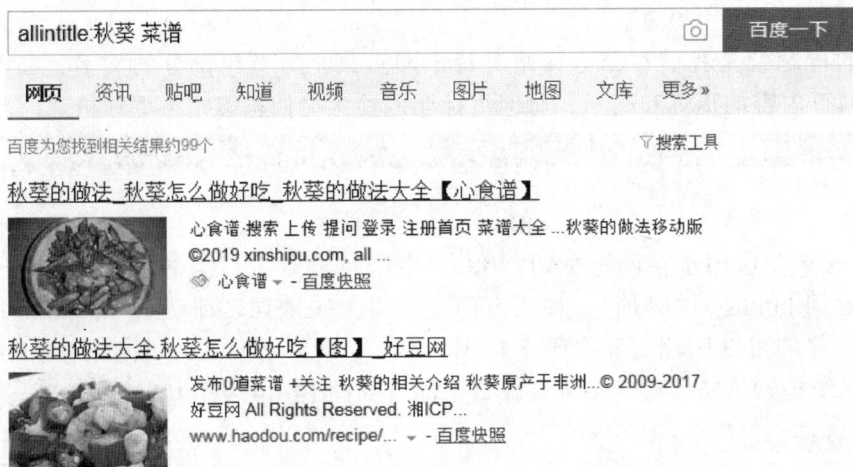

图10-16 "allintitle：秋葵 菜谱"检索结果

"菜谱 intitle：秋葵"：检索全部以秋葵为题名的网页又应该是菜谱的结果，检索结果10 800条。

"allintitle：秋葵 菜谱"：检索网页标题同时含有秋葵和菜谱两个关键词的结果，检索结果99条。

以上实例采用同样的检索词、检索指令，只是顺序改变，检索词之间的逻辑关系就发生了重大变化，说明了检索词的选择固然重要，检索策略的制定和检索指令的运用也是影响检索结果的重要因素，因此，学习检索方法的正确使用是非常有必要的。

2.利用系统的智能搜索

系统的智能搜索主要体现在以下三方面：

（1）搜索历史推送。目前大数据环境下，用户的任何网上操作都会留痕并作为该用户的搜索历史被保存并在该用户下一次上网时自动推送相关内容，比如我们经常发现浏览一个网页时旁边经常会跳出我们之前曾经检索过的内容，可能是想要购买的商品，也可能是曾经关注过的话题等，这就是系统的智能推送。

（2）检索词推测。系统会根据用户输入的检索词智能推测想检索的内容，当用户在输入检索词的过程中，检索框下面会出现系统自动分析给出的检索词，用户可以选择适当的关键词进行检索。

（3）相关网站推荐。一般在搜索引擎检索结果页面右侧会有与输入检索词相关的网站推荐，用户可以点击浏览以获取更多的信息资源。

3.利用搜索引擎的个性化功能。

百度为用户打造了针对每一用户的个性化服务项目，只需用户在首页面右上方进行注册和登录便可以使用，主要包括：

（1）提供"搜索历史"记录；

（2）提供"我的收藏"功能；

（3）提供使用帮助与在线客服；

（4）检索及结果界面自主设计；

（5）与系统进行交流；

（6）提供个人空间和交流平台。

4.百度的其他特色功能

除了上面的功能外，百度还有其他的一些功能，这里进行简要介绍。

（1）网页快照。

如果无法打开某些搜索结果，或者显示速度特别慢，用户可以通过"百度快照"功能解决。每个未被禁止搜索的网页在百度上都会自动生成临时缓存页面，称为"百度快照"，当遇到原始网站服务器暂时故障或者网络传输堵塞时即可通过"快照"快速浏览页面文本内容。当然，"百度快照"只会临时缓存网页的文本内容，所以那些图片、音乐等非文本信息，仍是存储于原网页。当原网页进行了修改、删除或者屏蔽后，百度搜索引擎会根据技术安排自动修改、删除或者屏蔽相应的网页快照。

（2）货币转换。

要使用内置货币转换器，只需在百度搜索框中键入你需要完成的货币转换，并单击"回车"键或"百度一下"按钮即可。

下面是查寻示例：

3.5 USD =？ GBP

10新加坡元等于多少印度卢比

（3）计算器。

百度为用户提供了一个内置计算器。只需要在搜索字段中输入算式，按一下"回车"键或者搜索就可以了。这个计算器可以用来做所有简单的计算、一些复杂的科学计算、单位换算，以及提供各种物理常数。

下面的例子可以展示这个计算器的功能：

5+2*2

2^20

sqrt（-4）

（4）天气查询。

新版百度首页可以根据用户实际所在地推送当地的天气预报，显示在主页的左上角，如需查询其他城市天气情况，可使用检索式："城市名　天气"，如"三亚　天气"，即可获知查询地的天气状况。

（5）股票查询。

用百度查询股票价格和股市行情非常简捷方便。你只需输入一个关键词（"股票"、"gp"和"GP"任选其一）和想查询的股票证券名称或是其六位数代码，百度就会返回其他链接，让你只要点击一次便能得到有关股票证券的详尽资料，如检索式"股票601939"。

（6）百度工具栏。

当用户下载并安装了百度工具栏后，即可以迅速地用百度搜索引擎进行搜索，不再需要打开百度首页进行搜索了，方便了人们的搜索，另外工具栏还有很多附加的个性化功能，使用起来十分方便。

（7）百度的翻译工具。

百度给中英文单词互译带来了极大的方便。你只需输入一个关键词（"翻译"、"fy"和"FY"任选其一）和要查的中（英）文单词，百度会直接显示你要查的单词的英文

（或中文）翻译。

另外，通过下载安装百度的工具栏，就可以直接使用翻译功能。

二、必应（cn.bing.com / global.bing.com）

（一）必应概述

必应（Bing）是微软公司 2009 年推出的用以取代 Live Search 的搜索引擎。Bing 中文名称被定为"必应"，取其寓意"有求必应"。各搜索引擎的基本搜索功能大同小异，鉴于上面已经详细介绍了百度，这里我们简单介绍一下必应的搜索功能，并着重分析必应与百度不同的地方，便于读者进行比较，更好地选择适合的搜索工具。

从检索界面来看，必应的界面（如图 10-17 所示）简洁美观，未经注册登录的用户也可以在首页直接设置个性化的首页美图、页面动画效果及菜单栏是否显示等，这是必应特有的特点。点击页面右下角左右箭头的图标可以更换背景图片，点击旁边的图标，所弹出窗口便是对当前背景图片的说明，给人身临其境的鲜活感。

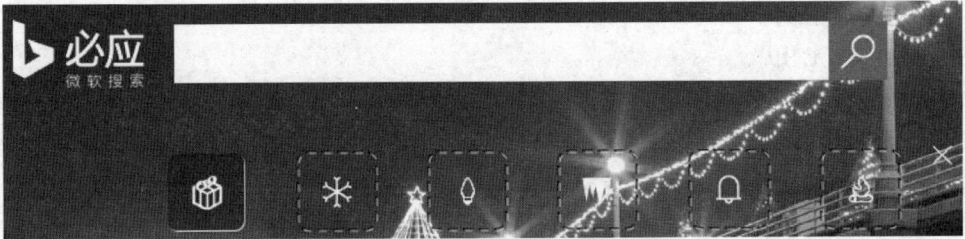

图 10-17　中文必应的检索界面

（二）必应检索

从必应提供的搜索选项（如图 10-18 所示）看，必应提供以下几种功能，下面就来逐一介绍。

网页　　　图片　　　视频　　　地图

词典　　　网典　　　在线翻译　　　学术

软件中心

图 10-18　中文必应的检索选项

1.网页搜索

必应同样支持汉字纠错、拼音输入、搜索提示等功能，经过对比在百度和必应输入相同的检索词所获得的结果页面后，我们可以总结如下：（1）必应的检索结果页面按照一定的规则做过归类，比如把论坛结果、健康网站、百科网站等结果归纳在一起，百度的检索结果则不是这样排列的；（2）必应的搜索结果下面只是提供一个相应网址的链接，而没有类似"百度快照"的功能；（3）必应的搜索结果中有很大一部分是来自于百度的，但是这些信息在排列位次上一般排在其他网页结果后面；（4）百度支持上传图片搜索相关信息，必应则没有这项功能。

2.图片搜索

必应的图片搜索功能提供了有关许可证筛选条件和使用方式的选项，除了包含百度提供的筛选图片尺寸、颜色、类型的功能，必应还提供了版式、任务、日期、授权几个筛选条件，尤其是授权筛选既可以保护知识产权又为用户使用图片的权限提供了很大的便利。

3.视频搜索

必应视频提供检索、浏览、观看及与好友分享功能。

4.地图搜索

必应地图是卫星航拍图，不像百度地图渲染色彩那样浓厚鲜艳，必应地图比较接近真实的色彩，利用必应地图定位自己的位置、跟踪找到的路线、浏览场地地图及浏览位置和图标、添加和管里自己的企业名录、创建自定义地图等。

5.词典和在线翻译

必应的英汉双解词典和在线翻译从语言处理能力和速度方面是优于百度的。值得一提的是，必应支持近音词搜索、近义词比较、词性百搭、拼音搜索、搭配建议等功能。在翻译方面，必应支持翻译的语种多达60余种，百度则不到30种。

6.必应网典

必应从用户的需求出发，把网上最有用的知识集中整合为"知识库"，将用户搜索的关键词抽象为一种类型，旨在帮助用户获得互联网上最全面的搜索体验，有些类似于百度百科，但不同的是，百度百科搜集的信息是经过整理的，比较系统，且有连贯性，而必应网典的内容是直接从各个网站抓取的，信息类型有网页、新闻及其他相关内容，还标有来源网站的名称，其中有很多条目就来自于百度百科，所以需要使用中文百科查询工具时百度要略胜一筹，但必应在美国就相当于中国的百度，所以查询英文信息还是要考虑必应。

7.必应学术

必应学术的前身就是微软学术，目前只是实现了最基本的检索功能，英文搜索无法与谷歌学术相比，中文搜索也不如百度学术和文库好用，故不做推荐。

从用户的体验角度来说，必应提供的个性化服务与百度相同之处很多，如搜索记录保存、搜索结果收藏、个性页面设置等功能，但是二者也有各自的优点和不足之处，比如必应的零广告政策、无痕式安全搜索、多语言版本搜索等功能都是百度不具备的，但是百度贴吧、百度知道等产品提供的用户非常喜欢的交互式平台功能必应也做不到。用户可以在了解其各自的长处之后，按照自己的需求选择适合的搜索工具。

本章小结

因特网有大量的信息资源可供我们利用，可以说因特网是一个最大的图书馆。除要注意积累一些好的网站外，搜索引擎是帮助我们找到所需信息的最得力的助手，利用好搜索引擎将使我们充分分享信息时代的便利，极大地改变我们学习、娱乐、购物、生活的方式。本章选择百度搜索引擎作为代表具体介绍了一些使用技巧。

思考题

1.什么是搜索引擎？

2.对比一下"信息检索PPT"和"信息检索Filetype：PPT"两组检索式的检索结果有何不同？并阐明原因。

3.百度搜索可以提供哪些方面的服务？

第三篇　实践篇

第十一章

信息资源综合利用

|第一节|　文献信息分析与价值评价

一、信息分析①

文献的信息分析是指对获取的文献信息进行分析与综合的过程，它是根据特定的需要对文献信息进行定向选择和科学抽象的一种研究活动。文献信息分析的目的是从繁杂的原始相关文献信息中提取共性的、方向性的或者特征性的内容，为进一步研究或决策提供佐证和依据。经过文献信息分析，由检索、搜集和整理而得的文献信息变成了某一个专题的信息精华，因此文献信息分析过程是一个由粗而精、由低级而高级的信息提炼过程。

文献信息分析一般包括以下六个步骤：

（1）选择课题；

（2）搜集与课题相关的文献信息；

（3）鉴别筛选所得文献信息的可靠性、先进性和适用性，剔除不可靠或不需要的资料；

（4）分类整序，对筛选后的资料进行形式和内容的整理；

（5）利用各种信息分析方法进行全面分析与综合研究；

（6）成果表达，即根据课题要求和研究深度，撰写综述、述评、报告等。

---

① 佚名．文献信息的分析方法［EB/OL］．（2011-10-13）.http://lib.ncut.edu.cn/xiaonei/gaonianji/4.3.htm.

二、信息分析方法

信息分析方法有许多种，如逻辑法、创造性思维法、专家调查法、文献计量法、层次分析法、时间序列法等，归纳起来主要有两类：文献信息的定性分析方法和文献信息的定量分析方法。

（一）文献信息的定性分析方法

逻辑法是定性研究信息的传统方法，它是根据已知信息借助于分析与综合、相关与比较、归纳与演绎等逻辑学手段进行研究的方法。逻辑法具有直观性强、定性分析和推理严密等特点，这些特点使它具有较好的适应性和较广的使用范围，在学术论文的论证中也可以应用。

（1）比较（comparison）法：就是对照各个事物或对象，并确定它们的异同点的一种逻辑方法。

（2）分析（analysis）法：就是把客观事物整体按照研究目的的需要分解为若干要素及关系，并分别研究的一种逻辑方法。它根据事物之间或事物内部各要素之间的特定关系，通过由此及彼、由表及里的研究达到认识事物的目的。

（3）综合（synthesis）法：就是指人们在思维过程中将与研究对象有关的片面、分散和众多的要素联系起来考虑的一种逻辑方法。它可以从错综复杂的现象中探索研究对象之间的相互关系，从整体的角度把握事物的本质和规律，通观事物发展的全貌和全过程获得新的知识和新的结论。它是同分析法相对立的一种方法。

（4）类比（analogy）法：就是根据两个研究对象之间在部分属性上的相似而推出它们在其他属性上也可能相似的一种逻辑方法。

（5）推理（ratiocination）法：就是由一个或几个已知的判断推出一个新的判断的逻辑方法。

（6）归纳（induction）法：就是从个别对象中概括出一般原理的逻辑方法。

（7）演绎（deduction）法：就是从一般原理中推断出个别结论的逻辑方法。

（8）分类（classification）法：就是将事物按属性异同区分为不同种类的逻辑方法。

逻辑法既可以单独使用，也可以与其他方法配合使用。对于那些不易或不能用定量数据表达而只需作出定性回答的事物，逻辑法是一种必不可少的方法。

逻辑法也有缺陷，应用逻辑法研究问题时应注意：论据一定要与论题相符，不要在无意中偷换概念；论据要充分，推理要严谨，论据不足不做推理，论据不充足不做片面推理；推理要注意有度，防止超过边界条件的限度。

创造性思维法又可分为头脑风暴法、求异思维法、变换角度法、否定法和未来图景草拟法等。

（二）文献信息的定量分析方法

文献信息的定量分析方法是指在数学、统计学、运筹学等理论基础上，通过各种计算、统计获得大量数字、图表、曲线、模型等，作出定量描述或反映事物应有的属性和特征。它是一种运用数学方法对研究对象的本质特征进行量化描述与分析的方法。

概率统计法是一种常用的文献信息定量分析方法，它也被称为拟合模型法。这种方法的实质是利用已有的数据情报拟合推演出数学模型，其关键是采集加工的数据情报要能够反映研究对象的特性和运动，拟合方法要合理。这种方法适用于非突变性随机问题，需要有一定的数学基础，而且大部分是针对自然科学情报进行分析，有一定的难度。

总之，文献信息分析方法都是以现有的经验材料为基础，对材料进行去粗取精、去伪存真、由表及里、由此及彼的综合分析，是一种抽象的思维活动。文献信息分析方法不只包括这几种，还可以使用其他方法进行分析，但无论采用哪种方法都必须根据客观事实综合分析才能得到有价值的文献研究成果。

三、信息价值评价

在信息整理过程中，信息整理人员总会自觉或不自觉地对原始信息价值作出评价。例如，在形式整理阶段要对明显重复的信息去重、对明显陈旧的信息剔旧；在内容整理阶段，要根据信息内容圈定重点、剖析矛盾等。这样做不仅关系到原始信息是否有用，而且直接影响信息分析与预测成果的质量。严格说来，信息价值评价环节不仅仅贯穿于信息整理过程之中，而是向前可以延伸到信息搜集环节，向后可以延伸到加工出来的信息分析与预测产品的传递和利用环节，它对这些环节的工作质量都会产生影响。①

（一）可靠性

原始信息的可靠性一般包括以下四个方面的含义：第一，真实性。例如，所搜集的原始信息是如实的调查所得还是道听途说或添油加醋的结果，有无夸大或缩小现象等。第二，完整性。所反映的问题是否全面、是否抓住了事物的本质。第三，科学性。主要是指信息的内容是否科学。第四，典型性。原始信息是否具有代表性和典型意义。

文献信息的可靠性取决于其所依附的文献的可靠性，一般可归结为"十看"：

（1）看作者：如知名专家、学者及其他R&D人员撰写的文献一般比实业、商业、新闻界人士撰写的文献准确、可靠；

（2）看出版机构：如著名高校、权威出版机构出版的文献可靠性较强；

（3）看文献类型：如专利、标准文献比一般书刊可靠性强，产品说明书比产品广告可靠性强；

（4）看来源：如官方来源的文献比私人来源的文献可靠性强，专业机构来源的文献比一般社会团体来源的文献可靠性强；

（5）看被引用率：反复被他人引用的文献可靠性较强；

（6）看引文：引用（或参考）的文献权威性越强，则可靠性也越强；

（7）看程度：如最终报告比进展报告可靠性强，正式标准比试行标准或标准草案可靠性强，分红配股方案比预案可靠性强；

（8）看密级：机密信息可靠性强于公开信息，但弱于绝密信息；

（9）看内容：文献本身论点鲜明、论据充分、数据翔实、逻辑结构严谨，则可靠性强；

（10）看实践：已实际采用或被实践检验证明能达到预期目的的信息可靠性强。

（二）先进性

原始信息的先进性是指该信息所报道或反映的内容是否在某一领域原有基础上提出了新的理论、新的观点、新的假说、新的发现或者对原有的理论、原理、方法或技术加以创

---

① 本部分内容参考了广东省高校现代教育技术"151工程"项目大学生信息素养专题学习网站相关内容。

造性的开发和利用。只要是报道或反映人们在生产斗争、科学实验以及其他社会实践中的新进展、新突破的信息，都可以被认为具备先进性。

先进性是一个相对的概念，是与原有的基础相比较而言的，通常可以用时间、空间、内容三个矢量合成的结果来衡量。在具体实践中人们更倾向于采用一些容易操作的指标。

1.文献外部特征

（1）看文献类型：正在进行的项目的实验小结、刚刚更新的数据库以及最近发表的专利文献、研究报告、上市公司文件、会议文献等所含信息的先进性强；

（2）看出版机构：权威出版机构出版的文献水平较高，所含信息的先进性强；

（3）看发表时间：最近发表的文献信息的先进性强。

2.文献计量学特征

根据文献数量的变化所反映出来的某一领域发展的阶段和水平，以及文献半衰期的变化所体现出来的文献信息老化规律，可判断信息是否具有先进性。

3.文献内容特征

根据文献内容在理论上是否提出了新的观点、新的假说、新的发现，在应用上是否提出了新的原理、新的设计、新的方法或者开创了应用新领域等判断信息是否具有先进性。

4.信息发生源

各地区或部门的基础条件、文化传统、宗教习惯、社会政治制度、生产力发展水平等方面的差异性，决定了反映这些地区或部门现实状况和水平的文献信息的先进性也参差不一。例如，澳大利亚的畜牧业和毛纺业、日本的造船业和海洋养殖业、美国的网络技术和市场经济实践、中国的民间制作工艺等都是比较先进的，相应地，反映这些国家的相关文献信息一般也是具有先进性的。

5.实践效果

根据文献信息对实践的贴近程度和超前水平以及信息使用后所产生的经济效益、社会效益和环境效益的大小，可以判断信息是否具有先进性。

（三）适用性

所谓适用性，是指原始信息对于信息接收者来说可资利用的程度。一般来说，原始信息的适用性取决于信息分析预测课题和信息用户两大因素，如所选课题或拟选课题的背景、内容、难易程度、研究条件以及信息用户的信息吸收能力、条件、要求等。原始信息的适用性评价通常是在可靠性和先进性评价的基础上进行的，即对可靠而先进的信息按照适用性的要求作进一步的筛选。

1.看信息发生源和信息吸收者吸收条件的相似性

任何信息都是在一定的条件下发生的，评价原始信息是否适用于信息分析预测课题和信息用户的需要，可以看它们是否具有相似性。一般来说，具备发生源或吸收者吸收条件相似性的原始信息是适用的；反之，是不适用的。例如，在评价围绕R&D信息分析预测课题搜集的国外原始信息是否适用于我国时就应对照比较我国现时以及该信息发生的当时和当地的资源、技术、管理、经济、政治等条件，看两者是否相似。只有条件相似才能保证有消化吸收和创新能力。

2.看实践效果

某一信息是否适用于信息分析预测课题和信息用户的需要，可以从其利用实践中得到印证。一般来说，实践证明具有良好的经济效益、社会效益和环境效益的信息是适用的；反之，是不适用的。

3.看战略需要

信息分析预测课题多带有前瞻性，不仅要解决当时、当地存在的问题，而且要服从国民经济和社会发展的长远需要，因此某一信息是否适用，除了要考虑其是否适应当时、当地需要外，还应当考虑其是否在未来适用。一般来说，符合战略需要的原始信息有时在未来也是适用的。战略需要从时间角度来划分，可分为近期未来需要和远期未来需要。通常，近期未来在时间上相隔不远，因此符合近期未来需要的原始信息可以被认为是适用的，但符合远期未来需要的原始信息则要具体问题具体分析。如果课题本身是宏观性、战略性和预测性的课题，则可以认为该信息是适用的；反之，则不应盲目地断定其适用性。

上面所列举的信息价值评价角度、方法和内容仅仅是我国信息分析预测工作者在长期的信息整理工作实践中摸索和提炼出来的一部分经验，特别值得一提的是，我们所列举的项目有时会出现相悖的情况。例如，有些文献受作者表达能力不强的影响可能在突出论点、保持逻辑结构的严谨性方面有欠缺，但提供的信息相当可靠；有的信息在已有的实践中被证明是不太可靠的，但随着实践的发展变化，一部分不太可靠的信息会转化为可靠的信息，另外一部分可靠的信息则转化为不可靠甚至是错误的信息；有些信息发生源与信息吸收者存在相似性，但并不适用等。因此，在具体评价时要注意具体问题具体分析。

|第二节| 文献信息的学术分析应用①

一、如何查找期刊影响因子

（一）期刊影响因子

期刊影响因子（impact factor，IF）是1972年由E.加菲尔德提出的，现已成为国际上通用的期刊评价指标。它不仅是一种测度期刊有用性和显示度的指标，也是测度期刊的学术水平乃至论文质量的重要指标，影响因子是一个相对统计量。

一种期刊在某年的影响因子是指该期刊前两年发表的论文在当年平均被引率，即某期刊前两年发表的论文在统计当年的被引用总次数除以该期刊在前两年内发表的论文总数。影响因子的计算方法举例如下：

某刊2017年的文章在2019年被引用的次数：100

某刊2018年的文章在2019年被引用的次数：150

某刊2017年的发文量：50

某刊2018年的发文量：50

某刊2019年的影响因子$=\dfrac{100+150}{50+50}=2.5$

（二）国内外期刊影响因子查找办法

（1）国际期刊影响因子主要通过Thomson Reuters每年发布的期刊引证报告（Journal Citation Reports，JCR）进行查询，它对Web of Science中8 000多种学术性技术期刊进行了

---

① 本部分内容参考了中国科学院文献情报中心开放信息素质教育服务平台相关内容。

分析评价，利用 JCR 可以查找每种期刊影响因子、被引总次数（total cites）、立即影响指数（immediacy index）、文献总数（articles）、被引半衰期（cited half-life）的数据及排序情况。

网址：http：//admin-apps.webofknowledge.com。

（2）国内期刊影响因子检索主要有三条途径：

①中国科学院国家科学图书馆编制的以中国科学引文数据库为基础的《中国科学计量指标：期刊引证报告》。

②中国科学技术信息研究所每年发布的《中国科技期刊引证报告》（China Journal Citation Reports，CJCR），它提供中文科技期刊影响因子。

③南京大学"中国社会科学研究评价中心"编制的《中文社会科学引文索引》，它提供中文人文和社会科学期刊影响因子。

需要说明的是，上述数据库需要单位或个人购买方可使用。

在同一学科内，影响因子的高低在一定程度上表明该期刊学术影响力的大小。但要注意的是，不同学科的期刊影响因子可能会有很大差异，可比性不强。同时还要注意，目前并没有针对单篇文章的影响因子。

二、如何查找论文被引用的情况

目前，查找科研论文被国际期刊引用的情况主要是通过 ISI Web of Science（http：//apps.webofknowledge.com）提供的 Cited Reference Search 功能来完成。用户可以通过被引用的作者、被引用的期刊、会议、专著和专利以及这些著作发表的年代等多个检索入口对检索条件进行限制检索。如果被检索的论文是被 SCI 收录的，也可以直接通过对目标文章的检索看到该论文被引用的情况，同时该数据库平台还提供引文跟踪功能，一旦目标论文有新的被引用情况，系统会自动发送提醒邮件。

查找论文被国内期刊引用的情况可以通过中国科学文献服务系统（Science China）中的中国科学引文数据库进行检索。该数据库收录了近千种国内科技核心期刊，提供每篇期刊文献所引用的所有的参考文献，是国内权威的引文数据库。

其他常用于查询国内期刊引用情况的国内数据库包括：

中国科技论文与引文数据库（CSTPCD）；

中国社会科学引文数据库（CSSCI）（http：//cssci.nju.edu.cn）。

需要说明的是，上述数据库需要单位或个人购买方可使用。

此外，用户也可以通过 Google Scholar（http：//scholar.google.com）、Scopus 等不同的网络学术搜索引擎或数据库查询途径，了解论文的被引用情况。

三、如何查找各学科核心机构、科学家和研究热点

（一）ISI ESI

在 ISI Web of Science 中提供了一个 Essential Science Indicators（基本科学指标数据库，ESI），是由 Thomson Reuters 公司开发的一个统计数据库，其数据的源头是 Web of Science，其理论基础是文献计量学。该数据库可帮助用户分析研究机构、国家以及学术期刊的研究绩效，确定自然科学和社会科学的基本趋势和方向；了解在各个研究领域中最领先的国

家、期刊、科学家、论文以及研究机构，确定特定研究领域的研究产出和影响；评估潜在的雇员、合作者、评论家以及同行。

网址：http：//esi.webofknowledge.com。

（二）ISI HighlyCited

ISI Web of Science 提供了一个高引频著者网站 ISI HighlyCited，该网站搜集了世界上被引用次数最多和最有影响力的科学家的研究成果和个人信息，是了解某个研究领域核心人物的最快捷的途径。ISI HighlyCited 中不仅有科学家的列表，并且提供了科学家的详细信息，包括科学家的履历、研究方向、已发表的论文、已出版的图书等，还特别提供个人主页，可通过作者姓名、研究学科、机构、国家等途径查找，为用户随时了解科学家的研究动态提供了方便。

网址：http：//www.isihighlycited.com。

需要说明的是，ISI数据库需要单位或个人购买以后方可使用。

四、如何找到与课题相关的文献

直接查找：利用本领域的核心数据库获得相关文献。根据待查课题的研究内容，归纳出中、英文关键词，尽可能检索可以利用的、与课题相关的文献信息数据库和检索刊，从而获得相关文献信息。

间接查找：通过引文途径进一步获取相关文献。利用已有文献中的参考文献作为获取新文献的线索，通过检索引文数据库获得更多文献。

浏览互动：通过浏览相关学会、协会等研究机构的网站，以及相关领域国际、国内同行网站，与国内外同行直接沟通交流，也能得到有价值的文献信息。

最后，从检索结果中选出最感兴趣的若干篇文献，根据文献的出处设法获取原文。同时，重新调整关键词和检索策略，再次查询核心数据库，或查找引文信息，如此反复一定会得到满意的查询结果。

五、如何定期获取所需某种期刊的目次信息

Current Contents Connect（CCC）被认为是一个有效查询和获取最新期刊目次信息的重要数据库。CCC包括8 000多种经同行评议的学术期刊以及涉及自然科学、社会科学以及艺术人文学科的100多个学科的1 900多本书籍和5 000多个网站，非常及时地发布期刊最新目次信息。

网址：http：//ccc.calis.edu.cn/。

通常情况下，用户还可以通过数据库提供的定制功能来获取期刊的目次信息，许多著名的网络数据库、期刊网站均支持定制服务，这项功能可以方便用户定期自动获取某种目标期刊的目次信息，如 ISI Web of Science 提供的 My Journal List 服务、Elsevier 提供的 My alerts 服务等。定制期刊目次信息之前需要先注册个人信息，下面以两例说明如何对目标期刊的目次信息进行定制。

（1）以定制 Elsevier 期刊为例：打开 Elsevier 的主页 http：//www.sciencedirect.com，注册用户名并登录到个人账户下，点击 My alerts—Add/Delete volume/issue alerts，勾选所需定制的期刊后点击 apply 即可完成定制，Elsevier 会把该刊的目次信息定期发送到用户注册

时所提供的电子信箱中。

（2）以定制 CELL 系列期刊为例：打开 CELL 的主页 http：//www.cell.com，注册并登录，点击 Alerts，勾选您所需定制的期刊，CELL 会把该刊的目次信息定期发送到用户注册时所提供的电子信箱中。

六、利用网络学术交流平台

网络学术交流平台是纯粹的学术定位和学者立场交流的平台，它使大家能够扩大交流互动范围、共建共享资源。常用的网络学术交流平台有：

（1）维基百科：始终定位为一个包含人类所有知识领域的百科全书，同时也是一部内容开放的百科全书，允许任何第三方不受限制地复制、修改及再发布材料的任何部分或全部，允许大众广泛参与。中文维基百科的运作开始于 2002 年 10 月，采用了 Wiki 技术。

网址：https：//www.wikipedia.org/。

（2）科学网：是由中国科学院、中国工程院和国家自然科学基金委员会主管，中国科学报社主办的综合类科学网站。作为服务于科学与高等教育界核心人群的垂直门户网站，它提供快捷权威的科学新闻报道、丰富实用的科学信息服务以及相关各个学科领域的交流平台。

网址：http：//www.sciencenet.cn/。

（3）小木虫：创建于 2001 年，是学术信息交流性质的综合科研服务个人网站，为中国学术科研免费提供动力。其内容涵盖多个学科，除此之外还有基金申请、专利标准、留学出国、考研考博、论文投稿、学术求助等实用内容。注册会员主要是来自国内各大院校、科研院所的博硕士研究生和企业研发人员。

网址：http：//muchong.com/。

|第三节| 信息咨询与信息服务

在信息需求和信息利用过程中，用户很难独立获得所需要的全部信息，因此需要借助别的手段和寻求别人的帮助。图书馆和各情报信息中心是信息的集中地，这些单位也拥有专业的信息咨询及信息提供服务团队，可以为我们提供专业信息检索和信息咨询服务。

一、馆际互借和文献传递

任何机构和个人都不可能独立拥有全部的信息资源，在获取文献信息受限的情况下我们可以选择求助于本单位的信息服务专业人员或其他信息服务机构。

文献传递指高校图书馆资源共享范围内馆际之间、高校图书馆与其他信息机构之间，以及高校图书馆与用户之间的信息资源提供服务，能为用户提供用户需要而查询馆收藏的任何文献原文，也向其他高校或单位提供查询馆收藏的文献副本。

文献传递服务的内容包括在有关著作权法规允许的范围内，提供中外文书籍、学术论文、学位论文、会议论文、标准、专利、科技报告等的部分或全部全文信息或电子复制件。

如何进行文献传递和馆际互借已经在本书第四章第二节中详细阐述，在此不再赘述。

二、定题跟踪服务

（一）定题跟踪服务的含义

定题跟踪服务是根据用户特定研究课题的需要，在该课题研究的整个过程中，定期或不定期地连续为用户提供文献信息的全程服务。图书馆馆员利用本馆现有馆藏和各类不断更新的电子信息源，检索与既定服务对象研究课题相关的文献信息，并及时、主动地提供给用户。这种主动围绕某个专题所进行的定题跟踪服务，目的明确、针对性强，是图书馆信息服务工作的深化。

（二）定题跟踪服务的程序

（1）接受课题委托：在正式接受课题委托时，课题委托人应按照要求，认真填写定题跟踪服务工作单，提交详细的课题背景资料，并且有责任向定题工作人员说明该课题的技术特征，以便工作人员全面了解课题的内容、特点、创新点、要求等。

（2）确定检索范围：根据课题委托人提供的以往掌握的文献情况，确定检索范围，如检索时间段、语种分布、文献类型分布等，然后再选定相关的检索工具和数据库。根据课题委托人查全或查准的具体要求，工作人员可适当扩检或缩检。课题委托人根据情况，也可以推荐或指定检索范围，供工作人员参考。

（3）制定检索策略：在充分理解课题的实质内容和用户的委托要求后，工作人员选择恰当的检索词，根据各个检索词之间的相互关系，制定准确的检索策略，并根据检索结果和用户的反馈意见不断调整检索策略，直到查到满足需要的相关文献为止。

（4）提供定题跟踪服务成果并建立档案：提供题录、文摘、原文等服务成果，并将定题跟踪服务全过程检索的情报资料和相关工作记录归档保存，作为今后开展定题跟踪服务的工作基础和参考资料。

三、科技信息查新服务

科技信息查新咨询工作简称"查新"（novelty search），根据原国家科委颁布的《科技查新咨询工作管理办法》（以下简称《管理办法》），查新工作"系指通过手工检索和计算机检索等手段，运用综合分析和对比方法，为评价科研立项、成果等的新颖性、创造性和先进性或水平提供公开、公知事实依据的一种公众性信息咨询服务工作"。

具体来说，科技查新咨询是根据查新委托人提供的需要查证其新颖性的科学技术内容，通过检索手段搜集国内外相关资料，结合必要的调查研究及对有价值的情报资料进行综合分析，并与课题查新点对比，对其新颖性作出结论并出具查新报告。其所述新颖性是指在查新委托日以前查新项目的科学技术内容部分或者全部没有在国内外出版物上公开发表过。[1]通俗地说，查新就是通过文献检索判定前人有无相似研究或成果。

科技查新咨询由我国医学专家于1984年提出，并迅速扩展到其他专业领域，逐渐发展成为独立于普通信息检索的一项信息服务工作。下列情况一般需要科技查新：

（1）申请科技立项；

---

[1] 佚名.查新服务［EB/OL］.（2015-01-06）.http://www.lib.tju.edu.cn/n17397/n17511/n17860/19904.html.

（2）科技成果鉴定、评估、验收、转化；

（3）成果申报奖励；

（4）发明及专利申请；

（5）其他（如博士论文开题、评审等）。

本章小结

信息资源的综合利用是信息检索和利用的最终目的和核心，本章在信息检索和信息综合利用基础上提出了信息分析的概念，讨论了信息分析的基本方法，对信息资源的价值评价做了介绍，并对文献信息的学术分析应用做了简单介绍。在用户通过自己的努力无法获得所需或所有的信息时，可以借助别的手段和寻求专业人员或机构的帮助。图书馆和各情报信息中心的信息咨询人员可以为用户提供各种信息咨询服务，如文献传递和馆际互借、定题跟踪服务、科技查新等。

思考题

1.什么是信息分析?如何进行信息分析?

2.信息价值的评价标准有哪些?

3.什么是文献传递和馆际互借?

4.什么是科技查新?

第十二章

学术论文开题与写作

第一节 论文的选题和开题

学术研究是一个多要素、多层次的动态系统，其间会发生许多急需解决的矛盾和问题，形成各种各样的研究课题。一般来说，在整个学术研究过程中提出课题至关重要。

一、选题的基本原则[①]

（一）价值性原则

选题有无研究价值，是一条最基本的原则。我们以教育科研为例，从三个方面来衡量：

1.方向性

选题要符合教育教学的基本规律和发展方向。符合的能促进教育教学的发展，产生有益的价值；反之，则无益，甚至产生有害的价值。

2.针对性。选择的课题要切合实际情况，针对教育教学发展过程中的不良倾向、薄弱环节和突出矛盾，选择针对性强的课题进行研究，就有满足事业需求的现实意义和实际价值。

3.普遍性

选择课题时要考虑其研究成果是否具有客观规律性和推广的普遍性。普遍性愈强，课题的社会价值就愈大。

（二）创造性原则

教育科研的目的是认识前人没有认识或没有充分认识的教育规律，解决他人虽然认识但还没有解决或没有完全解决的教育问题。因此，教育科研的课题必须具有独创性和新颖性。由于实际情况不同，课题的创新要求一般可分为三个层次：

1.独创性

这是高层次的创新课题，它要求提出没有人提出过的新问题，开辟无人涉及过的研究领域，创立新的理论体系、教学流派和教学模式等。

2.再创性

这是中层次的创新课题。其中有的是将别人的研究课题加以组装、分解和改造后再生

---

① 佚名.教育科研课题选题原则［EB/OL］.（2011-10-13）.http://www.eku.cc/xzy/jxly/23625.htm.

出的新课题，有的是将已有的研究课题运用到新的领域、情境、学科等在某方面有所创新。

3.自创性

这是低层次的创新课题，它只要求对自己来说是前所未有的、对自我发展是有利的，但并不要求对社会、对别人有什么创新价值。

（三）可行性原则

选题的可行性原则就是要选择具备一定条件，通过主观努力可以进行研究，并有成功可能的合适课题。这要看两方面的情况：

1.看研究者的主客观条件是否具备

主观条件是指研究者的知识结构、智力层次、研究能力、思想水平、科学品格、心理素质、专业特长和兴趣爱好等；客观条件是指课题研究所必需的资金设备、文献资料、研究基地、协作条件及领导的关注、家庭成员的支持、相关学科的影响和社会环境等。

2.看课题的难易程度是否合适

难度小的课题研究顺利，成功率高；反之，难度大的课题遇阻受挫的机会多，成功率低。就一般规律而言，选题应从易到难，从小到大。

选题就是决定论文写什么和怎么写。选题是写好科技论文的关键，选好题目就等于写好论文的一半。

二、选题时要注意的问题

（一）选题方向与专业对口

怎样去发现问题、确定论题呢？以下几点可供参考：

（1）从主管部门、专业学会和各类研讨会等指定的研究课题中筛选出符合自己工作实际和研究专长的典型问题作为论题，加以研究撰写成文；

（2）在实践中细心观察、勤于思考，就自己体验较深又感兴趣的地方加以提炼，将其上升到一定的理论高度，形成论题；

（3）认真阅读书报杂志，在综合、借鉴别人科研成果的基础上受到有关论点和问题的启发，发现论题、总结经验、推陈出新，发表自己与众不同的见解。

总之，发现问题的关键在于"留心"。只要平时留心，注意积累，好的选题是时刻都可能出现在你的思维之中的。一旦有了想法，就要立刻记下来，为以后进行筛选或提炼论题做好准备。

（二）选题要考虑主客观条件

应对自己有正确的客观估计，如自己掌握材料的深度和广度、驾驭材料的能力、对课题的理解程度等。要根据自己的长处和兴趣爱好，扬长避短，充分发挥主观优势。同时还要充分了解学术界的研究现状，如本课题已有的研究成果、还存在哪些问题尚待研究、未解决问题的迫切程度、社会需要和科学发展的趋势等，只有把主客观两方面的条件结合起来，才能筛选出最适合自己的课题。

（三）选题时间适宜

选题要尽量早些，以便有充分的时间积累材料，但又不宜过早，以免自己的专业知识还较单薄，如果在对本学科领域的学术研究状况知之甚少的情况下，贸然选题难免会失之偏颇，有了一定的专业基础就不至于茫然无从，又可以比较从容地准备、读书并积累材料，也有足够的时间和精力做深入研究。

（四）课题的难易、大小要适度

选择的课题难易要适度，难度大的课题当然更有科学价值，但对参加工作不久的人来说，往往力不胜任，难以完成。在选题时，要根据本人的专业基础和时间及其他相关因素，如资料条件、经费等，综合分析，选择大小适当的课题。题目过大，问题难以深入研究可能导致虎头蛇尾、草草收场；题目过小，不能充分挖掘自己的潜力、发挥自己的才能，论文达不到应有的水平和深度。

三、选题的策略

一问——罗列需求问题。

针对你所从事的实际工作，仔细地分析以下问题：目前工作还存在哪些不足？哪些地方还有进一步改善的余地？别的同志、别的单位在哪些方面做得更好？我还有哪些东西该懂但还不懂？下面应该怎么办？除上述问题外，还应该考虑：曾经关注过哪些问题？在哪些方面倾注了心血？在哪些方面有与人不同的经验和体会？我自己的新想法和新做法可以在什么地方使用和推广？从上述问题中选定研究方向，学习有关知识，下功夫进行探讨和研究，选题问题一定会迎刃而解。

二深——深入一步。

选题前要弄清这样几个问题：关于题目研究的历史和现状，前人的思想和重要的研究成果，已经解决的问题，存在争议的问题，争议的焦点和问题及症结，论争各方的代表性观点、人物及著述，研究的薄弱环节及尚待开拓的领域，实践中出现的新情况、新问题……总之，要从大面上摸清问题的基本情况，这样就会头脑清醒、方向明确，开拓新的研究领地。一句话，就是站在前人的肩上，而不是盯住前人的脚底。站在前人肩上，一方面是指在对前人知识与研究成果深刻了解与掌握的前提下，去选取那些"前沿性"课题；另一方面是指从前人的思想或研究中获得启迪。有勇气去研究前人刚刚开始接近而没有提出与解决问题的课题，这是选题的一个主要思路。这样的选题既意味着继承又意味着发展，深入一步，往往就意味着创新和突破。

三奇——从容易被忽略处选题。

人类对自然的认识和改造并不是一次完结的，而是永远处在一个过程之中，需要不断深入与发展。在许多被人们认为是平淡无奇的现象中，往往存在可供研究的新的领域，而这又最容易被人们所忽略。勤学好问的人遇事总要问个为什么，被人们忽略的地方是大量存在的，有许多司空见惯的现象往往不会引起人们的注意，如果能认真与细心地观察各种事物并提出问题，就很容易找到需要研究的课题，牛顿与苹果的故事即是如此。

四新——从开拓创新中选题。

鲁迅先生说过："世界上本没有路，走的人多了也便成了路。"在科学研究中，要善于探索，敢于开拓新领域，选题本身就是一种创造。人们创造力的强弱，取决于知识贮存的多寡、应用知识的技巧与想象力是否丰富。如果有渊博的知识和丰富的想象力，就敢于从自己熟知的学科跨入生疏的学科，就敢于冲击所谓的不可逾越的禁区。这类课题的选择，除了要具有学识之外，还必须有胆略，没有对事业的高度责任感和严肃认真的态度是不行的。只有专心致志、勇于探索、不怕困难，才能开拓出科学研究的新领域。

五巧——从意外中获得选题。

科学研究要探索一个又一个新课题，在研究过程中有时会出现意外的、偶然的现象，当这种现象发生后不要轻易纠正它、排斥它，而应该深入研究它。即使不属于自己研究课题的内容或者不属于自己所从事的专业问题也应该深入地探讨。这种意外的发现会给我们以新的启迪，如果追踪下去往往会产生新的有价值的课题。

六实——从实际工作中选题。

有人认为科研和科技论文写作是专业人员的事，这种观点是极其片面的。其实，除科研工作者外，各行各业的工程技术人员、业务人员、管理人员、教师、学生、工人等，都可以结合自己的工作开展科学技术研究、撰写科学技术论文。结合实际工作的选题是十分广泛的，内容是非常丰富的。结合实际工作撰写的论文，题目可以不拘一格、多种多样，诸如理论性的推导和探索，实践经验的分析和总结，产品开发和生产管理中的问题研究，科技研究的阶段总结，新技术、新理论、新方法的推广、应用和深化，对产品、工艺、组织、管理的建议和设想，对理论和实践问题的研讨等，非从事科研工作的人员应该破除对科研工作和科技论文写作的神秘感，勇于实践、敢于写作，从而推动科学技术的发展，使科学技术更加繁荣兴盛。

四、选题的工具

本书第十一章第三节中提到科技查新服务。我们知道，在重要的科技立项、成果鉴定、申报奖励、发明及专利申请、博士论文开题、评审等阶段都需要请专业人员对成果或课题进行相关文献的检索，以确定该成果或课题的新颖性、创造性和先进性水平。对于一般性的科学研究论文或课题，虽然没有要求必须进行专业的查新环节，但我们也可以通过自己的检索了解所选课题是否具有可研究性、前人对该课题进行了哪些研究以及目前该课题发展趋势如何，通过这些了解可以确定和推动我们自己的研究，以下介绍几款可以自我"查新"的检索工具，让我们在选题时可以有理有据、事半功倍：

（一）中国知网

中国知网（http://www.cnki.net/）的"知识元检索"有一个"指数"数据库，点击进入页面，我们可以在检索框输入课题或研究的关键词，点击检索后便可以看到关于该课题的学术关注度、媒体关注度、学科传播度、用户关注度四个维度的数据，数据以抛物线形式展示，用户可以自行选择时间范围，通过这些数据了解该课题从起始到现在的发展过程，并预测其发展趋势。

如图12-1所示，我们可以看出有关"PM2.5"的学术关注始于1993年，是从国外开始的，而我国出现该方面的学术文章是在2001年，到2016年达到了峰值之后又慢慢下滑，这一点与国际大趋势也很相符，下拉页面我们还可以看到"关注文献"（近年关于该课题的学术关注的热点文献）、"学科分布"（都有哪些学科研究涉及该课题）、"研究进展"（有关该课题的最早文献、最新文献及经典文献）、"机构分布"（研究该课题的机构有哪些）等，根据这些数据我们大体可以了解一个课题的基本概况，确定是否继续进行后续研究。

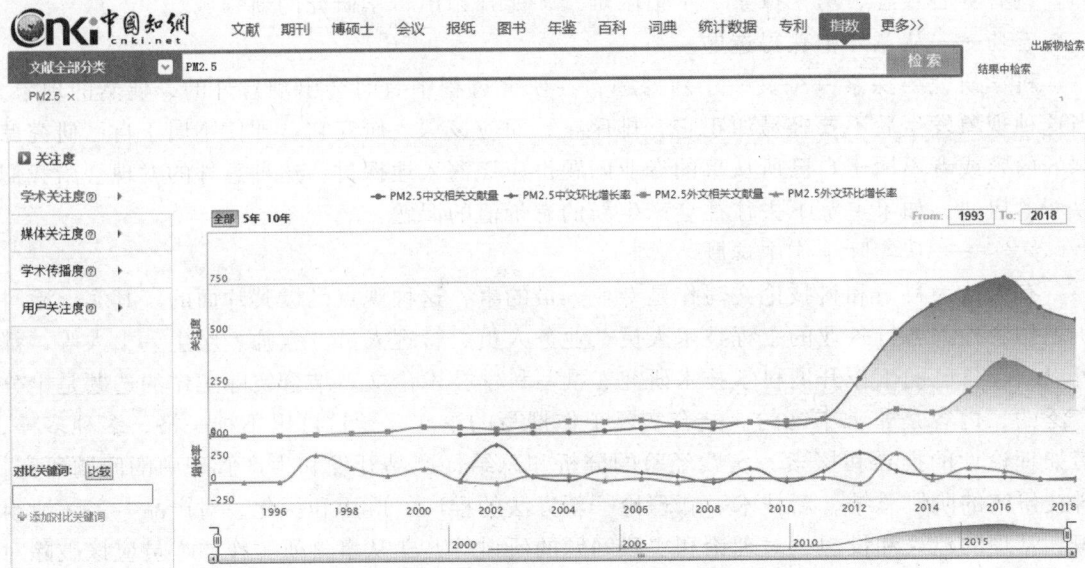

图 12-1　中国知网"指数"数据库

（二）百度学术

百度学术（http：//xueshu.baidu.com/）有一个"开题分析"功能（如图 12-2 所示），用户通过在检索框中输入标题和关键字，便可以检索到某一课题的"研究走势"、"关联研究"、"学科渗透"、"相关学者"及"相关机构"等数据，如需进一步获取数据点击进入相应板块即可，页面下方还可以链接到相关的"经典论文"、"最新发表"、"综述论文"和"学位论文"，根据以上分析能够找出目前学术界对这一选题的研究现状，并分析出哪些领域需要进一步去研究，以完成开题分析。

智能图书馆　发展趋势研究

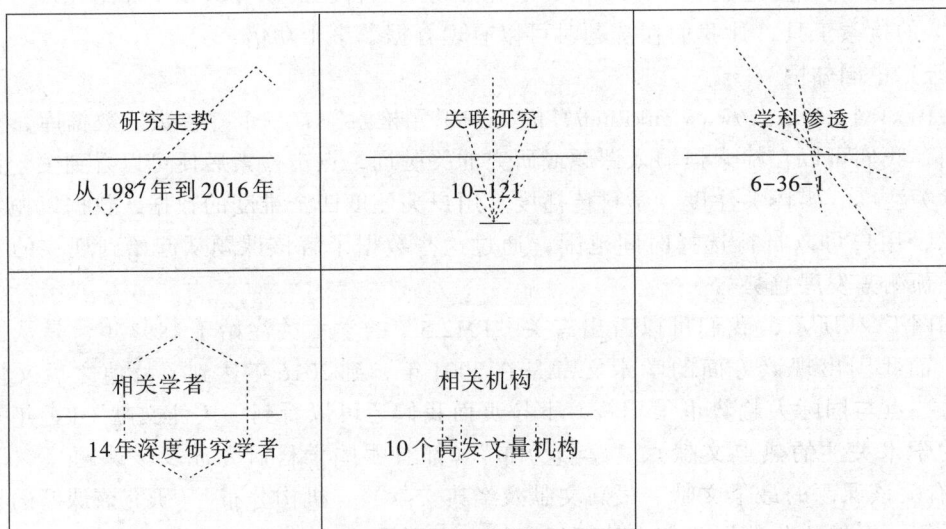

研究走势	关联研究	学科渗透
从 1987 年到 2016 年	10-121	6-36-1
相关学者	相关机构	
14 年深度研究学者	10 个高发文量机构	

图 12-2　百度学术"开题分析"功能

(三) 超星发现

超星发现（http://ss.zhizhen.com）是集成整合，完成高效、精准、统一的学术资源搜索平台，进而通过分面聚类、引文分析、知识关联分析等实现高价值学术文献发现、纵横结合的深度知识挖掘、可视化的全方位知识关联，功能非常强大。这里只讲解超星发现的"学术趋势"功能。

查看某一研究课题的学术趋势可以通过超星发现的"相关作者""相关知识点""相关机构"进行了解，另外，超星发现与前两者不同的是，它还将相关文献按照各自的文献类型进行了详细的分析，如相关图书、相关期刊、相关学位论文、相关会议论文等（如图12-3所示）。

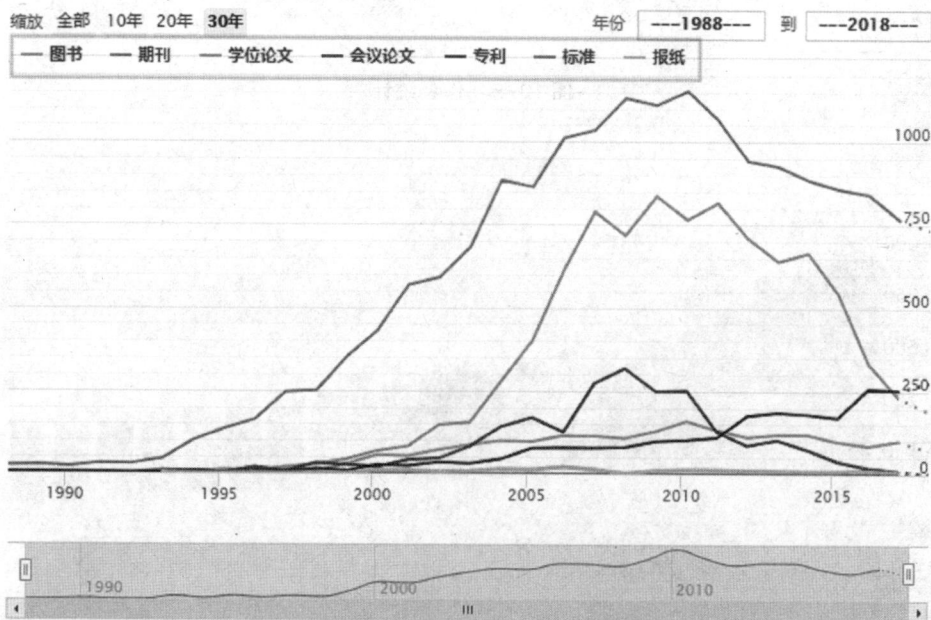

图12-3 超星发现"信息检索"各类型学术发展趋势曲线

我们以"信息检索"为关键词进行检索，下面以图例展示超星学术趋势的其他详细功能（如图12-4至图12-13所示）：

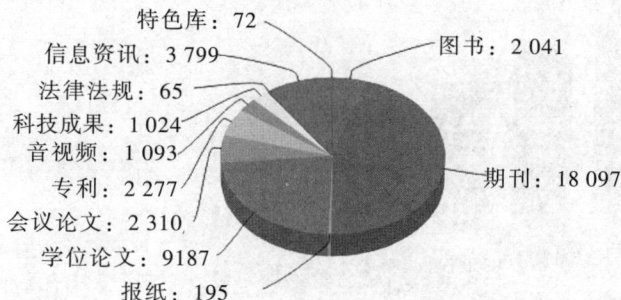

图12-4 各频道发文量统计

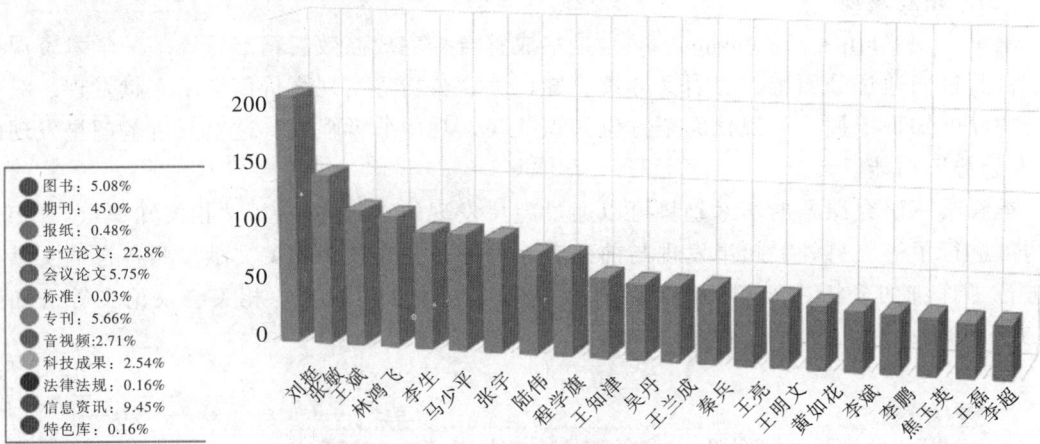

图书：5.08%
期刊：45.0%
报纸：0.48%
学位论文：22.8%
会议论文 5.75%
标准：0.03%
专刊：5.66%
音视频:2.71%
科技成果：2.54%
法律法规：0.16%
信息资讯：9.45%
特色库：0.16%

图 12-5　作者统计

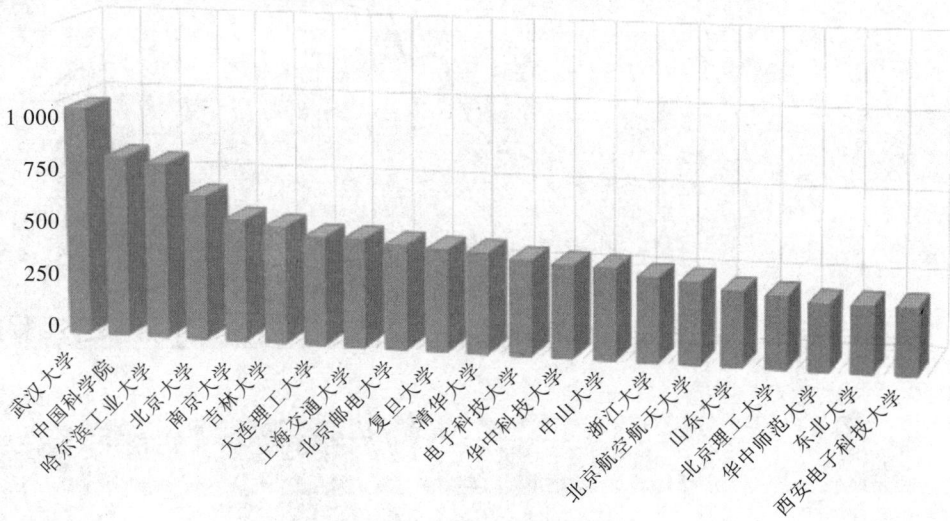

图 12-6　作者机构统计

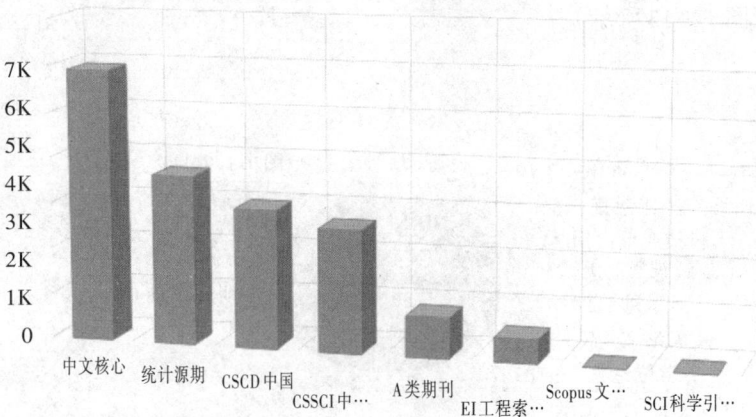

图 12-7　核心期刊统计

学位论文：5
博士论文：1 075

● 硕士论文：88.1%
● 博士论文：11.7%
● 学士论文：0.05%

硕士论文：8 069

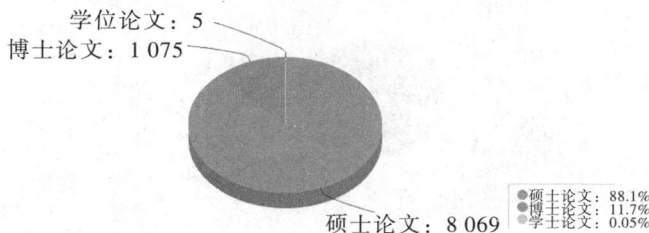

图 12-8　发表论文学位类型统计

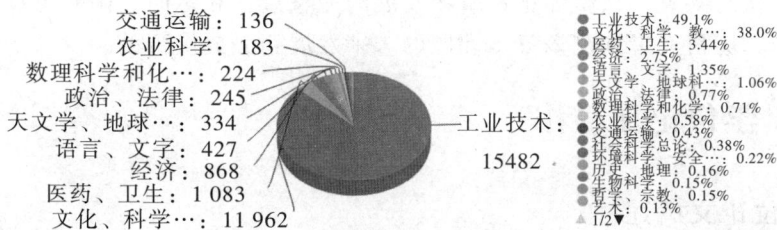

交通运输：136
农业科学：183
数理科学和化…：224
政治、法律：245
天文学、地球…：334
语言、文字：427
经济：868
医药、卫生：1 083
文化、科学…：11 962

工业技术：15482

● 工业技术：49.1%
● 文化、科学、教…：38.0%
● 医药、卫生：3.44%
● 经济：2.75%
● 语言、文字：1.35%
● 天文学、地球科…：1.06%
● 政治、法律：0.77%
● 数理科学和化学：0.71%
● 农业科学：0.58%
● 交通运输总论：0.43%
● 环境科学、安全…：0.38%
● 社会科学理…：0.22%
● 历史、地理：0.16%
● 生物科学：0.15%
● 哲学、宗教：0.15%
▲ 1/2 ▼　艺术：0.13%

图 12-9　中文学科分类统计

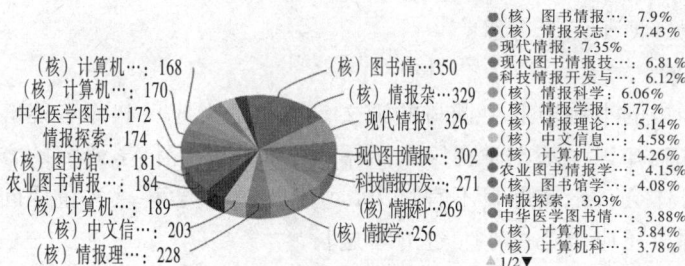

(核)计算机…：168
(核)计算机…：170
中华医学图书…：172
情报探索：174
(核)图书馆…：181
农业图书情报…：184
(核)计算机…：189
(核)中文信…：203
(核)情报理…：228

(核)图书情…350
(核)情报杂…329
现代情报…326
现图书馆报…302
科技情报开发…271
(核)情报科…269
(核)情报学…256

● (核)图书情报…：7.9%
● (核)情报杂志…：7.43%
● 现代情报：7.35%
● 现代图书情报技…：6.81%
● 科技情报开发与…：6.12%
● (核)情报科学：6.06%
● (核)情报学报：5.77%
● (核)情报理论：5.14%
● (核)中文信息：4.58%
● (核)计算机工…：4.26%
● 农业图书情报学：4.15%
● (核)图书馆学：4.08%
● 情报探索：3.93%
● 中华医学图书情…：3.88%
● (核)计算机工…：3.84%
● (核)计算机科…：3.78%
▲ 1/2 ▼

图 12-10　刊种统计

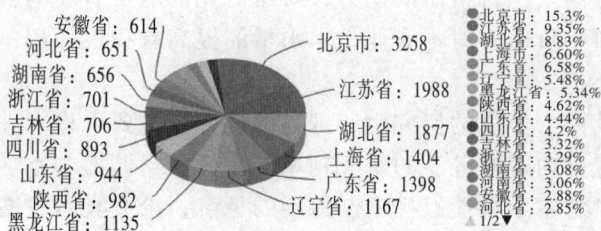

安徽省：614
河北省：651
湖南省：656
浙江省：701
吉林省：706
四川省：893
山东省：944
陕西省：982
黑龙江省：1135

北京市：3258
江苏省：1988
湖北省：1877
上海省：1404
广东省：1398
辽宁省：1167

● 北京市：15.3%
● 江苏省：9.35%
● 湖北省：8.83%
● 上海市：6.60%
● 广东省：6.58%
● 黑龙江省：5.48%
● 辽宁省：5.34%
● 陕西省：4.62%
● 山东省：4.44%
● 四川省：4.2%
● 吉林省：3.32%
● 浙江省：3.29%
● 湖南省：3.08%
● 河北省：3.06%
● 安徽省：2.88%
▲ 1/2 ▼　河北：2.85%

图 12-11　地区统计

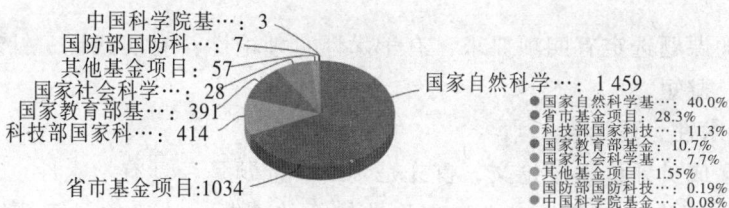

中国科学院基…：3
国防部国防科…：7
其他基金项目：57
国家社会科学…：28
国家教育部基…：391
科技部国家科…：414

国家自然科学…：1 459

● 国家自然科学基…：40.0%
● 省市基金项目：28.3%
● 科技部国家科技…：11.3%
● 国家教育部基金：10.7%
● 国家社会科学基…：7.7%
● 其他基金项目：1.55%
● 国防部国防科技…：0.19%
● 中国科学院基金…：0.08%

省市基金项目：1034

图 12-12　基金统计

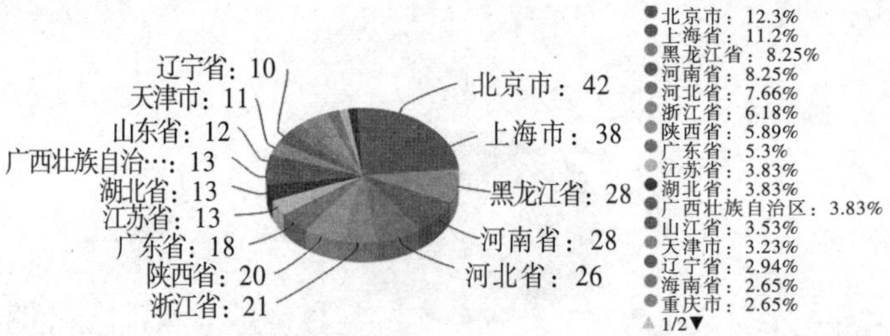

图12-13　科技成果地区统计

以上分析数据能帮助研究者在大时间尺度和全面数据分析的高度洞察该领域研究的起点、成长、起伏与兴衰，从整体把握事物发展的完整过程和走向，同时也具有学术趋势发展的预判分析，为研究者预测该学术课题的未来发展趋势提供帮助。

|第二节| 学位论文写作

一、学位论文概述

学位论文是高等院校毕业生用以申请相应学位而提出作为考核和评审的文章。学位论文分为学士、硕士、博士三个等级。

（一）学士论文

学士论文是合格的本科毕业生撰写的论文。毕业论文应反映作者能够准确地掌握大学阶段所学的专业基础知识，基本学会综合运用所学知识进行科学研究的方法，对所研究的题目有一定的心得体会；论文题目不宜过大，一般选择本学科某一重要问题的一个侧面或一个难点，选择题目还应避免过小、过旧和过长。

（二）硕士论文

硕士论文是攻读硕士学位的研究生所撰写的论文。它应能反映作者广泛而深入地掌握专业基础知识，具有独立进行科研的能力，对所研究的题目有新的独立见解；论文具有一定的深度和较好的科学价值，对本专业学术水平的提高有积极作用。

（三）博士论文

博士论文是攻读博士学位的研究生所撰写的论文。它要求作者在博导的指导下，能够自己选择潜在的研究方向，开辟新的研究领域，掌握相当渊博的本学科理论知识，具有较高的科学研究能力，对本学科能够提出创造性的见解；论文具有较高的学术价值，对学科的发展具有重要的推动作用。

二、学位论文的选题

学位论文的课题选定有四项要求：有学术性、理论性；有实践性、针对性；有充足的资料；能够扬长避短。

（一）有学术性、理论性

答辩委员会成员评价学位论文，首先是判断其选题是否具有学术性、理论性。如果得出没有学术性、理论性或者学术性、理论性较低的判断，该论文是否能够通过就成了问题。可见，缺乏学术性、理论性的课题，亦即纯粹技术性的、实用性的课题不适合作为学位论文的选题。答辩委员会成员或者其他专家在评价一篇学位论文时所说该课题具有较强的学术性、理论性是指什么而言呢？换言之，判断一篇学位论文学术性、理论性之有无、高低的标准是什么？

符合下述五种情形之一，即可认为学位论文具有学术性、理论性：

其一，补白性选题。这一课题前人没有研究，至少是国内没有做过研究，这叫补白。填补研究的空白，属于有学术性、理论性。

其二，开拓性选题。这一课题前人虽然有所研究，但成果很少，仅有几篇一般性文章或者仅研究个别部分、个别侧面而不是全部，将研究的范围拓宽了，将研究的程度加深了或做了系统、全面、深入的研究，这叫有开拓性，属于有学术性和理论性。

其三，提出问题性选题。这一课题是社会生活中出现的新情况、新问题，过去没有出现或没有被人意识到，当然更谈不上研究，现在提出这一问题本身就有价值，标志学术研究的进步，也许这样的研究还做不到系统、全面、深入，但其学术性和理论性就表现在率先提出了问题。

其四，超越性选题。这一课题前人已经做过很多研究，可能已经形成通说，但这次根据社会生活的重大发展，总结实践中的新经验，回答实践中的新问题，所得出的研究结论远远超过了前人所达到的程度和水准，当然具有学术性和理论性。

其五，总结性选题。这一课题在不同的时代、不同的国家都有很多研究成果，不同的研究都有所侧重、有其局限、有所不足，在前人所取得的研究成果基础上作出系统、全面、深入的带有总结性的研究，这叫集大成，当然具有学术性和理论性。

（二）有实践性、针对性

一个课题虽然有学术性和理论性，但如果在现代社会已经没有存在的必要，现代社会中已经不发生这样的问题，那就不具有实践性、针对性。

（三）有充足的资料

选题还应当考虑的一个重要问题是资料是否足够。有的选题虽然有重大的理论意义和实践意义，但缺乏足够的资料，就不可能成就一篇高质量的学位论文。因此，选题是否适当，不能只看学术性、实践性，一定要考虑资料是否充分。没有充分的资料，再好的选题也应舍弃，不可勉强。论文写到中途，因为资料缺乏而写不下去，不得不重新换选题就被动了。

（四）能够扬长避短

"知己知彼，百战不殆"，学术研究何尝不是如此？前述三项要求的目的是做到"知彼"，即了解研究对象；第四项要求是要"知己"，了解自己的长处和短处，尽可能回避自己的短处，尽可能发挥自己的长处。

三、学位论文开题

撰写开题报告实际上可以帮助我们清楚地了解自己为什么要做这个课题、究竟想做什么、想得到什么、怎么做、能否达到自己的预期目标等。若分析后觉得可行性不高，则应马上调整自己的方向和目标，使课题目标的达成具有可能性，从而避免大题小做或小题大做。

（一）开题报告的内容

（1）课题研究的目的：我们为什么会想到研究这个课题？

（2）课题研究的对象：谁是我们研究的特定对象？

（3）课题研究的目标：通过研究，我们试图实现什么？

（4）课题研究的内容：我们想弄明白的问题是什么？

（5）课题研究的方法：我们通过什么方法来验证我们的假设？为什么要用这个方法？

（6）课题研究的计划：具体的时间安排和实施步骤，尤其是一开始准备实施的步骤是什么？

（7）课题需要的资源：我们需要什么工具和资料？如何得到这些工具和资料？用什么方法（如上网、设计问卷等基础方法）？

（8）课题成员的分工：小组成员如何分工合作？

（9）课题预期的成果：你的研究会带来什么成果？研究报告、实物，还是其他？

（10）导师的建议和鉴定。

（二）开题报告的撰写

开题报告（一般在2 000~3 000字）是用来介绍和证明将要开展课题的研究目的、意义、作用、目标等的说明性文件，旨在阐述、确定学位论文的题目（选题）。它一般可以包括以下内容：

（1）选题的目的和意义；

（2）国内外发展现状、趋势；

（3）本研究的基本内容，拟采用的方法和手段；

（4）预期达到的成果；

（5）工作条件、工作量、工作进度计划。

四、学位论文写作方法与格式

（一）学位论文的总体原则要求

1.立论客观，具有独创性

论文的基本观点必须来自对具体材料的分析和研究，所提出的问题在本专业有一定的理论意义或实践意义，通过独立研究，提出了自己的认知和看法。

2.论据翔实，富有确证性

论文能够做到旁征博引、多方佐证，对所用论据提出自己的看法，有主证和旁证。论文中所用的材料应做到言必有据、准确可靠、精确无误。

3.论证严密，富有逻辑性

论文提出问题、分析问题和解决问题，要符合客观事物的发展规律，全篇论文形成一个有机的整体，使判断与推理言之有序、天衣无缝。

4.体式明确，标注规范

论文必须以论点的形成构成全文的结构格局，以多方论证的内容组成丰满的整体，以较深的理论分析辉映全篇。此外，论文的整体结构和标注要求规范得体。

5.语言准确，表达简明

论文最基本的要求是读者能看懂，因此论文要想得清、说得明，想得深、说得透，做到深入浅出、言简意赅。

（二）学位论文的标准格式

国家标准GB 7713-87规定的科技报告、学位论文和学术论文的编写格式，指明报告与论文由以下两大部分构成：前置部分，包括封面、封二、题名页、序或前言（必要时）、摘要、关键词、目次页、插图或附表清单、符号、缩略语等注释表（必要时）；主体部分，包括引言、正文、结论、致谢、参考文献。

学位论文特别是学士论文一般包括八个部分：前置部分的题名、作者、摘要、关键词，主体部分的引言、正文、结论、参考文献。

1.题目（下附署名）

论文标题的拟制是起草的第一步，它往往会影响论文写作的全过程，是能否写好论文的一个不可忽视的方面。论文标题要大小适宜，不可题目过大而表达不充分，也不可题目过小而论述有余。学术论文的题目要简洁、醒目，既要概括论文的中心内容，又要引人注意。为了更好地揭示论点，副标题经常被使用，作为对正题的补充。

【补充阅读资料】

论文题目根据不同论文的内容确定

- 国内一般以不超过20个字为宜。
- 美国、英国出版的科技期刊，要求论文题目不超过12个词，或100个书写符号（包括间隔在内）。
- 可加一个副标题。
- 题目应是一个短语而不是一个句子。
- 题目中尽量不用标点符号。
- 避免使用未被公认的或不常见的缩略词、首字母缩写、字符、代号和公式。
- 不要出现一些形容词，例如新的、改进了的等。

2.摘要

ISO对摘要的定义为：不加注释和评论，对文献内容的精确和扼要的表达。

我国国家标准的定义为：以提供文献内容梗概为目的，不加评论和补充解释，简明、确切地记述文献重要内容的短文。

摘要的类型主要有：

（1）报道性摘要：包括研究目的、研究方法、主要发现、主要结论、经验教训和应用价值（不是必须的）。报道性摘要为300~400字，不宜超过400字。

（2）指示性摘要：主要叙述撰写目的，适用于基础学科的论文、管理论文、专题论述、综述等。指示性摘要为100~150字，不超过200字。

（3）报道-指示性摘要：报道-指示性摘要为300~400字，不宜超过400字；英文摘要（abstract）一般不超过250个实词。

【补充阅读资料】

摘要注意点

- 应该用第三人称。
- 不加注释和评论。
- 不宜举例，不用引文。
- 不宜与其他研究工作比较。
- 不应用图表、公式、化学结构式等。
- 摘要中第一句话的主语，如本文、作者等词可以省略。

3.关键词

关键词是从论文的题名、提要和正文中选取出来的，对表述论文的中心内容有实质意义的词汇。关键词是用作计算机系统标引论文内容特征的词语，便于信息系统汇集，以供读者检索。每篇论文一般选取3~8个词语作为关键词，另起一行，排在"提要"的左下方。

【补充阅读资料】

关键词注意点

- 用较定型的名词，多是单词和词组、原形而非缩略语。
- 无检索价值的词语不能作为关键词，如技术、应用、观察、调查等。
- 化学分子式、公式等不可作为关键词。
- 未被普遍采用或在论文中未出现的缩写词、未被专业公认的缩写词，不能作为关键词。
- 论文中提到的常规技术，内容为大家所熟知，也未加探讨和改进的，不能作为关键词。
- 每篇论文标引的关键词一般为3~8个，最好不超过10个。
- 中英文关键词要相互对应，且数量完全一致。

4.论文正文

（1）引言：引言又称前言、序言和导言，用在论文的开头。引言一般要概括地写出作者的意图，说明选题的目的和意义，并指出论文写作的范围。引言要短小精悍、紧扣主题。

（2）论文正文：正文是论文的主体，应包括论点、论据、论证过程和结论。主体部分包括以下内容：

①提出问题——论点；

②分析问题——论据和论证；

③解决问题——论证方法与步骤；

④结论。

5.参考文献

参考文献是科技论文不可缺少的组成部分，是为撰写论文或论著而引用的有关期刊论文和图书资料等。它的质量和数量是评价论文质量和水平的重要指标，反映了该论文的起点、深度以及科学依据，也是进行引文统计分析的重要信息源之一。大多数检索系统，包括SCI、SSCI等通常都收录论文的文题、关键词、摘要和参考文献，参考文献的规范与否直接影响论文的质量和期刊整体功能的发挥。

一篇论文的参考文献是将论文在研究和写作中可参考或引证的主要文献资料列于论文的末尾，标注方式按《GB/T 7714-2005文后参考文献著录规则》进行。

不同文献资料的参考文献著录格式参见表12-1。

表12-1　　　　　　　　　　　　不同文献资料的参考文献著录格式

期刊类	［序号］主要责任者.文献题名［J］. 刊名，出版年份，卷号（期号）：起止页码.
	例：［1］袁庆龙，候文义.Ni-P合金镀层组织形貌及显微硬度研究［J］. 太原理工大学学报，2001，32（1）：51-53.
专著类	［序号］作者.书名［M］. 出版地：出版社，出版年份：起止页码.
	例：［1］刘国钧，陈绍业，王凤翥.图书馆目录［M］. 北京：高等教育出版社，1957：15-18.

续表

论文集	[序号] 主要责任者.文献题名 [C]. 主编.论文集名.出版地：出版者，出版年：起止页码.
	例：[6] 孙品一.高校学报编辑工作现代化特征 [C]. 中国高等学校自然科学学报研究会.科技编辑学论文集（2）.北京：北京师范大学出版社，1998：10-22.
学位论文	[序号] 主要责任者.文献题名 [D]. 保存地：保存单位，年份.
	例：[7] 张和生.地质力学系统理论 [D]. 太原：太原理工大学，1998.
报告	[序号] 主要责任者.文献题名 [R]. 报告地：报告会主办单位，年份.
	例：[9] 冯西桥.核反应堆压力容器的LBB分析 [R]. 北京：清华大学核能技术设计研究院，1997.
报纸类	[序号] 主要责任者.文献题名 [N]. 报纸名，出版日期（版次）.
	例：[13] 谢希德.创造学习的思路 [N]. 人民日报，1998-12-25（10）.
专利	[序号] 专利所有者.专利题名 [P]. 专利国别：专利号，发布日期.
	例：[11] 姜锡洲.一种温热外敷药制备方案 [P]. 中国专利：881056078，1983-08-12.
标准	[序号] 标准代号，标准名称 [S]. 出版地：出版者，出版年.
	例：[1] GB/T 16159—1996，汉语拼音正词法基本规则 [S]. 北京：中国标准出版社，1996.
电子文献	[序号] 主要责任者.电子文献题名 [文献类型/载体类型]. 电子文献的出版或可获得地址，发表或更新日期/引用日期（任选）.
	例：[21] 王明亮.中国学术期刊标准化数据库系统工程的 [EB/OL]. http：//www.cajcd.cn/pub/wml.txt/9808 10-2.html，1998-08-16/1998-10-04.

（三）文献信息资源引用的学术规范

（1）所有的专门性研究都应该依据已有文献，对相同或相关方面的研究成果、研究状况作出概略性介绍。

（2）对已有文献任何形式的引用，都必须注明出处，体现自己的严谨，也体现对他人学术成果的尊重，为文献的定量工作提供方便。

（3）原则上不采用间接引用。

（4）引用以必要、适当为限。

（5）引用不得改变或歪曲被引内容的原貌、原义。

（6）引用原则上使用原始文献。

（7）引用原则上使用最新版本。

（8）引用标注应完整、准确地显示被引作品的相关信息。

（9）引用网络资源必须注意其动态性，注意发布时间和获取时间。

第三节 文献综述与写作

一、文献综述概念

文献综述针对有关专题，通过对大量现有文献的调研，对相关专题的研究背景、现状、发展趋势进行较为深入、系统的述评（介绍与评价）。文献综述有三要素：一定时空范围、反映一批相关文献的内容、信息分析的产物。

二、文献综述分类

叙述性综述：叙述性综述是围绕某一问题或专题，广泛搜集相关的文献资料，对其内容进行分析、整理和综合，并以精炼、概括的语言对有关的理论、观点、数据、方法、发展概况等作出综合、客观的描述的信息分析产品。

评论性综述：评论性综述是在对某一问题或专题进行综合描述的基础上，从纵向或横向上作对比、分析和评论，提出作者自己的观点和见解，明确取舍的一种信息分析报告。评论性综述的主要特点是分析和评价，因此有人也将其称为分析性综述。

专题研究报告：专题研究报告是就某一专题，一般是涉及国家经济、科研发展方向的重大课题，进行反映与评价，并提出发展对策、趋势预测，它"是一种现实性、政策性和针对性很强的情报分析研究成果"，其最显著的特点是预测性。

【补充阅读资料】

文献综述的内容特征与形式特征

文献综述的内容特征：

- 内容的综合；
- 语言的概括；
- 信息的浓缩；
- 评述的客观。

文献综述的形式特征：

- 参考文献数量多；
- 标题一般直接反映综述类型，如包含综述、概述、述评、评述、进展、动态或是现状、趋势和对策，分析与思考等文字。

三、文献综述的撰写步骤

（一）选题的原则

（1）针对性原则：具有一定的社会意义和现实意义。

（2）预见性原则：对从学术和决策角度出发有较大价值，本应引起人们关注，但尚不为人们所注意的问题进行综述，填补空白，引起人们的关注。

（3）可行性原则：具有完成选题的人力、物力和时间条件。

（4）独创性原则：决定选题前应广泛调查前人是否做过同类综述或是正在做同类综述。

（二）资料的搜集、跟踪与积累

（1）明确查找范围：明确本综述所涉及的内容主题有哪些方面，从而明确所需资料的大致范围，进而确定哪些是与综述主题密切相关的核心资料源，哪些是撰写综述所需的背景资料源。

（2）系统检索：通过检索工具全面、系统地获得文献信息。可以用关键词、作者、机构名等检索途径，并要进行模糊检索、逻辑组配检索。在检索过程中，要将检索到的资料的有关信息记录下来，以备获取原始文献。

（3）广泛浏览：一般通过检索工具检索到的文献在时间上都有一定的滞后期，一般为几个月到一年。因此，还需要广泛地阅读浏览近半年的各类文献资料，获取最新信息。

（三）整理资料

通过简单的大致归类，将检索到的文献信息分为背景材料（政策、发展概况）、主题材料、提供数据的材料等。要解决信息的微分化与系统化问题。微分化是使所获得的信息依据分析研究的需要形成分类体系；系统化则是使所获得的信息依据分析研究的需要形成一种多向的、动态的信息集合。将经过筛选的资料，按照某种标准详细分类，如按应用领域、观点、方法、技术、产品等分类，在大类下还可将资料按照地区、年代等进一步分类归纳。

（四）撰写综述

（1）标题：综述性文章的标题一般来说应紧扣主题、高度概括、突出重点、揭示主题内容，使人一看标题就可了解综述的大致内容。

（2）摘要：对文章内容不加注释和评论地进行简短陈述，具有独立性和完整性。

（3）关键词：选择4～6个反映文章特征内容、通用性比较强的词组，避免使用分析、特性等普通词组。

（4）导言：是对整篇综述的一个简短开场白。

（5）正文：是综述文章的核心内容。正文将依次综述各个问题，在正文中按问题添加各级小标题，分别论述，使正文的内容一目了然。

（6）结语：对前面论述的内容作一个总结。

（7）参考文献：格式要符合最新国家标准的要求。

本章小结

在学术研究过程中选题至关重要，本章介绍了学术论文选题的基本原则及要注意的问题以及完美论文的首要因素——正确的论文格式。正确指导学生撰写论文是高等学校教学过程中的重要环节之一，是学生完成所学专业并圆满毕业的重要标志，能否写出优秀的论文是衡量一个人学习和科研工作成果的基本标准之一。

思考题

1.选题的基本原则及要注意的问题有哪些？

2.学位论文的基本类型有哪些？

3.如何进行学位论文选题？

4.简单介绍学位论文的标准格式及各部分应注意的基本问题。

5.参考文献的引用标准是怎样的？

6.什么是文献综述？

7.简述文献综述的写作步骤。

第十三章

学术资料积累与个人文献管理软件

|第一节| 开放存取资源

开放存取（open access，OA）是国际科技界、学术界、出版界、信息传播界为推动科研成果利用网络自由传播而发起的运动。按照布达佩斯开放存取先导计划（Budapest Open Access Initiative，BOAI）的定义，是指某文献在因特网公共领域里可以被免费获取，允许任何用户阅读、下载、拷贝、传递、打印、检索、超级链接该文献，并为之建立索引，用作软件的输入数据或其他任何合法用途。用户在使用该文献时不受财力、法律或技术的限制，而只需在存取时保持文献的完整性，对其复制和传递的唯一限制，或者说版权的唯一作用应是使作者有权控制其作品的完整性及作品被准确接受和引用。这是一种新的学术信息交流的方法，作者提交作品不期望得到直接的金钱回报，而是提供这些作品使公众可以在公共网络上利用。

一、开放存取资源的发布形式

开放存取资源的主要发布形式包括：开放存取期刊、开放存取仓储、个人WEB站点、博客、维基、邮件列表服务、P2P的文档共享网络、论坛。

二、开放存取期刊

OA期刊（open access journal，OAJ），即基于OA出版模式的期刊，OAJ既可能是新创办的电子版期刊，也可能是由已有的传统期刊转变而来。开放存取期刊大都采用作者付费、读者免费获取方式。其特征是严格的同行评审制度，作者付费，争取相关机构的赞助。目前OA期刊正处于不断发展和壮大阶段，数量不断增加，期刊所覆盖的学科范围已经突破最初的自然科学领域，社科和人文科学领域的OA期刊也开始出现，例如DOAJ。

三、几种代表性的学术开放存取资源

（一）DOAJ期刊

DOAJ（Directory of OAJ，http：//www.doaj.org）是由瑞典 Lund 大学图书馆与 SPARC 联合创建的，设立于 2003 年 5 月。该系统收录的均为学术性、研究性期刊，一般都是经过同行评审，或者有编辑加以质量控制的期刊，具有免费、全文、高质量等特点，对学术研究有很高的参考价值。

（二）Biomed Center（BMC）

生物医学中心（http：//biomedcentral.com）是生物医学领域一个著名的独立在线开放使用出版机构，以出版网络期刊为主。目前出版 120 余种生物学和医学领域的期刊，并能够向刊物提供一整套用于出版原始科研成果的系统，包括在线提交稿件系统、用于文章取舍的同行评议电子工具、对文章进行数码处理，并使用 PDF 和 HTML 格式发表入选文章。

（三）High Wirepress

High Wirepress（http：//highwire.stanford.edu）是斯坦福大学著名的学术出版商，目前已成为全世界三个最大的、能够联机提供免费学术论文全文的出版商之一。High Wirepress 提供免费检索的期刊有 181 种，主要包括物理、生物、医学和社会学领域的核心期刊，其中有 71 种可以检索到全文。到目前为止，该出版商提供的免费论文全文已达 170 万篇以上，被称为全球最大的免费全文学术论文数据库。

（四）国际乐谱库项目（International Music Score Library Project，IMSLP）

IMSLP（https：//imslp.org/）致力于分享世界上处于公有领域的音乐，目前收录有 142 338 件作品、17 231 位作曲家、466 423 份乐谱、55 070 个录音，用户可以使用平台上的音乐资源，也可以将自己的作品上传与人分享。

（五）数学世界百科（MathWorld）

数学世界百科（http：//mathworld.wolfram.com/），是线上数学百科全书，可以为数学爱好者提供很多珍贵的学习资源。

（六）经济学论文库（Research Papers in Economics，RePEc）

经济学论文库（http：//repec.org/）提供经济领域工作论文 23 万余篇、期刊文章 34 万余篇、软件 1 万多种、图书或部分章节 2 700 种，以及 1.6 万位作者与出版物、1 万个研究机构的联系信息。

（七）科学公共图书馆（Public Library of Science，PLoS）

科学公共图书馆（https：//www.plos.org/）提供生物医学领域的开放资源，以及论文发表的服务。

（八）化学免费全文期刊（ABC Chemistry）

化学免费全文期刊（http：//abc-chemistry.org/）是化学方面的免费全文网上期刊数据库，是由白俄罗斯国立大学化学系的一位教授建立的，分为永久期刊和临时期刊两大类。

（九）开放存取图书馆（OALIB）

开放存取图书馆（http：//www.souoa.com/）利用 Google 的自定义搜索建立 OA 内容的搜索，可以很方便地搜索 3 000 多种期刊资料和 2 000 多个 Open Access 的数据库资源。

（十）中国金融学术研究网（China Financial Research Network，CFRN）

中国金融学术研究网（http：//www.cfrn.com.cn）在清华大学经济管理学院中国金融研究中心支持下建立，是一家服务于中国金融研究和学术交流的非营利网络平台，旨在为学界、业界和政府的研究人员提供一个广泛发布、交流和推广研究成果的媒介。

四、开放教学资源

以下是一些常用的开放教学资源：

麻省理工学院的"开放式课程网页"，http：//ocw.mit.edu/index.html。

Coursera，https：//www.coursera.org/。

EDX，https：//www.edx.org/。

中国开放式教育资源共享协会CORE，http：//www.core.org.cn/cn。

精品课，http：//www.jingpinke.com/。

中国大学慕课，https：//www.icourse163.org/。

学堂在线，http：//www.xuetangx.com/。

网易公开课，https：//open.163.com/。

慕课网，https：//www.imooc.com/。

腾讯课堂，https：//ke.qq.com/。

|第二节| 个人学术信息资料的积累

科研工作特别是撰写论文必须详尽地阅读资料，一篇5 000字左右的论文可能要搜集几万字甚至几十万字的资料。"巧妇难为无米之炊"，资料是科研和论文写作的基础，没有资料研究者无从着手，观点无法成立，论文不可能写成，因此详尽地占有资料是论文写作之前的另一项极为重要的工作。

一、资料类型

论文写作之前，至少应当占有如下五个方面的资料：

第一，第一手资料。第一手资料包括与论题直接有关的文字材料、数字材料（包括图表），如统计材料、典型案例、经验总结等，还包括自己在实践中取得的感性材料。这是论文中提出论点、主张的基本依据。没有这些资料，撰写的论文就只能是毫无实际价值的空谈。对第一手资料要注意及早搜集，同时要注意其真实性、典型性、新颖性和准确性。

第二，他人的研究成果。这是指要密切关注国内外对有关课题、学术研究的最新动态。撰写论文不是凭空进行的，需要建立在他人研究成果的基础之上，因此对于他人已经解决了的问题无须再花力气重复研究，而是可以据此为出发点，从中得到有益的启发、借鉴和指导。对于他人未解决的或解决不圆满的问题，则可以在他人研究的基础上再继续研究和探索。切忌只顾埋头写，不管他人研究，否则可能事倍功半。

第三，边缘学科的材料。当今时代是信息时代，人类的知识体系呈现出大分化、大融合的趋势，传统学科的鸿沟分界逐渐被打破，出现了令人眼花缭乱的分支学科及边缘学科。努力掌握边缘学科的材料对于所要进行的学科研究、课题研究大有好处。它可以使我们研究的视野更开阔、分析的方法更多样。比如，研究经济学的有关课题就必须用到管理学、社会学、理学、人口学等学科的知识。大量研究工作的实践表明：不懂一些边缘学科知识，不掌握一些边缘学科的材料，知识面和思路狭窄，是很难撰写出高质量的论文的。

第四，名人的有关论述、有关政策文献等。名人的论述极具权威性，对准确有力地阐述论点大有益处。例如，党的有关方针、政策既体现了社会主义现代化的实践经验，又能反映现实工作中面临的多种问题，因此研究一切现实问题都必须占有和清楚这方面的材料，否则会出现与党的方针、政策不一致的言论，使论文出现很大的缺陷。

第五，背景材料。搜集和研究背景材料，有助于开阔思路，提高论文的质量。例如，要研究马克思的商品经济理论，不能只研究他的著作，还应该大力搜集他当时所处的社会、政治、经济等背景材料，这样才能取得深入的研究成果。

二、资料搜集和分类的方法

搜集资料的方法很多，常用的有以下几种：

第一，做卡片。使用卡片搜集资料，易于分类、易于保存、易于查找并且可分可合，可随时另行组合。

第二，做笔记。做笔记是任何一个论文撰写者都必须做的事，俗话说，好记性不如烂笔头，阅读书报杂志、搞调查研究时，要随身带笔和纸，随时记下所需资料的内容，或有关的感想体会、理论观点等。在做笔记时最好空出纸面面积的1/3，以便写对有关摘录内容的理解、评价和体会。

第三，剪贴报刊。将有用的资料从报纸、刊物上剪下来或用复印机复印下来，再进行剪贴，这样可以节省抄写的时间。

无论是用卡片搜集资料、摘录资料或是剪贴资料，都必须注明出处。如果是著作，则要注明作者、书名、出版单位、发行年月；如果是报纸，则要注明作者、篇名、版次、报纸名称、发行年月日；如果是杂志，则要注明作者、篇名、杂志名称、卷（期）号、页码等，以便附录在论文的后面。

对搜集来的资料不要随手一放、置之不理，而是要认真阅读、仔细分类、进行研究。主要的分类方法有以下两种：

第一种，主题分类法。按照一定的观点把资料编成组，这里"一定的观点"可以是综合而成的观点，也可以是自己拟订的观点。

第二种，项目分类法。按照一定的属性把搜集的资料分项归类：

（1）经典作家、名人言论。

（2）概念、理论类项目。

（3）科学的定义、定理、公式、法规。

（4）一般公理、常识、成语、谚语、名言。

（5）资料作者本人的观点。

三、对搜集的资料的整理

对搜集到的资料如何进行整理呢？资料的整理过程实质上是资料的辨析过程，这里有几方面的工作是不可缺少的：

一是辨析资料的适用性。选择资料的依据只能是作者所要阐明的中心论点。什么资料可用，什么资料不能用都要根据这个中心论点作出决定。毕业论文的中心论点一经确定就是统帅一切的东西，资料必须服从中心论点的统帅，不能把一些不能充分说明问题的资料搬来做牵强附会的解释，也不能将所有资料统统塞进文章里，搞得文章臃肿庞杂，中心不仅不突出还扩大了篇幅。

二是辨析资料的全面性。如果材料不全面，缺少某一方面的材料，论文的论述也往往不圆满、不全面，会出现偏颇、漏洞，或由于证据不足难以自圆其说。

三是辨析资料的真实性。资料真实与否直接关系到论文的成败，只有从真实可靠的资料中才能引出科学的结论，在这方面要注意：其一，要尊重客观实际，避免先入为主的思想，选择资料不能夹杂个人的好恶与偏见，不能歪曲资料本来的客观性；其二，选择资料要有根有据，采用的第一手资料要有来历，选取的第二手资料一定要与原始文献认真核对，以求得最高的准确性；其三，对资料来源要加以辨别，弄清原作者的政治态度、生活背景、写作意图并加以客观的分析评价，社会科学方面的资料更应该注意这一点。

四是辨析资料是否新颖。新颖的资料包括两方面的含义：一方面是指前所未有，近期才出现的新事物、新思想、新发现、新方向；另一方面是指不仅对资料产生的时间有所要求（不能太陈旧），更重要的是要从普遍常见的资料中发掘别人尚未利用的东西。

五是辨析资料的典型性。所谓资料的典型性，就是指这种资料对于它所证实的理性认识来说具有充分的代表性。恩格斯的《论权威》选择了纺纱厂、铁路、航海三个例子作为论据。第一个论据阐述得最详细，第二个论据比较概括，第三个论据只是轻轻一笔带过。他没有用更多的阐述就把问题说明了："一方面是一定的权威，不管它是怎样造成的，另一方面是一定的服从，这两者不管社会组织怎样，在产品的生产和流通赖以进行的物质条件下都是我们所必需的。"材料不多却具有无可辩驳的逻辑力量。产生这种效果的一个重要原因在于材料选得十分精悍典型。

|第三节| 个人文献管理软件

科学地管理文献、有效而准确地使用文献是一个科学工作者的基本功，也是保证论文质量的一个重要因素。在科技论文写作的过程中，每位作者都会引用一定数量的参考文献。其实不仅在论文的写作中需要引用文献，在撰写个人简历、课题申请书、专著以及其他出版物时也常常需要引用参考文献，特别是在英文论文和综述中引用的文献数量较多时和投稿后回修论文时，再次编排文献会遇到一些困难。另外，准确引用适当的参考文献对于科技论文的质量也有明显的影响。因此，如何科学地管理文献、有效而准确地使用文献就显得特别重要。

一、个人文献管理软件

在当今信息技术高速发展的时代，过去十分枯燥繁杂的文献管理工作在计算机和网络技术面前已变得十分简单，人们已不再需要获取原版期刊论文或论文影印件等进行文献的引用和管理，只需要使用相关的计算机软件（参考文献管理软件）和网络工具就可轻松而准确无误地建立和管理自己的参考文献库。

参考文献管理软件有明显的优点：可以通过软件在文字处理软件（如Word）中的插件方便地在论文的所需之处插入所引用的文献，软件自动根据文献出现的先后顺序编号，或根据杂志要求注明作者和论文发表年份，根据指定的格式将引用的文献附在文章的最后；在论文修改时，如果在文章中间插入了引用的新文献或删除了部分已有的文献，软件还会智能地自动更新编号及文章最后参考文献目录中的文献内容；可以在软件内链接因特网上的全文数据库和图片等与该文献相关资料的任何网页，或链接用户已经下载的、位于本地计算机硬盘内的PDF文件，或与该文献相关的任何文件（如图像、声音、视频等文件）；可以上网下载输入过滤器、杂志输出格式等文件，也可以自己编辑杂志输出格式等，既节约时间又可以保证文献引用准确无误。

二、常用的个人文献管理软件及其应用

（一）EndNote

1.概述

EndNote是文献管理软件中较著名的一款，它是大名鼎鼎的ISI产品，目前EndNote已经更新到X9版。用户可以直接使用机构购买的软件产品，也可以通过WOS平台中的"工具"在线使用。EndNote是非常适合研究人员、学者、学生以及图书馆人员使用的创建个人图书馆、管理个人图书馆及帮助科研论文写作的有力工具。EndNote界面简单，搜索查询方便，与Word无缝链接，支持Z39.50标准，可以检索所有支持此标准的数据库，支持gb2312和utf-8编码，而且中文支持良好。

网址：http：//www.endnote.com。

http：//apps.webofknowledge.com。

2.EndNote的具体功能

（1）创建个人图书馆。

科研工作者往往需要下载大量的论文资料等文献，如果简单地堆放在文件夹里不但不方便使用，也很难按需检索，EndNote能够将数据库中检索到的文献快速导入至个人文献图书馆，不但可以以目录形式显示全部已获取的文献，还可以帮助用户快速检索定位至某文献。

EndNote导入文献的方式有四种：

一是采用EndNote自带的WOS检索导入功能，具体方法是点击Online Search里面的数据源，然后输入检索条件即可。这种检索需要用户先自行设定好固定的数据库，然后输入检索词获得检索结果。

二是在文献所在的官方发表期刊页面，导出相应的RIS、ENW等格式文件，也可以顺便将全文PDF和Supporting文件下载下来。这种方式是指用户在检索文献的过程当中将所检索的数据库中的文献导出至EndNote软件，目前绝大部分数据库都提供直接输出文献到多种文献管理软件的功能，Web of Science平台文献可以直接输出到EndNote，其他数据库只需选择正确的过滤器（filter）即可实现文献的导入。

三是通过文件格式转换导入到软件列表当中。

有些无法直接导入 EndNote 的文件尤其是一些中文文献，需要先将文献保存为文本文件，然后通过软件里的 import 导入即可。

四是手动输入文献信息，建立数据库。手动输入文献信息需要首先选择适当的文献类型，按照已经设定好的字段填入相应的信息即可。当然信息填写得越详细越好，但为了节省时间，用户也可以只填写必要信息。需要注意的是，因为各个国家人名的表示差异较大，因此人名的位置必须一个人名填一行，否则系统无法分清是一个人名还是多个人名，关键词的位置也是一词一行。

导入文献时，用户可以在文献视窗中开启显示 Research Notes 信息，对每篇文献进行备注（例如，可以用中文备注一下作者或者文章的要点信息），然后这些信息就可以和文献标题等信息显示在一起，这样就相当于给每篇文章自定义了一个标签，不用每次都要再看一遍全文就能够快速了解每篇文献的内容和特点，同时还方便检索，搜索所备注的关键词就可以快速定位到某篇文献。

（2）管理个人图书馆。

EndNote 软件可以管理不同来源的中英文文献，将数据库的信息资源与工作小组成员共享，根据需要创建、去重、排序、分析、阅读笔记，随时更新、编辑记录。

（3）帮助论文写作。

编辑论文时迅速找出相关文献、图片、表格，将其自动插入论文相应的引用位置，准备投稿时自动按照投稿期刊的要求将中文后的参考文献格式化，提高论文写作效率。我们将编辑论文分为三种情况：

一是有现成论文模板。EndNote 除可以提供 2 000 多种期刊的参考文献外，还提供了178 种期刊的全文模板，如作者所投期刊有现成模板则只需按模板填入信息即可。

二是没有现成模板，但有现成的参考文献格式。作者在写作过程中需要插入所需的参考文献可以通过在 Word 中标记要插入文献位置，然后切换到 EndNote 程序中，选择要引用的参考文献，再点击"Insert selected citation（s）"即可，还可以在 EndNote 数据库中选择要插入的文献，右键单击后选择"copy"，再回到 Word 中，右键单击要插入文献的位置，然后粘贴即可。

三是 output style 的修改。如果恰巧作者投稿的是除 EndNote 提供的 2 000 多种引文格式之外的期刊，则需要用户自行创建所需的引文格式，为了更加快捷，用户可以在上面的窗口中选择一种比较相近的期刊格式，然后点击"Edit"进入到编辑界面，对其进行修改。

（二）NoteExpress

1.概述

NoteExpress 是北京爱琴海软件公司开发的一款专业级别的文献检索与管理系统，其核心功能涵盖"知识采集、管理、应用、挖掘"的知识管理的所有环节，是学术研究、知识管理的必备工具，发表论文的好帮手。与 Endnote 相比，NoteExpress 对中文文献的支持要略胜一筹。该软件可嵌入 MS Word 环境使用，在使用 Word 时输出各种格式化的参考文献信息，不需要脱离 Word 环境。除管理参考文献资料外，它还可以作为个人知识管理系统管理硬盘上其他文章或文件。可用于获取文献资料的互联网数据源非常多，并且支持用户自己添加数据来源。它支持绝大多数流行的文献的导入格式，并支持自己编辑的文献格式。软件可以通过 NoteExpress 官网或者所在机构图书馆网站获取。

网址：http：//www.inoteexpress.com。

2.NoteExpress具体功能

（1）建立某一课题的专属数据库，建好的数据库下面还可以创建多个文件夹以放置不同类型的文献。

（2）导入文献，NoteExpress既支持导入已下载到本地的文献，也支持在线导入数据库中的文献。对于本地文献无须手动输入文献信息，只需选定所需导入的文献便可以批量导入，非常方便，当然，如遇少数系统无法识别的文献，需要检查一下文献的标题等信息是否有误，然后右键选择"自动更新"，在查找到更新后应用更新即可完成。在线导入文献既可以在NoteExpress软件自带的检索框中输入检索词进行检索，检索后勾选所需文献题录进行保存，也可以通过所使用的数据库中"导出/参考文献"功能，选择NoteExpress导入到软件当中。

（3）原文链接功能，对于已经下载了全文的文献，用户可以在NoteExpress中直接打开全文，对于在线检索的文献，在附件中点击链接地址可以直接跳转到文献下载处。

（4）参考文献生成，NoteExpress支持WPS以及MS Office借助NoteExpress的写作插件，可以方便高效地在写作中插入引文，并自动生成需要格式的参考文献索引，也可以一键切换到其他格式，先将光标停留在需要插入文中引文处，然后返回NoteExpress主程序，选择插入的引文，再点击"插入引文"按钮便可以自动生成文中引文以及文末参考文献索引，同时生成校对报告。如果需要切换到其他格式，点击"格式化"按钮再选择所需要的样式，即可自动生成所选样式的文中引文以及参考文献。

（5）另外，NoteExpress还支持文献查重、附件链接、标签标记、本地检索等多种功能。

（三）Reference Manager

网址：http：//www.referencemanager.com。

这是美国Thomson ISI ResearchSoft公司的产品，主要解决文献的管理和下载。把一个文献的出版商、文献类型、期刊名称、题目、作者、单位、摘要、年份、月份、卷、期、起止页码等基本信息与本地全文链接起来，方便文献的查找阅读。References支持AIP（除APS外的其他在AIP平台的期刊）、OSA、Kluwer、Kluwer Calis镜像、ScienceDirect、SpringerLink、中国期刊全文数据库（CNKI）等网络数据库中的文献基本信息和全文（PDF文件）的自动下载。它主要面向科研人员和研究生等需要文献下载和管理查阅的用户，与EndNote功能差不多，被ISI公司收购后更新并不积极，所以用的人也不多。

（四）其他文献管理工具软件

RefWorks，网址：http：//www.refworks.com。

NoteFirst，网址：http：//www.notefirst.com。

本章小结

科研工作特别是撰写论文必须详尽地占有资料，在论文写作之前如何检索和使用资料关乎科研工作的成败。文献资料的搜集和积累方法很多，那么如何对搜集的资料进行整理？科学地管理文献、有效而准确地使用文献是一个科学工作者的基本功，也是保证论文质量的一个重要因素，个人文献资料管理软件是帮助科研顺利进行的利器。

思考题

1. 积累学术资料的基本类型有哪些？
2. 资料搜集和分类的方法有哪些？
3. 如何对搜集到的资料进行整理？
4. 什么是个人文献管理软件？
5. 常用的个人文献管理软件有哪些？
6. 如何使用 NoteExpress 进行个人参考文献管理？

主要参考文献和网站

[1] 孟连生.科技文献信息溯源〔M〕.北京：高等教育出版社，2006.

[2] 郭依群.应用图书馆学教程〔M〕.北京：清华大学出版社，2012.

[3] 魏晟，吴小川.当代信息检索技术〔M〕.北京：科学出版社，2014.

[4] 王丽萍.文献信息检索与利用〔M〕.广州：华南理工大学出版社，2013.

[5] 柯平.信息素养与信息检索概论〔M〕.天津：南开大学出版社，2005.

[6] 柯平.信息咨询概论〔M〕.北京：科学出版社，2008.

[7] 彭奇志.信息检索与利用〔M〕.北京：中国轻工业出版社，2013.

[8] 洪全.信息检索与利用〔M〕.北京：人民邮电出版社，2012.

[9] 王文钧.信息检索与利用〔M〕.长春：吉林大学出版社，2012.

[10] 李朝云，傅正.现代信息检索与利用〔M〕.合肥：安徽大学出版社，2006.

[11] 冯凯，王筱明.信息检索与利用〔M〕.上海：华东理工大学出版社，2005.

[12] 陈冬花.文献信息检索与利用〔M〕.上海：上海交通大学出版社，2005.

[13] 朱静芳.现代信息检索实用教程〔M〕.北京：清华大学出版社，2008.

[14] 钟华英，刘达武.信息检索与利用〔M〕.北京：电子工业出版社，2010.

[15] 王立城.科技文献检索与利用〔M〕.3版.南京：东南大学出版社，2006.

[16] 王细荣，等.文献信息检索与论文写作〔M〕.上海：上海交通大学出版社，2006.

[17] 严大香.社会科学信息检索〔M〕.南京：东南大学出版社，2006.

[18] 沈固朝.信息检索（多媒体）教程〔M〕.北京：高等教育出版社，2002.

[19] 许家梁.信息检索〔M〕.北京：国防工业出版社，2004.

[20] 王树亮，武群辉.现代信息检索教程〔M〕.北京：中央编译出版社，2006.

[21] 徐庆宁，陈雪飞.新编信息检索与利用〔M〕.4版.上海：华东理工大学出版社，2018.

[22] 陈剑光.信息组织与利用〔M〕.杭州：浙江大学出版社，2017.

[23 v 杜良贤.图书馆利用与文献信息检索〔M〕.成都：电子科技大学出版社，2015.

[24] 钟诚，王文溥，张玉霞.信息检索与利用〔M〕.成都：电子科技大学出版社，2017.

[25] http：//www.blog.edu.cn/user2/wxxxjs2/archives/2006/1210852.shtml.

[26] http：//lib.ncut.edu.cn/xiaonei/gaonianji/4.3.htm.

[27] http：//210.38.207.10/index.php.

[28] http：//www.eku.cc/xzy/jxly/23625.htm.

[29] http：//dlusunbo.blog.163.com/blog/static/28821819200832274 34237.

[30] http：//www.jpkcnet.com/new/.

[31] http：//www.core.org.cn.

［32］中国新闻出版信息网，http：//www.cppinfo.com/xinshu/book3.aspx.

［33］https：//www.baidu.com/.

［34］中国国家图书馆官网，http：//www.nlc.cn/.

［35］国家科技图书文献中心官网，https：//www.nstl.gov.cn/.

［36］高等教育数字图书馆官网，http：//www.calis.edu.cn/.